分権化財政の新展開

片桐正俊・御船 洋・横山 彰 編著

中央大学経済研究所
研究叢書44

中央大学出版部

#　はしがき

　本書は，中央大学経済研究所の財政研究部会における 2003～2005 年度の研究（テーマ「分権時代の税財政」）の成果を取りまとめたものである．

　2000 年度に地方分権一括法が施行され，小泉内閣（2001 年 4 月～2006 年 9 月）の「地方でできることは地方で」というスローガンの下で推進された「三位一体改革」（第一段階）を経た現在，地方分権を進めることは，いわば"国是"として受け止められている．また，地方分権の推進は，わが国だけの動きではなく，主要国でもほぼ共通に見られる世界的な潮流と言える．

　しかしながら，わが国においては，理念や理想や期待の高さとは裏腹に，地方分権の進行の実態は紆余曲折の連続だと言ってよいであろう．その原因は，地方と国の双方にある．一方で，地方側には当事者意識や自己責任や自助努力をなかなか涵養できず，国への"甘えの構造"が断ち切れないという問題点があり，他方で，国側は国側で，権限や財源の移譲に関して地方自治体への信頼感をなかなか醸成できず，国が地方を監視しコントロールしてこそ地方の行財政はうまくいくといった中央集権的発想が払拭しきれないという問題点を抱えていると思われる．

　こういった国と地方の地方分権に対する姿勢のずれを伴いながらも，とにかく，三位一体改革にみられるように，近年，かつてない規模で国から地方への補助金が削減され，国から地方への税源移譲が行われることとなった．そして，機関委任事務の廃止，法定受託事務と自治事務への再編という，2000 年度以来の事務事業面での分権化に続き，ここに来てようやく財源面での分権化に弾みがついた．

　この，地方自治体の事務（歳出）と財源（歳入）双方において分権化の足並みが揃った財政状況を，われわれは「分権化財政」と呼び，この造語をあえて本書のタイトルに使用した．われわれの概念によれば，財源の移譲が不十分に

しか行われなかったこれまでの地方財政は「分権化財政」とは言えない．その意味で，まさに「分権化財政」はスタートしたばかりである．

本書では，以上のような認識の下，「分権化財政」の今後の展開に関連のある，あるいは影響を与えそうな様々な問題を取り上げ，検討を加えている．

本書は12編の論文で構成されるが，内容に即して3部構成にしてある．以下，各章の概要を紹介しておこう．

「第1部　分権化財政の理論と実証」には，地方税に関する純粋理論，固定資産税の実証，財政の分権化と経済成長の関係の実証，ごみ有料化をめぐる理論と実証を扱った計5編の論文を収める．

「第1章　国と地方政府の制限的租税競争システムの優位性」（横山彰）は，国と地方政府との課税ベースの重複に関して，どのような制度設計が望ましいのか理論的な検討を加えている．すべての政府レベルに同じ課税ベースの課税権を与えるが各政府レベルに同一の制限税率を課す制限的課税競争システムの優位性について考察している．そして，税収の使途を考慮するか否かに係わらず，完全課税競争システムよりも制限的課税競争システムの方が望ましいので，制限税率の意義を再評価すべきであるという政策的含意を得ている．

「第2章　公共経営における混雑現象の費用便益分析」（田中廣滋）は，地方分権下で地方公共財の最適供給を論じる際，混雑現象が重要な役割を果たすことに着目し，財政システムの改革と効率的なシステムが混雑現象の解消するような課税と料金の組合せによって実現できることをモデル分析によって論証している．そして住民移動を考慮すれば，こうした価格政策を活用して混雑解消に役立てる自治体がある一方で，この仕組みを活用できない自治体が存在することを示している．最後に本章で展開したモデルが，ロンドンにおいて2003年に導入された渋滞税（Congestion Charge）の効果の分析に適用可能であることを明らかにしている．

「第3章　固定資産税の定量的考察—1975〜2001年」（西川雅史）は，1975〜2001年の期間における固定資産税の定量的な変化を整理するとともに，その構造的な特性を明らかにしている．市町村民税と対比させながら固定資産税の

経年的推移をみた後，三位一体改革における税源移譲後の固定資産税の位置付け，固定資産税と自治体の財政指標との関係を検討する．次いで固定資産税の課税客体（土地，家屋，償却資産）を取り上げ，評価額の算定方法，規制による数量調整を述べる．そして，都市と郊外とで固定資産税収の「中身」に差が出る構造を簡単なモデルで説明し，現実のデータと照合する．最後に，固定資産税率および超過課税の推移，都市計画税と固定資産税の関係を明らかにしている．

「第4章　財政の分権化と経済成長」（田代昌孝）は，財政の分権化が経済成長を停滞させるかどうかという問題を実証的に検討している．具体的には，国の歳出に対する地方の歳出の比率（地方の歳出／国の歳出）を「財政分権度」と定義し，都道府県データを用いて，一人当たり所得成長率と財政分権度の相関関係を調べた．その結果，(1980〜2000年のデータによる)クロスセクションの短期的分析では，財政分権度が地方の経済成長に及ぼす影響は極めて小さいが，(同じ期間の)時系列分析では，財政分権度と地方の経済成長との間に有意な負の相関関係があることを見出している．

「第5章　市町村における家庭ごみ有料化の検討—多摩地域を中心に—」（薮田雅弘・伊勢公人）は，「家庭ごみ有料化」の経済的効果を検討している．まず，ごみ有料化の全国的な動向についての先行研究をサーベイした後，家庭系ごみのモデル分析を展開し，その経済的意味を明らかにする．そして有料化を実施する際にはその手数料の水準が重要であることを理論的に説明する．さらに，東京都多摩地域における家庭ごみの現状を紹介し，ごみ量を説明する諸要因を求める．また，あわせて，多摩地域におけるごみ有料化が財政に対してどのような影響をもたらしたかを概観し，最後に，ごみ有料化の政策的インプリケーションをまとめている．

「第2部　分権化財政の制度と政策」には，地方交付税制度，公的介護保険を扱った計3編の論文を収める．

「第6章　地方交付税制度における基準財政需要の再検討」（御船洋）は，「三位一体改革」における重要な柱のひとつである地方交付税（普通交付税）を取

り上げ，その算出の基礎となる基準財政需要の算定過程を精査し，その性格を再検討している．まず，現実の基準財政需要額の中に，国庫補助負担金の「補助裏」と呼ばれる地方団体の義務的支出分が約2割から5割含まれていることを明らかにする．次いで，基準財政需要の算定ルールについて，現行制度と代替的な配分ルールを考え，配分ルールの変更が各地方団体の基準財政需要額（ひいては地方交付税額）にどのような影響をもたらすか，シミュレーションを行ったうえで，現行地方交付税制度の問題点を浮き彫りにしている．

「第7章　公的介護保険の実施構造―自治体のジレンマ」（武智秀之）は，公的介護保険の導入でサービス供給システムはどう変わったのか，その実態を供給システムのレベルに焦点をあてながら検討している．まず公的介護保険の実施構造を検討する．次に自治体のジレンマについてミクロ的に分析し，公的介護保険がリスク分散とニーズへの対応という矛盾した目的の接合であるがゆえに制度設計上の矛盾の解決が困難であり，その問題解決が現場レベル主導でおこなわれていることを指摘する．そして自治体の役割は条件整備という消極的なものにとどまらず，積極的な役割を果たす可能性があることを指摘する．

「第8章　公的介護保険における高支給グループと低支給グループに関する考察」（綱辰幸）は，公的介護保険の第1号被保険者に対する居宅介護及び施設介護支給額がともに全国平均値よりも高いグループ（420団体）の中からさらに両支給額が相対的に高い106団体（高支給グループ）を選び，また，同じく全国平均値より低いグループ（698団体）の中からさらに両支給額が相対的に低い193団体（低支給グループ）を選んで，その保険者の特徴を比較検討している．比較項目は，人口構成，認定率，居宅介護と施設介護の割合，申請件数，保険料，一人当たり支給額等である．高支給グループでは，小規模な自治体の保険者が多いこと，安定化基金から借り入れている自治体が多いこと等が明らかにされている．

「第3部　諸外国の分権化財政」には，アメリカ・ドイツ・中国・韓国の地方分権・地方財政の状況を検討した4編の論文を収める．

「第9章　アメリカ州・地方税構造の脆弱性と連邦租税政策の州・地方財政

への影響予測」(片桐正俊)は，アメリカの州・地方の構造的財政赤字問題を取り上げている．アメリカでもここ4半世紀の間に連邦から州・地方への事務の分権化が進んできている．州・地方は，ようやく2000年代初頭不況期の財政難を脱してはいるが，そうした事務の分権化を受け止めるには，その財政基盤は非常に弱い．州・地方には高齢者対策費（就中メディケイド費）や無財源連邦マンデイト・コストの圧力が強くかかっている．他方，それを支えるべき税基盤は極めて脆弱である．しかも，州の課税権を大きく侵害する恐れのある連邦租税政策が幾つも打ち出されている．本章では，州・地方のこうした構造的財政赤字要因を検証し，州・地方の税財源基盤強化の方向についても述べる．

「第10章　ドイツ財政における中央集権化と分権化―ワグナー法則とポーピッツ法則―」(関野満夫)は，ドイツ財政の歴史的発展を基盤に第1次大戦前に主張されたワグナー法則（「経費膨張法則」）と第1次大戦後に主張されたポーピッツ法則（「中央国家吸引力の法則」）における財政の中央集権化の議論と論拠を整理した上で，第2次大戦後ドイツにおけるポーピッツ法則の評価を検討することで，ドイツ財政における中央集権化と分権化の推移とその根拠を整理している．そして第2次大戦後のドイツでの議論では，1960年代まではポーピッツ法則の妥当性（中央集権化）が主張されたが，1970年代以降には自治体財政の比重上昇とともにポーピッツ法則への否定的評価が出ていることを明らかにしている．

「第11章　中国における政府間財政関係」(谷口洋志)は，中国における中央と地方の政府間財政関係を分析対象とし，特に支出割当・収入割当・権限配分について，財政データをもとに，その内容と変化の要因について詳細に考察している．そして，その政府間財政関係の歴史は，全体と地域の利益をめぐる中央政府と地方政府の相互作用の過程であり，体制変化の中で様々な誘因や工夫を組み込む実験や政策が導入されたこと，その結果は，一見無秩序・不合理にみえながらも，徐々に政府間財政関係や諸制度の現代化に向かっていること等を明らかにしている．

「第12章　日本・韓国の地方財政調整制度の比較と韓国の地方財政調整制度

の効果」(金龍珉)は,日韓の地方財政の財政調整制度を比較した上で,韓国の地方政府に対する移転財源の現状を検討し,地方財政における財政調整効果を検証している.具体的には,地方交付税,地方譲与税(韓国では地方譲与金)及び国庫支出金(補助金)の構成や財源について日韓比較をした後,地方税と移転財源のジニ係数,地方税と移転財源をあわせたジニ係数,平準化係数等を求め,それらを分析した結果,韓国の地方財政における財政調整効果は必ずしも十分ではないという結論を得ている.

　以上で概観した各章で構成される本書は,必ずしも統一した主張や見解を表明するものではない.また,アプローチのしかたも様々である.テーマの選択に偏りがあるかもしれないし,重要な論点を見落としているかもしれない.しかしながら,本書が存在意義を持つとすれば,それは地方分権に関する新しい論点,視角,事実を提示できたことではないかと思われる.また,本書がこのようなオムニバス形式になったのは,見方を変えれば,われわれがいうところの「分権化財政」を真に実現させるためには,まだまだ多くの問題をクリアしなければならないということの表れではないかとも思われるのである.いずれにせよ,読者諸賢には,本書に対して忌憚の無いご批判をいただければ幸いである.

　最後に,本書の刊行に際しては,中央大学出版部の松尾あずさ氏に大変お世話になった.記して深甚の謝意を表しておきたい.

　2007年5月

編著者　片　桐　正　俊
　　　　御　船　　　洋
　　　　横　山　　　彰

目　次

は し が き

第 1 部　分権化財政の理論と実証

第 1 章　国と地方政府の制限的租税競争システムの優位性
　　　　　　　　　　　　　　　　　　　　　　　　横山　　彰 … 3
1. は じ め に……………………………………………………… 3
2. 垂直的租税競争モデル………………………………………… 4
3. 比　　　較……………………………………………………… 7
4. 国と地方政府の公共サービス供給を考慮した場合の比較 …… 11
5. お わ り に……………………………………………………… 16

第 2 章　公共経営における混雑現象の費用便益分析
　　　　　　　　　　　　　　　　　　　　　　　　田中　廣滋 … 21
1. は じ め に……………………………………………………… 21
2. モデルの定式化………………………………………………… 24
3. 個人の最適行動………………………………………………… 29
4. 混雑現象の解消と自治体の価格政策………………………… 32
5. ロンドンの渋滞税（Congestion Charge）について ………… 34
6. お わ り に……………………………………………………… 37

第 3 章　固定資産税の定量的考察──1975〜2001 年
　　　　　　　　　　　　　　　　　　　　　　　　西川　雅史 … 41
1. は じ め に……………………………………………………… 41
2. 固定資産税の推移……………………………………………… 42
3. 土地，家屋，償却資産の違い………………………………… 49
4. 固定資産税率…………………………………………………… 59

5. おわりに ……………………………………………………… 65

第4章　財政の分権化と経済成長
……………………………………………田代　昌孝… 69
1. はじめに ……………………………………………………… 69
2. 先行研究と日本の財政分権化 ……………………………… 70
3. 財政の分権化と経済成長に関する実証分析 ……………… 78
4. おわりに ……………………………………………………… 86

第5章　市町村における家庭ごみ有料化の検討
　　　　——多摩地域を中心に——
………………………………藪田　雅弘・伊勢　公人… 93
1. はじめに ……………………………………………………… 93
2. 家庭系ごみの削減 …………………………………………… 95
3. 家庭系ごみのモデル分析 …………………………………… 99
4. 多摩地域における家庭系ごみの現状……………………… 105
5. おわりに……………………………………………………… 118

第2部　分権化財政の制度と政策

第6章　地方交付税制度における基準財政需要の再検討
……………………………………………御船　　洋… 127
1. はじめに……………………………………………………… 127
2. 三位一体改革における地方交付税改革…………………… 129
3. 基準財政需要をどう捉えるか……………………………… 133
4. 基準財政需要における義務的支出………………………… 138
5. 基準財政需要の代替的算定方法の検討…………………… 145
6. おわりに……………………………………………………… 152

第7章　公的介護保険の実施構造―自治体のジレンマ
　　　　　　　　　　　　　　　　　　　　　　　武智　秀之… 157
1. はじめに………………………………………………………… 157
2. 要介護認定とは何か…………………………………………… 159
3. 介護の実施体制と提供団体…………………………………… 161
4. 供給量と利用割合……………………………………………… 163
5. 多元的供給と財政至上主義…………………………………… 166
6. 自治体のジレンマ……………………………………………… 169
7. 自治体の積極的役割…………………………………………… 171
8. おわりに………………………………………………………… 175

第8章　公的介護保険における高支給グループと
　　　　低支給グループに関する考察
　　　　　　　　　　　　　　　　　　　　　　　綱　　辰幸… 179
1. はじめに………………………………………………………… 179
2. 低支給グループ及び高支給グループの現状………………… 181
3. 低支給グループ及び高支給グループとの比較……………… 186
4. むすびにかえて………………………………………………… 197

第3部　諸外国の分権化財政

第9章　アメリカ州・地方税構造の脆弱性と
　　　　連邦租税政策の州・地方財政への影響予測
　　　　　　　　　　　　　　　　　　　　　　　片桐　正俊… 203
1. はじめに………………………………………………………… 203
2. 州・地方へのコスト圧力――高齢者対策費と無財源連邦
　　マンデイト・コスト………………………………………… 205
3. 州・地方税構造の脆弱性……………………………………… 208
4. 連邦租税政策（租税マンデイト）の州・地方財政への
　　影響予測……………………………………………………… 212
5. おわりに………………………………………………………… 227

第10章　ドイツ財政における中央集権化と分権化
　　　──ワグナー法則とポーピッツ法則──
　　　　　　　　　　　　　　　　　　　　　関野　満夫… 231
　1．はじめに………………………………………………………… 231
　2．ワグナーの「経費膨張法則」と中央集権化………………… 232
　3．ポーピッツの「中央国家吸引力の法則」…………………… 237
　4．ドイツ財政の中央集権化……………………………………… 242
　5．ドイツ財政における分権化…………………………………… 247
　6．おわりに………………………………………………………… 252

第11章　中国における政府間財政関係
　　　　　　　　　　　　　　　　　　　　　谷口　洋志… 257
　1．はじめに………………………………………………………… 257
　2．中央政府と地方政府の財政動向……………………………… 259
　3．改革・開放以降の政府間財政関係1──財政請負制の時代…… 265
　4．改革・開放以降の政府間財政関係2──分税制改革以降 ……… 269
　5．むすび…………………………………………………………… 286

第12章　日本・韓国の地方財政調整制度の比較と
　　　　韓国の地方財政調整制度の効果
　　　　　　　　　　　　　　　　　　　　　金　　龍珉… 297
　1．はじめに………………………………………………………… 297
　2．日韓の地方財政調整制度の比較……………………………… 298
　3．韓国の地方財政の現状と財政調整の効果…………………… 306
　4．むすびにかえて………………………………………………… 314

第 1 部

分権化財政の理論と実証

第 1 章

国と地方政府の制限的租税競争システムの優位性

1. はじめに

　地方分権を推進する伝統的な議論は，国と地方政府の事務配分と税源配分を明確にして，地方政府にできるだけ多くの事務責任と課税権を与える地方分権が望ましいと主張している．しかし，現実には事務配分と税源配分は必ずしも明確になされていない．例えば，教育や緑地や福祉などの公共サービスは，市町村や都道府県だけでなく，国も関与している．また，たばこ税や所得税などの課税ベースは国と地方政府が共有している．

　こうした国と地方政府との公共サービスの重複や課税ベースの重複は，本当に望ましくないのか．公共サービス供給については，その便益の及ぶ範囲や公共サービス供給にかかる規模の経済性や範囲の経済性などの生産特性によって，市町村・都道府県・国の役割分担がいわれてきている．すなわち，公共サービス供給という事務に関する各政府レベルの役割分担は，効率性の価値判断基準から主張されてきた．では，税源配分において課税ベースの重複をどのように評価したらよいのか．

　本稿では，国と地方政府との間の垂直的な課税権の重複問題と制度設計を検討した横山（2002）に沿ってモデルを展開するとともに[1]，新たに国と地方政

府の公共サービス供給の役割分担についても考慮して，国と地方政府の制限的租税競争システムの優位性を検討する．

2. 垂直的租税競争モデル

水平的租税競争は，同一レベルの各地方政府が同一の課税ベースをもち，各々が税収を増大させようと競い合っていることである．これに対し，垂直的租税競争は，国と地方政府とが同一の課税ベースをもち，各々が税収を増大させようと競い合っていることである．本稿は，垂直的租税競争すなわち国と地方政府の租税競争について考察する．

いま，ある私的財に対する物品税の課税権を国と地方政府が同時にもち，国も地方政府も自らの税収を最大化する行動をとると仮定しよう．さらに簡単化のために，図1-1で示しているように，この私的財の需要曲線は右下がりの直線で供給曲線は水平であり，しかも私的財消費によって外部経済も外部不経済も生じないと仮定する．需要曲線は，(1)式で示されるものと想定する．

$$q = a - bP\ ;\ a>0, b>0 \tag{1}$$

ここで，q は需要量，P は価格である．

この財に物品税が課されていない場合の市場価格は，図1-1の z であると

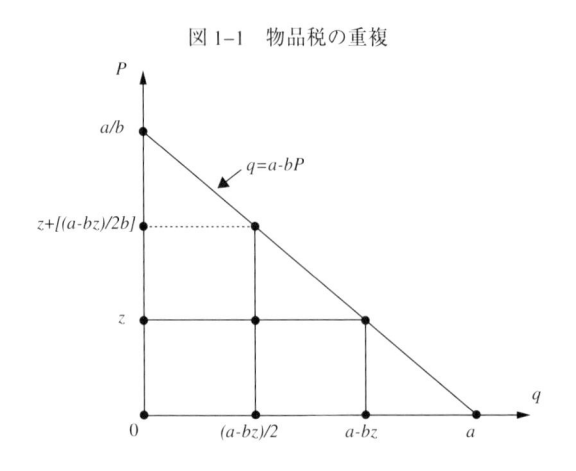

図1-1 物品税の重複

仮定する．中央と地方の政府レベルが n 層であるとして，第 $i(i=1,2,\cdots,n)$ レベルの政府が，それぞれ $t_i(i=1,2,\cdots,n)$ の税率を課している場合には，当該財の需要量は，

$$q = a - b(z + \sum_i t_i) \tag{2}$$

となる．このとき，各政府が得る税収 $R_i(i=1, 2,\cdots,n)$ は，次式で示される．

$$R_i = qt_i = at_i - bt_i(z + \sum_i t_i) \tag{3}$$

2-1 垂直的租税共謀のケース

いま，課税ベースを共有する国と地方政府が競争せずに共謀して一枚岩の政府として，税収最大化行動をとった場合には，どのような社会状態になるのか考えてみよう．この場合には，すべてのレベルの政府が一枚岩になり，あたかも独占利潤の最大化をめざす独占企業と同じような行動をとり，次式で示される総税収を最大にするように行動する．

$$R = qt = at - bt(z + t) \tag{4}$$

内点解の存在 $(a-bz>0)$ を仮定して，R を最大にする税率を t_M とすると，t_M は次式で示される．

$$t_M = (a - bz)/2b \tag{5}$$

このときの最大総税収 R_M は，

$$R_M = at_M - bt_M(z + t_M) = (a - bz)^2/4b \tag{6}$$

である．他方，消費者の直面する税率が t_M のときに，社会から消失する厚生ロスすなわち死荷重ロス L_M は，次式で与えられる．

$$L_M = b(t_M)^2/2 \tag{7}$$

2-2 垂直的租税競争のケース

次に、すべての政府レベルの政府が、互いに互いの税率設定を所与として自らの税収最大化を図りあって自らの税率選択を行う場合を考えよう。このとき、垂直的な租税外部性が生ずる。ある政府レベルの政府が自らの税収を増大させようとして自分の税率を増大させたならば、市場における私的財需要量は減少するので、税率を変えない他の政府レベルの税収は減少することになる。これが垂直的な租税外部性である（Dahlby, 1996 ; Keen, 1998 ; Wilson, 1999）。

他のすべての政府レベルが、自らの税収を最大にするように税率を設定しているとすれば、(3) 式は次式で与えられる。

$$R_i = qt_i = at_i - bt_i(z + \sum_{j \neq i} t_j^* + t_i) \tag{8}$$

ここで、$t_j^*(j \neq i)$ は第 i レベルではない他の政府レベル j の税収を最大にしている税率である。この (8) 式を最大にする税率 t_i^* は、$dR_i/dt_i = 0$ を満たすので、すべての $i(i=1, 2, \cdots, n)$ について次式が成り立つ。

$$a - b(z + \sum_i t_i^*) - bt_i^* = 0 \tag{9}$$

ここで $t_1^* = t_2^* = \cdots = t_n^*$ だから、$t^E = t_i^* (i=1, 2, \cdots, n)$ とすると、(9) 式は次のようになる。

$$a - b(z + nt^E) - bt^E = 0 \tag{10}$$

したがって、t^E について解くと、

$$t^E = (a - bz)/[(n+1)b] \tag{11}$$

を得る。この t^E はナッシュ均衡における税率で、各政府レベルが皆この税率を設定するから、すべての政府レベルによって課される税率合計 $t_C = nt^E$ は、

$$t_C = nt^E = [n/(n+1)](a - bz)/b \tag{12}$$

となる。このときの総税収 R_C は、

$$R_C = at_C - bt_C(z+t_C) = [n/(n+1)^2][(a-bz)^2/b] \tag{13}$$

である．他方，消費者の直面する税率が t_C のときの死荷重ロス L_C は，次式で与えられる．

$$L_C = b(t_C)^2/2 \tag{14}$$

3. 比　　較

　垂直的租税競争と垂直的租税共謀は，国と地方政府間の課税権に関する競争システムと独占システムに対応する．垂直的租税競争は，中央政府と複数レベルの地方政府が同一の課税客体に対し自由に税率設定できる完全競争システムであり，垂直的租税共謀は中央と地方の差はなく一枚岩の政府として課税する完全独占システムを意味する．したがって，垂直的租税競争と垂直的租税共謀のいずれが望ましいかの議論は，国と地方政府間の課税権に関する競争システムと独占システムのいずれが望ましいかの議論になる．いずれのシステムが望ましいかは，いかなる価値判断基準で判断するかに依存する．

　伝統的な厚生経済学の価値判断基準は，効率基準ともいわれ社会的厚生が大きいことがよいことであり，死荷重ロスの少ないことが望ましくなる．垂直的租税共謀と垂直的租税競争における死荷重ロスのいずれが大きいかは，(7) と (14) を比べれば分かるように，消費者の直面する税率が大きいほどに死荷重ロスが大きいので，t_C と t_M の大小関係で決まる．(5) と (12) を比較すれば，政府レベルの数が 2 以上である限り，$t_C > t_M$ である．したがって，死荷重ロスは垂直的租税共謀の方が垂直的租税競争よりも小さいので，効率基準に基づけば，垂直的租税競争よりも垂直的租税共謀が望ましくなる．それゆえ効率基準に従えば，垂直的租税競争よりも垂直的租税共謀が望ましいので，次のような課税の完全独占システムの制度設計が求められる．すなわち，

(1) 課税ベースの重複をなくし国と各地方政府レベルで明確に税源を配分し，特定の政府レベルに対して特定の課税客体に関する独占的課税権を与える．

(2) 国と地方政府とが同一の課税ベースを共有するにしても，それぞれが自由に税率設定することを許さず，特定の政府レベルが一括徴収した後に各政府レベルで分け合う共同税方式や一定割合を他の政府レベルへ譲与する譲与税方式や，各政府レベルの税率を法的に固定する法定税率方式を採用する．

しかしながら，こうした課税の完全独占システムは，政府部門が手にできる税収を最大にする余地を残している．

伝統的な効率基準とは別に，税収最大化をめざすリヴァイアサン型政府に対し憲法上の課税制限を課すためにはどのような課税システムが望ましいのかを判断する価値判断基準もある．それは，Brennan and Buchanan（1980）により提示されたリヴァイアサン統制基準ともいいうる基準で，各租税方式のもとで政府が最大限調達できる最大税収を比較して，その最大税収が少ないほど望ましい租税方式と判断するものである．

垂直的租税競争における最大税収 R_C と垂直的租税共謀における最大税収 R_M を比較すると，次のようになる．

$$R_M - R_C = \{(1/4) - [n/(n+1)^2]\}[(a-bz)^2/b]$$
$$= [(n-1)/2(n+1)]^2[(a-bz)^2/b] > 0 \qquad (15)$$

したがって，垂直的租税競争の方が垂直的租税共謀の場合よりも政府部門全体が手にできる最大税収は少ないので，リヴァイアサン統制基準からすれば垂直的租税競争が望ましくなる．

政府部門全体の税率と税収の関係は，横軸に税率 t と縦軸に税収 R をとった図1-2のラッファーカーブで示される．右下がりの直線の需要曲線をもった私的財に対する物品税率と税収の関係は，(4)式で示される税率と税収の関係になり，図のような凸の放物線になる．このラッファーカーブ上に，垂直的租税共謀における最大税収 R_M と垂直的租税競争における最大税収 R_C とを図示している．

垂直的租税競争の結果として出現する社会状態がラッファーカーブの右下が

図1-2　ラッファーカーブ

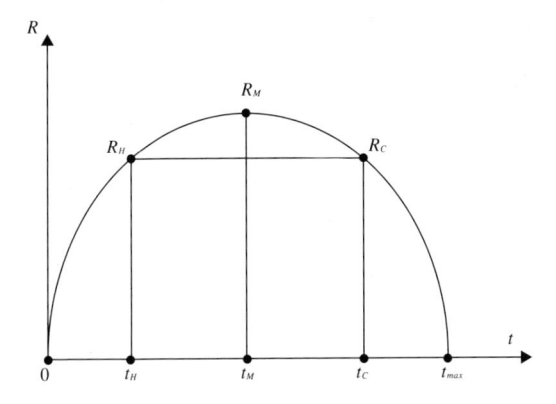

りに位置するということは，もし国と地方政府が結託して垂直的租税共謀が可能になるならば，政府全体の税収も増え死荷重ロスも減るので政府全体にとっても納税者にとってもより望ましくなるから，パレート改善の余地があるということを意味する．パレート改善とは，何人をも悪化させることなく誰かを良化させ得るような変化をいう．垂直的租税競争から垂直的租税共謀への変化は，パレート改善になる．

　納税者主権に基礎をおくリヴァイアサン統制基準に照らしても，リヴァイアサン政府を制御することの本来の目的は，政府の最大税収を最小にすることではなく，納税者が課税によって被る犠牲を最小にして政府の搾取を最小限にとどめることだとすれば，国と地方政府とで課税ベースの重複がある場合には，垂直的租税競争よりも垂直的租税共謀の方が望ましくなる．しかし，完全な垂直的租税競争ではないが垂直的租税競争を基礎にする制度は，すなわち制限税率を課した垂直的租税競争は，垂直的租税共謀よりも望ましくなる．この点について，いま少し詳しくみてみよう．

　伝統的な効率基準は，課税によってもたらされる死荷重ロス，言い換えれば社会全体（本稿では納税者＝消費者）が負担する厚生ロスを最小にするような制度設計をよしとする．Brennan and Buchanan（1980）のリヴァイアサン統制基準は，政府が手にできる最大税収，言い換えれば社会全体（本稿では納税者＝消費者）が負担する最大税額を最小にするような制度設計をよしとするものであ

る．この2つの基準は，納税者が課税によって被る犠牲の2つの構成要素，すなわち実際に目に見える犠牲である納税額と目に見えない犠牲である厚生ロスのいずれかを個別に取り上げ，その最小化こそ望ましいとしたものである．しかし納税者主権に立脚すれば，負担税額＋死荷重ロスの合計で測られた，納税者が課税によって被る絶対犠牲を最小にするような制度設計こそが望ましいという基準も1つ価値判断基準になる．本稿では，これを絶対犠牲基準とよぶ．

さていま一度，垂直的租税競争と垂直的租税共謀を比較してみよう．垂直的租税競争において政府全体が手にする最大税収は R_C，死荷重ロスは L_C なので，垂直的租税競争における絶対犠牲を S_C とすると，$S_C=R_C+L_C$ の関係式が成立する．同様に，垂直的租税共謀における絶対犠牲を S_M とすると，$S_M=R_M+L_M$ が成り立つ．既に述べているように，最大税収では $R_C<R_M$，死荷重ロスでは $L_C>L_M$ の大小関係である．社会全体の税率 t がのときの絶対犠牲 $S(t)$ は，次式で示される．

$$S(t)=R(t)+L(t)=at-bt(z+t)+bt^2/2=-(bt^2/2)+(a-bz)t \tag{16}$$

したがって，税収をゼロにしてしまう税率 t_{max}，つまり

$$t_{max}=(a-bz)/b \tag{17}$$

までは，税率が大きくなればなるほど絶対犠牲は大きくなる．$t_C>t_M$ から，垂直的租税競争と垂直的租税共謀の絶対犠牲の大小関係をみると，$S_C>S_M$ である．したがって，垂直的租税競争か垂直的租税共謀かの二者択一的な制度選択では，絶対犠牲基準に従えば，垂直的租税共謀が望ましくなる．

ここで，垂直的租税競争と垂直的租税共謀のいずれの場合で，絶対犠牲を縮小し得るのかについて考えてみよう．S を減少させるためには，R を減らすか L を減らせばよい．死荷重ロス L を一定にしたままで政府全体の税収すなわち社会全体の納税額 R を減少させることはできないが，政府全体の税収 R を一定にしたまま死荷重ロス L を減少させることは場合によって可能である．国も地方政府も常に税収最大化行動をとるとするならば，R を一定にして死

荷重ロス L を減少させることのできる可能性は重要になる．こうした可能性を持つのは，垂直的租税共謀ではなく垂直的租税競争なのである．

垂直的租税競争の場合は，ラッファーカーブの右側に位置するので，ラッファーカーブの左側で同一税収を上げ得る税率を制度設計段階で設定すれば，死荷重ロス L を減少できる．伝統的なアジェンダ・セッター理論の応用で，アジェンダとして，垂直的租税競争のもとで予想される税収よりも少しでも大きな税収を得られるような税率提案を提示すれば，各政府は受け入れる．当然，このときの死荷重ロスは垂直的租税共謀のときの死荷重ロス L_M よりも小さい．そこで，垂直的租税競争に制限税率を課すことで，効率基準でもリヴァイアサン統制基準でも，さらには絶対犠牲基準に照らしても，垂直的租税共謀よりも望ましい結果を導ける．

制限税率は，次のように設定する．垂直的租税競争の場合には，全政府レベルの合計税率 t_C のもとでの税収 R_C が全政府レベルの税収になる．図1-2に示したように，この税収と等しくなるラッファーカーブ左側の税率 $t_H=[1/(n+1)](a-bz)/b$ を求めて[2]，t_H/n をすべての政府レベルの制限税率とする．この制限税率を課した垂直的租税競争における最大税収 R_H，死荷重ロス L_H，絶対犠牲 S_H を，垂直的租税競争と垂直的租税共謀と比較すると，次のように大小関係になる．

$$R_H=R_C<R_M,\ L_H<L_M<L_C,\ S_H<S_M<S_C \tag{18}$$

したがって，垂直的租税共謀＝完全独占システムでもなく垂直的租税競争＝完全競争システムでもなく，制限税率を課した垂直的租税競争＝制限的競争システムが効率基準・リヴァイアサン統制基準・絶対犠牲基準からして望ましい．それゆえ，どの基準からしても国と地方政府の制限的租税競争システムの優位性が成り立つことになる．

4. 国と地方政府の公共サービス供給を考慮した場合の比較

前節では，政府部門の課税側だけに着目して国と地方政府の制限的租税競争

システムの優位性について考察した．しかし，税収がどのように使われるかについては，全く考察されていない．もし税収がすべて納税者に一括移転されるならば，社会全体の絶対犠牲は死荷重ロスに等しくなるので効率基準と絶対犠牲基準は同じ基準になるが，前節の結論は変わらない．ただし，税収の使途が公共サービス供給に使われる場合については，さらなる検討が必要になる．以下では，(1) 国と地方政府が同じ公共サービスを供給しているケースと，(2) 各政府レベルで異なる公共サービル供給をしているケースとに分けて，検討してみよう．

4–1 国と地方政府が同じ公共サービスを供給しているケース

いま，公共サービスの平均費用は一定で1と仮定する．これは，公共サービスの1単位を税収1単位（例えば1万円なり1億円なり）で生産できる数量とすることを意味する．税収 R だけ公共サービス生産に充てると，数量 R の公共サービスが供給される．前節まで考察した物品税体系で公共サービス供給がなされたとき，社会全体の純便益 SNB は，次式で示される．

$$SNB = B(R(t)) - S(t) = B(R(t)) - (R(t) + L(t)) \tag{19}$$

ここで，$B(R(t))$ は数量 $R(t)$ の公共サービス供給から社会が得る便益である．政府が税収最大化行動を取るリヴァイアサン型政府でなく，社会的厚生ないし社会全体の純便益の最大化を目指す慈悲深き独裁者型政府だとすると，SNB を最大にするような税率設定をする．つまり，(19) 式を税率 t について微分した

$$\frac{dSNB}{dt} = (dB/dR)R'(t) - (R'(t) + L'(t)) = R'(t)[(dB/dR) - (1 + \frac{L'(t)}{R'(t)})] \tag{20}$$

をゼロにする税率設定をする．

(20) 式における dB/dR は公共サービスの限界便益である．また $L'(t)/R'(t)$ は，限界税収 $R'(t)$（税率が微少変化したとき生ずる税収の変化）に対する限界死荷重ロス $L'(t)$（税率が微少変化したとき生ずる死荷重ロスの変化）の割合で，「税の限

界厚生損失」あるいは「公的資金の限界費用」といわれるものである．慈悲深き政府は，公共サービスの限界便益が1プラス「税の限界厚生損失」と等しくなるような税率設定を行い，その税率で得られる税収（=数量）だけ公共サービスを供給する．そのときの税率をt^*とし，この税率に対応する社会全体の純便益・税収・絶対犠牲には各記号にアスタリスクをつけて表すと，社会全体の最大純便益SNB^*は，次式で示される．

$$SNB^*=B(R^*)-S^*=B(R(t^*))-(R(t^*)+L(t^*)) \tag{21}$$

これに対して，リヴァイアサン政府は税収を最大化するような税率設定を行い，その税率で得られる税収（=数量）だけ公共サービスを供給すると仮定しよう[3]．このとき，垂直的租税共謀=完全独占システムにおける社会全体の純便益SNB_M，垂直的租税競争=完全競争システムにおける社会全体の純便益SNB_C，制限税率を課した垂直的租税競争=制限的競争システムにおける社会全体の純便益SNB_Hは，それぞれ次のように示される．

$$SNB_k=B(R_k)-S_k=B(R(t_k))-(R(t_k)+L(t_k)) \; ; \; k=M,C,H \tag{22}$$

ここで，各システム間の社会全体の純便益を比較する．
① SNB_CとSNB_Hの比較

(18)式から$R_H=R_C$なので$B(R_H)=B(R_C)$，また$S_H<S_C$である．ゆえに，$B(R_H)-S_H>B(R_C)-S_C$であるから$SNB_H>SNB_C$となる．したがって，国と地方政府の制限的競争システムは国と地方政府の完全競争システムよりも望ましい．

② SNB_CとSNB_Mの比較

(18)式から$R_M>R_C$なので公共サービスの限界便益が正であるかぎり$B(R_M)>B(R_C)$，また$S_M<S_C$である．ゆえに，$B(R_M)-S_M>B(R_C)-S_C$であるから$SNB_M>SNB_C$となる．したがって，国と地方政府の完全独占システムは国と地方政府の完全競争システムよりも望ましい．

③ SNB_MとSNB_Hの比較

$SNB_H-SNB_M>0$となる条件を求めると，$B(R_H)-S_H>B(R_M)-S_M$であるから

$S_M-S_H>B(R_M)-B(R_H)$ より，$(R_M-R_H)+(L_M-L_H)>B(R_M)-B(R_H)$．ここで $R_M>R_H$ に注意して，直前の不等式の両辺を (R_M-R_H) で割ると，

$$1+[(L_M-L_H)/(R_M-R_H)]>[B(R_M)-B(R_H)]/(R_M-R_H) \tag{23}$$

となる．

さらに，政府レベルの数 n が 5 以下 ($n\leq 5$) のもっともらしいケースでは，$[(L_M-L_H)/(R_M-R_H)]\geqq 1$ なので[4]，(23) は次の不等式になる．

$$2>[B(R_M)-B(R_H)]/(R_M-R_H) \tag{24}$$

したがって，公共サービスの限界便益が逓減する通常の仮定の下では，公共サービス水準 R_M における限界便益が 2 未満であれば，(24) の不等式が必ず成り立つ．たとえ公共サービス水準が R_M における限界便益が 2 以上であっても，政府全体の公共サービス水準が R_H から R_M に増大したことにともなう公共サービスの便益増分 $B(R_M)-B(R_H)$ を税収増分で除した (24) の右辺，すなわち公共サービスの平均的な便益増分が 2 未満であれば，(24) の不等式が成立し，$SNB_H-SNB_M>0$ となる[5]．このときには，国と地方政府の制限的競争システムは国と地方政府の完全独占システムよりも望ましい．

4-2　国と地方政府が異なる公共サービスを供給しているケース

いま，第 $i(i=1,\cdots,n)$ レベルの政府が供給する公共サービスから納税者が得る便益を $B_i(R_i)$ で表す．ここでも，すべての公共サービスについて，平均費用は一定で 1 と仮定し公共サービスの 1 単位を税収 1 単位で生産できる数量とする．税収 R だけ公共サービス生産に充てると，数量 R の公共サービスが供給される．そして，国と地方政府が異なる公共サービスを供給しているケースでは，各システムにおける社会全体の純便益は上付き D をつけて，$SNB_k^D(k=M,C,H)$ で表す．

まず，完全競争システムにおける社会全体の純便益 SNB_C^D は，

$$SNB_C^D = \sum_i B_i(R_C/n) - S_C \qquad (25)$$

となる．これに対し，(18) で示したように完全独占システムでは完全競争システムよりも大きな税収があるので，各政府レベルに完全競争システムと同じだけの税収を配分できる．したがって，完全独占システムにおける社会全体の純便益 SNB_M^D に関しては，税収を投入して公共サービス生産をすることから得られる便益が税収額以上であるとすれば，

$$SNB_M^D \geqq \sum_i B_i(R_C/n) + (R_M - R_C) - S_M > \sum_i B_i(R_C/n) - S_C = SNB_C^D \qquad (26)$$

の不等式が成り立つ．これは，(18) より $R_M - R_C > 0$ かつ $S_M < S_C$ ゆえに明らかである．

また，制限的競争システムにおける社会全体の純便益 SNB_H^D は，次のようになる．

$$SNB_H^D = \sum_i B_i(R_H/n) - S_H \qquad (27)$$

ここで (18) を考慮して (25) と (27) を比較すると，$R_H = R_C$ なので両式右辺第 1 項は等しく第 2 項の絶対犠牲は S_H の方が S_C よりも小さいので，$SNB_H^D > SNB_C^D$ は明らかである．

また完全競争システムとの比較と同様に，完全独占システムでは制限的競争システムよりも大きな税収があるので，各政府レベルに制限的競争システムと同じだけの税収を配分できる．したがって，完全独占システムにおける社会全体の純便益 SNB_M^D に関しては，税収を投入して公共サービス生産をすることから得られる便益が税収額以上であるとすれば，

$$SNB_M^D \geqq \sum_i B_i(R_H/n) + (R_M - R_H) - S_M = SNB_H^D + S_H + (R_M - R_H) - S_M$$
$$= SNB_H^D + (L_H - L_M) \qquad (28)$$

となる．しかし，$(L_H - L_M) < 0$ なので，制限的競争システムにおける社会全体の純便益 SNB_H^D と完全独占システムにおける社会全体の純便益 SNB_M^D の大小関

係は明確ではない．言い換えれば，国と地方政府が異なる公共サービスを供給しているケースでは，制限的競争システムが完全独占システムより優位となると明確にはいえないのである．

5. おわりに

本稿は，国と地方政府との課税ベースの重複に関して，どのような制度設計が望ましいのか理論的な検討を加えた．第2節と第3節では，簡単なモデル分析を基礎にして，垂直的租税競争と垂直的租税共謀を比較したうえで，税収の使途を無視した場合には制限税率を課した垂直的租税競争が望ましいことを明らかにした．すなわち，Brennan and Buchanan（1980）と同様に公共サービス供給を考慮せずに課税システムだけの立憲的な選択をするならば，すべての政府レベルに同じ課税ベースの課税権と自由な税率設定権を与える完全な租税競争システムよりも，あるいは特定の政府レベルに対して特定の課税ベースに関する独占的課税権を与える完全な租税独占システムよりも，すべての政府レベルに同じ課税ベースの課税権を与えるが各政府レベルに同一の制限税率を課す制限的租税競争システムの方が望ましいことを示した．

そして，第4節で税収の使途が公共サービス供給に使われる場合についても検討した結果，次の点が明らかになった．(1) 国と地方政府が同じ公共サービスを供給しているケースでは，もっともらしい条件のもとでは制限的租税競争システムの優位性を示せるが，(2) 各政府レベルで異なる公共サービル供給をしているケースでは，その優位性は必ずしもいえない．

以上の帰結から示唆される政策的含意は，常識的な地方分権推進論からすれば政府レベルに同じ課税ベースの課税権と自由な税率設定権を与える完全な租税競争システムが望ましいと考えられるが，税収の使途を考慮するか否かに係わらず，この完全租税競争システムよりも制限的租税競争システムの方が望ましいので，制限税率の意義を再評価すべきということになる．また税収の使途を考慮した場合でも，国と地方政府が同じ公共サービスを供給しているケースすなわち国と地方政府との公共サービスが重複しているケースにおいては，制

限的租税競争システムの優位性がもっともらしい.ただし,各政府レベルで異なる公共サービスの供給をしているケース,すなわち国と地方政府との公共サービスが重複していないケースにおいては,制限的租税競争システムの優位性は必ずしも明らかではなく,特定の政府レベルに対して特定の課税ベースに関する独占的課税権を与える完全な租税独占システムとのさらなる比較検討が必要になる.

1) 本稿の2節と3節におけるモデルは基本的には横山(2002)と同じであるが,本稿の記号法は横山(2002)とは異なるので横山(2002)を参照される読者は十分注意されたい.
2) この導出は以下の通りである.税率tのときの税収$R(t)$は,本文(4)式で与えられる.税率t_Cのときの税収$R_C=[n/(n+1)^2][(a-bz)^2/b]$と同じ税収をもたらす税率$t_H$は,$[n/(n+1)^2][(a-bz)^2/b]=-bt^2+(a-bz)t$の2次方程式を$t$について解くことで得られる実根の1つである.もう1つの実根は,t_Cに他ならない.
3) 税収のすべてを公共サービス供給に投入せず一部を政府の私的便益をもたらすような用途に充てると,税収の一定割合$\delta_k(k=M,C,H)$しか公共サービスの生産に充当されない場合もある.このときには,公共サービス水準は$R_k(k=M,C,H)$ではなく$\delta_k R_k(k=M,C,H)$となり,本文における$B(R_k)$は$B(\delta_k R_k)$と読み替える必要がある.
4) 本文(15)式と$R_H=R_C$より$R_M-R_H=R_M-R_C=[(n-1)/2(n+1)]^2[(a-bz)^2/b]$.また,税率$t$のときの死荷重ロス$L(t)$は$L(t)=(b/2)t^2$であるので
$$L_M-L_H=(b/2)([(a-bz)/2b]^2-(b/2)([(a-bz)/b(n+1)]^2$$
$$=[(a-bz)^2/8b][(n+1)^2-4]/(n+1)^2$$
となる.したがって,$(L_M-L_H)/(R_M-R_H)=(n+3)/[2(n-1)]$となる.もし$(n+3)\geq 2n-2$ならば,つまり$n\leq 5$ならば,$(L_M-L_H)/(R_M-R_H)\geq 1$となる.
5) 公共サービスの便益曲線$B(R)$は,限界便益が正($B'(R)>0$)かつ限界便益逓減($B''(R)<0$)という通常の想定のもとでは次の参考図のように描かれる.すると,$[B(R_M)-B(R_H)]/(R_M-R_H)$は線分$\theta_H\theta_M$の傾きで示せる.この傾きと等しい傾きをもつ便益曲線上の接線における接点をθ_Xとする.限界便益逓減の仮定から,点θ_Xにおける接線の傾きは点θ_Hにおける接線の傾きよりも小さい.点θ_Hにおける接線の傾きは公共サービス水準がR_Hにおける限界便益に他ならないので,これが2未満であれば,点θ_Xにおける接線の傾きは必ずそれよりも小さくなる.またR_Hにおける限界便益が2以上であったとしても,点θ_Xにおける接線の傾きが2未満であれば,本文(24)の不等式は成立する.

18　第1部　分権化財政の理論と実証

参考図　公共サービス水準と便益

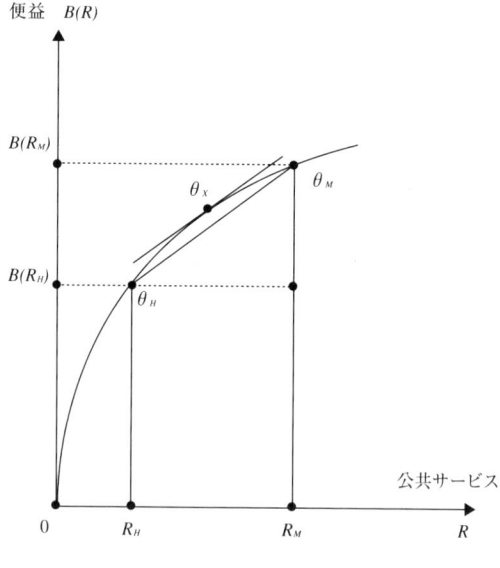

参 考 文 献

Brennan, G. and J. M. Buchanan (1980), *The Power to Tax : Analytical Foundations of a Fiscal Constitution,* Cambridge University Press（深沢実・菊池威・平澤典男訳『公共選択の租税理論：課税権の制限』文眞堂，1984）.

Buchanan, J. M. and Y. J. Yoon (2000), "Symmetric Tragedies : Commons and Anticommons," *Journal of Law and Economics,* Vol. 43, pp. 1–13.

Dahlby, B. (1996), "Fiscal Externalities and the Design of Intergovernmental Grants," *International Tax and Public Finance,* Vol. 3, pp. 397–412.

Keen, M. (1998), "Vertical Tax Externalities in the Theory of Fiscal Federalism," *International Monetary Fund Staff Papers,* Vol. 45, pp. 454–484.

Migué, J.-L. (1997), "Public Choice in a Federal System," *Public Choice,* vol. 90, pp. 235–254.

Oates, W. (1972), *Fiscal Federalism,* Harcourt Brace Jovanovich（米原淳七郎・岸昌三・長峯純一訳『地方分権の財政理論』第一法規出版，1997）.

Wildasin, D. E. (1988), "Nash Equilibria in Models of Fiscal Competition," *Journal of Public Economics,* Vol. 35, pp. 229–240.

Wildasin, J. D. and J. D. Wilson (2004), "Capital Tax Competition : Bane or Boon," *Journal of Public Economics,* Vol. 88, pp. 1065–1091.

Wilson, J. D. (1999), "Theories of Tax Competition," *National Tax Journal,* Vol.52, pp. 269–304.

Yokoyama, A. (2001), "Competition or Collusion in a Federal System," Presented at the 57th Congress of the International Institute of Public Finance, Linz, Austria.

堀場勇夫 (1999),『地方分権の経済分析』東洋経済新報社.
横山彰 (1999),「連邦主義と大きな政府」加藤寛編『入門公共選択：政治の経済学 (改訂版)』, 第5章追補, 145-152ページ, 三嶺書房.
横山彰 (2002),「共同税の意義：課税ベースの重複と租税外部性」『租税研究』, 第636号, 58-63ページ.

第 2 章

公共経営における混雑現象の費用便益分析

1. はじめに

　公共財の供給において，公共部門と民間部門のパートナーシップが論じられるが，その理念だけでなく制度化するための方法論の確立が必要である[1]．NPM（New Public Management）と総称される分野において，公共財供給の効率性が論じられるが，費用便益の分析を厳格に適用することが，目標達成の第一歩であるということができる[2]．そのためには，社会的厚生の向上を目ざして，公共財の供給を調整する数量指標が重要である．公共財の供給において利用制限や渋滞などの混雑現象にともなって生じる混雑費用は費用便益分析において重要な指標としての役割を果たしている．地方公共財の供給において最適供給が論じられるとき，混雑現象は有効な分析指標として用いられる[3]．

　情報，環境，高齢化，国際化などのキーワードがマスコミやインターネットの空間で取上げられる話題の多くを占めているが，その内容は多様で多方面に及ぶ．これらのキーワードの組合わせで表現される分野を中心として，国民生活の様式や要望は大きな変化を遂げながら，その要望の範囲は着実に広がりを示している．この潮流は私的財に限られることはなく，公共サービスに対する国民の要望の多様化として現れる．国民の細分化された欲求の多くは，情報や

インターネットの技術の高度化とともに整備される市場によってその解決策が見出されるが，公共サービスに顕在化する需要の量的な増大と質的な多様性に対応する体制の整備は端緒についた段階にすぎない．地方分権の推進において，各地域の課題に柔軟でしかも機動的に対応する公共財の供給の仕組みが期待されている．限られた財源を有効に活用するために，公共サービスの供給主体としては，政府，民間，NPOなどの種々の主体が考えられる[4]．しかしながら，地方政府は，多くの種類の公共サービスへの対応の主体としての責任を果たすことが望まれている．これまで，供給能力の限界から，ある程度の混雑現象の発生は避けられない．逆に言えば，混雑現象に関する正確な認識に基づき，これの解消を1つの目標としながら，公共財を適正に供給するための仕組みが工夫されなければならない．

本章の議論における主要な論点は以下の4つに要約される．第1に，地方分権の成果を実り多いものとするためには，行政システムの再編とともに財政的な基盤の整備が不可欠である．以下において，地方政府と中央政府の役割が明示されるモデルが提示される．中央政府が公共財の供給水準を削減することは，各家計に対して公共財単位当りの消費段階での課税強化によって実現する．第2に，地方分権のメリットが活かされるためには，財政システムの改革と効率的なシステムが混雑現象を解消するような課税と料金の組合せによって実現されることが論証される．第3に，この価格政策は住民が移住する対象となる自治体との関係で決定される．この制度を積極的に活用して，混雑の解消に役立てることができる自治体が存在する一方で，この仕組みを活用できない自治体が存在する．第4に，本章で定式化された分析方法の公共経営における有効性を示すために，ロンドン市において2003年に導入された渋滞税（Congestion Charge）の効果が説明される．

混雑現象を説明する地方公共財あるいはクラブ財のモデル分析には，多数の類型が存在するが，ここでは，日本で進められている地方分権の動きを評価することが可能なモデルが開発される[5]．その財政モデルは次の性質を有する．社会的に一律に供給すべき財に関しては，国が所得課税と消費課税のような課

税対象が広い財源に基づいて供給する．各自治体は，独自に公共財の利用量に基づく課税を設定して，財源の一部から住民に対する補助金などによる所得の移転を実現する給付を行う．

本章で分析に用いられるモデルの原型は田中（1998）において定式化される．そこでの主要な論点は次の4点であった．①地方分権の下での公共財供給を分析することができる基本モデルの設計，②地方分権による選択拡大と厚生の改善の論証，③地方分権の効果は集中の利益によって減殺されること，④混雑要因は集中の利益を削減する方向に作用すること．また，田中（2003）は次の3点に関して独自の見解を展開する．①中央政府と地方政府の公共財供給の役割分担，②公共財に関する政府供給と民間供給の効果分析，③地域の活性化に寄与する補助金の機能の分析．本章の目的は，以上の2つの研究で展開された議論を1つの統合されたモデルを用いて説明することである．また，この統合モデルの適用可能性を示すために2003年にロンドン市によって導入された，渋滞税における混雑問題の解消のための有効性が解明される．

本章においては公共サービス供給における混雑効果の評価が論じられた．この混雑の一部は利他的な分析においても解明されている．NIMBY（Not In My Back Yard）の設置に関する議論でも，広い意味での混雑問題の解消が論じられる．Levinson, A. (1999) による議論を田中（2000），(2001)，(2005) が理論モデルを用いて展開する．これらの議論は，混雑問題を解決する市場形成の基礎理論としての役割を果たす．

本章の構成は以下のとおりである．第1節において，地方分権の下での財政運営の目標となる混雑現象の解消が分析可能なモデルが提示される．第2節において，地方分権の下での個人の最適行動が解明される．第3節において，混雑解消のための自治体の価格政策が論じられるが，住民の移動を想定すれば，適用可能な政策はある程度の範囲に限られることが明らかにされる．第4節において，この統合モデルがロンドン市の渋滞税の分析に適用可能であることが明らかにされる．

2. モデルの定式化

2-1 効用関数と混雑現象

全国には，l個の自治体が存在して，sタイプの家計がこれらの自治体に居住する．各タイプの個人は自己の効用の最大化を目指して，居住先を選択する．個人は居住先の候補となる自治体から，その効用の水準に基づいて，その居住地を選択する．公共財には，社会生活の基盤となる社会保障のように国民の公正などの観点から，全国的に統一的に供給される財サービスがあるが，その一方で中山間部の集落，都市化で人口急増の地帯，高潮の恐れがある海岸など各地域の特性に応じて供給すべき公共財・サービスが異なるであろう．地域の実情に応じて，異なる特性の公共財がこれまでも供給されてきたが，その供給の水準は国レベルの縦割りの体制の下で決定されてきた．本章において，地方分権の効果を明らかにするために，地域の特性に応じて供給される公共財は地方自治体の主導の下にその供給水準が定められるとしよう．

まずはじめに，全国レベルで各地域に平等に一様に供給される公共財の数量は x で表示される．自治体 j に居住する家計 i の効用関数は

$$U_i^j = u_i(x, y_i, v_i, v^j) \tag{1}$$

で書き表される．効用関数は擬凹で連続微分可能な関数である．y_i と v_i は家計 i によって消費される消費財の数量あるいは利用される地方公共財の利用量を表す．消費財はニュメレール財であり，その価格は1に基準化される．自治体 j に居住する家計数は $n_j (j=1,\cdots,l)$ で表示される．自治体 j の v^j は

$$v^j = \sum_{i=1}^{n_j} v_i \tag{2}$$

と定義される．自治体 j において個人 i 以外によって利用される利用量の総量 v_{-i} は

$$v_{-i} = \sum_{\substack{h \neq i \\ h=1}}^{n_j} v_h$$

$$v^j = v_i + v_{-i}$$

と書き表される．ナッシュの推測が成立すると仮定すれば，

$$\frac{\partial v_h}{\partial v_i} = 0, \ h \neq i$$

が成立して，効用関数（1）の v_i に関する導関数は

$$\frac{\partial U_i^j}{\partial v_i} = \frac{\partial u_i}{\partial v_i} + \frac{\partial u_i}{\partial v^j} \tag{3}$$

と書き表される．ここで，総利用量がある水準 K_j を越えると混雑現象が発生する．

$$\frac{\partial u_i}{\partial v_j} = 0, \ for \ v^j \leq K_j$$

$$\frac{\partial u_i}{\partial v_j} < 0, \ for \ v^j > K_j$$

道路での渋滞や通勤時の混雑など，混雑がいったん発生すると，公共財の利用量の一層の増加とともに発生する混雑現象は利用者に深刻な影響を及ぼす．この関係は，2階の条件を用いれば，

$$\frac{\partial^2 u_i}{\partial v_j^2} = 0, \ for \ v^j \leq K_j$$

$$\frac{\partial^2 u_i}{\partial v_j^2} \leq 0, \ for \ v^j > K_j$$

が成立すると仮定される．

2-2 財政モデルの枠組み

地方公共財の供給主体に関しては，政府部門，民間部門あるいはNPOなど第3部門が選択可能である．いずれの形態で地方公共財が供給されるとしても，その供給にともないその経費の一部は料金あるいは税金として徴収されるとしよう．たとえば，教育や福祉関連の公共サービス，あるいはごみ収集の業務において民間やNPOなどは委託や認可に基づき料金を設定して供給する．また，環境税の場合のように，税収は環境改善の取組みのための業務の一部に

当てられる．以下では，各自治体は1種類の地方公共財あるいはサービスを供給し，簡単化のために料金あるいは税金が課される場合が想定される．

各自治体は独自の判断に基づいて料金あるいは税金を課すことが許されており，自治体jにおける地方公共財の料金あるいは税金はP_jと表記される．この料金あるいは税額は地方公共財供給のための経費全額を賄うことを目的とせずに，公共サービスに関する需給の著しい不均衡などの混雑の緩和を調整しながら，地方公共財の供給を円滑に進めることを意図している．

自治体は廃棄物処理，教育および福祉関係などの公共サービスへの需要と供給能力のギャップを埋めるために，供給能力の拡大に努めるが，このことが財政の支出の押し上げの要因となるため，このギャップの縮小を目指して，料金あるいは税金の導入を図る．この需給調整を目ざして設定される料金あるいは税金からの収入は一般的には公共サービスの経費の一部に当てられるだけであるので，多くの種類の地方公共財の供給に関する経費の一部は，政府からの補助金などの形態で支出される．地方公共財の料金や課税は混雑を緩和するために需要サイドだけでなく，供給量に働きかける市場の機能を有する．

中央政府による課税は，自治体の独自の課税額を補う役割を果たしており，消費税のように国民に広く課税されるものと消費や資産に対する課税のように各個人の特性によってその課税額が大きく異なるものから構成される．国民全体の公正などの観点から，中央政府が直接的に供給に責任を有する公共財供給に関して，国民に消費税のように消費段階で比較的に一律に負担される税負担額は$a_i x$で表示される．ここで，定数a_iは個人iが，消費段階で公共財の単位当りの負担額になるように調整される．各個人がその能力を活かして高所得を獲得することができる自治体は実際には限られている．言い換えると，各個人は，居住する自治体によって異なる所得を獲得することができると想定される．家計iが自治体jに居住することによって獲得可能な所得額は関数

$$\rho(j,i)>0$$

を用いて表示される．ここでは，各個人はどこに居住しても，正の所得が得られると仮定される．個人iに関して獲得可能な所得額が最大になる自治体が存

在すると仮定して，所得額が最大となる自治体は i^* と表示される．家計 i にとって自治体に関する所得額は単峰型の微分可能な曲線によって近似される．自治体 j が i^* から離れるほど $\rho(j,i)$ の値は小さくなる．正または負の任意の実数 h に関して，

$$\rho(i^*,i) \geq \rho(i^*+h,i)$$

が成立して，h の絶対値に関して単調減少関数である．年齢や職歴が異なる2つの異なる家計が s と t であるとすれば，各々の所得最大化の自治体 s^* と t^* は異なると考えられる．北海道で観光関係の仕事をする方が東京で事務労働をするより高い所得を獲得することが可能な個人もいれば，所得に関して逆の大小関係が生じる個人も実在する．この単峰型の所得関数の視覚的な理解を助けるために，図2-1が作成される．

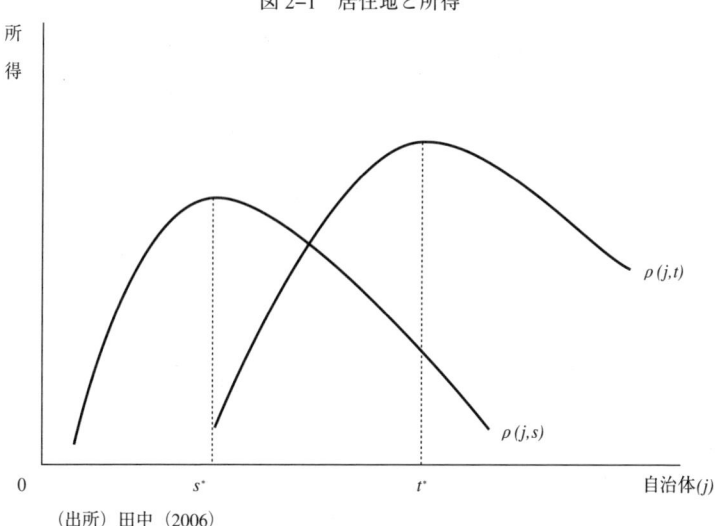

図2-1 居住地と所得

(出所) 田中 (2006)

これに対して，所得税あるいは資産課税で代表される各家計の特性に応じて課税される税額があると想定しよう．その平均税率が t で示される．自治体 j に居住する家計 i の課税後の所得は

$$\rho(j,i)(1-t)$$

と書き表される．家計の総数が N であるとき，N は

$$\sum_{j=1}^{l} n_j = N$$

を満足する．以下では自治体 j に居住する個人 i の納税額は $T_i = t\rho(j,i)$ と表記される．家計に番号が付けられていれば，家計が居住する自治体にかかわらず，所得額は政府によって捕捉される．政府によって把握される家計 i の所得額は，$\rho(\bullet, i)$ で示される．公共財の供給のための財源の一部は所得税から賄われる．中央政府の支出額が K で表示されるとき，政府の財政均衡の条件式は

$$\sum_{i=1}^{N} t\rho(\bullet, i) + R(x) = K$$

で書き表される．$R(x)$ は公共財の供給に関する中央政府による総支出のうち国民に広く負担される税額で賄われる金額を表す．たとえば，$R(x)$ は年金や介護保険の保険料のように国のレベルで公共財サービスの提供にともないその一部を所得税以外の形式で国民に負担してもらう額である．言い換えると，中央政府が責任を持つ公共財の数量 x が大きくなるほど課税額 $R(x)$ は大きくなると考えられる．このような課税には，次のような仕組みが含まれる．国民が求める公共サービスの水準に比例して国民に人頭税や消費税が広く負担される．このとき，年金の財源の一部を消費税に上乗せするとき国税の部分は $R(x)$ で表示される．この国民に対して一律に課税される課税とは別に，政府支出額の一部は，所得に対する課税から賄われると想定される．総税収額は公共財の供給に連動することから，$R(x)$ は自治体を超えて全国的に個人が消費する公共財の数量 x の単調増加関数であると想定される．不等式

$$\frac{dR(x)}{dx} > 0$$

が満足される．所得税収の総額と中央政府によって直接的に供給される公共財の数量は単調増加の関係にある．単年度において，財政の均衡は満足されないときには，財政の均衡条件を示す上式の K から国債の純発行額が控除される．このことから，本章においては，財政の均衡条件は制約条件としては用いられない．本章においては，x は価格単位でも表されることから，支出面から

見れば，固定資産税やガソリン消費税など所得以外の課税対象であるということができる．自治体は福祉や社会保障関係への補助金あるいは助成金を各家計に給付するが，その補助額は自治体によって異なる．自治体 j の補助率が t_j であるとすれば，タイプ i の家計への一括補助金は $t_j p_j v^j$ で示される．

3．個人の最適行動

家計の予算制約条件を定式化しよう．以上の議論を整理すれば，各家計は地方公共財の料金 $t_j v_j$ を負担するだけでなく，中央政府が供給する財に関しては消費段階で $a_i x$ と所得額から T_i を負担すると仮定される．自治体 j に居住する家計 i の所得制約条件式は

$$a_i x + p_j v_i + y_i = \rho(j,i)(1-t) + t_j p_j v^j \tag{4}$$

と書き表される．表記上の簡単化のために，(4) の右辺は $M(j,i)$ と定義される．

$$M(j,i) = \rho(j,i)(1-t) + t_j p_j v^j.$$

$M(j,i)$ は家計 i が自治体 j で課税と補助金による移転後に獲得可能な所得である．言い換えると，この純所得は家計 i が自治体 j に移住あるいは居住することによって獲得可能な純所得である．λ と μ をラグランジュ乗数であるとすれば，ラグランジュ関数 L は

$$L = u_i(x, y_i, v_i, v^j) + \lambda(a_i x + p_j v_i + y_i - \rho(j,i)(1-t) - t_j p_j v^j) + \mu\left(\sum_{i=1}^{N} \rho(\bullet, i) t + R(x) - K\right) \tag{5}$$

で書き表される．v_i と y_i に関して1階の条件を求めれば，

$$\frac{\frac{\partial u_i}{\partial v_i}}{\frac{\partial u_i}{\partial y_i}} + \frac{\frac{\partial u_i}{\partial v^j}}{\frac{\partial u_i}{\partial y_i}} = \rho_j(1-t_j) \tag{6}$$

が導出される．

30　第1部　分権化財政の理論と実証

図2-2　混雑現象と最適利用回数

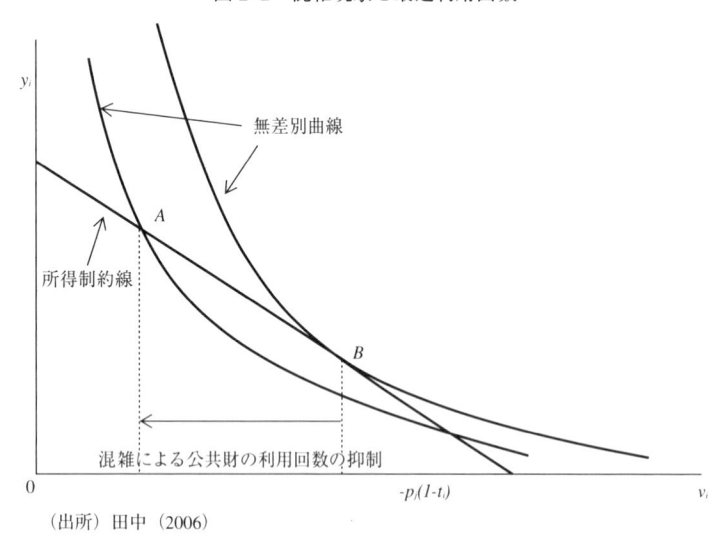

(出所)　田中（2006）

　混雑が発生するときには，(6) の第2項が，負値である．混雑が生じないときには，(6) の第2項がゼロの値である．右辺はパラメータあるいは定数である．右辺の値が一定の下において，混雑の状況に応じて，第1項の公共サービスの利用回数の消費財に関する限界代替率が変化する．混雑の程度が拡大するにつれて，(6) の第2項の絶対値が増大する．右辺の値が一定であれば，右辺の第1項の値も増大しなければならない．限界代替率の逓減が成立する状況の下では，個人は公共サービスの利用回数を抑制して対応しようとすると考えられる．図2-2において，混雑の発生にともない，最適解が混雑ゼロの状態を示す点Bから混雑現象が顕在化する点Aにシフトして，効用が低下することが読み取られる．

　次に，全国の共通システムとしての公共財の供給方法を論じよう．各個人は，地区での移住などを通じてその所得額を変化させることが可能であると仮定される．$\rho(j,i)$ が連続な変数で近似されるとして，ラグランジュ式を $\rho(j,i)$ と x に関する1階の条件が

$$\frac{\partial u_i}{\partial x}+\lambda a_i+\mu \frac{dR}{dx}=0$$

$-\lambda(1-t)+\mu t=0$

であることに注意して，簡単化のために，$R(x)=\sum_{i=1}^{N}a_i x$ が成立すると仮定すれば，

$$\frac{\frac{\partial u_i}{\partial x}}{\frac{\partial u_i}{\partial y_i}}=a_i+\frac{dR}{dx}\frac{1-t}{t}=a_i+\sum_{i=1}^{N}a_i\frac{1-t}{t} \tag{7}$$

が導出される．公共財の等量消費の性質から，各家計 i と j に対して，公共財の私的財に関する限界代替率は私的財で表示される公共財の限界費用 a_i あるいは a_j と所得税以外の負担による限界費用を加えた額に等しくなるように定められる．この関係は，図2–3で同一の公共財の数量 x^* に対する点Eと点Cで表示されるが，その含意は以下のように解釈される．

限界代替率逓減を仮定すれば，公共財の消費課税による徴収の方式の強化は a_i と $\sum_{i=1}^{N}a_i$ と $\frac{1-t}{t}$ を増加させ，直線DEから直線ACへのシフトを通じて，公共財の需要量を削減される．各家計が見込む効果の大きさは，それによって軽減される所得税額を考慮した公共財の単位当りの実質的な消費段階の課税額であ

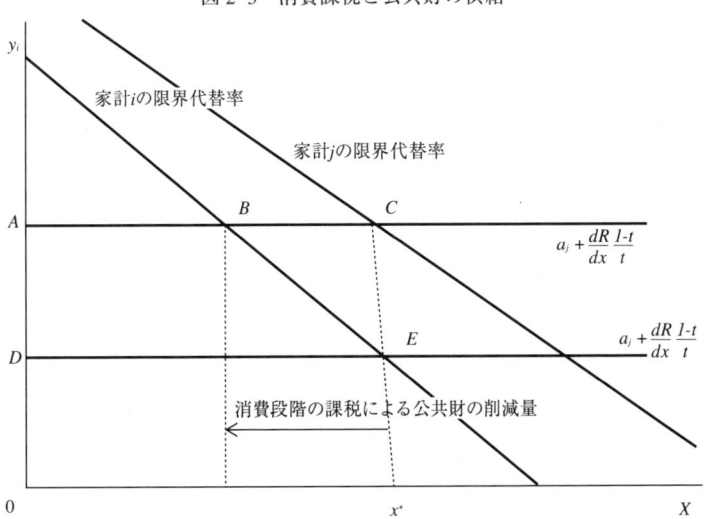

図2–3 消費課税と公共財の供給

(出所) 田中 (2006)

る．各家計の公共サービスの私的財に対する限界代替率は税収がもたらす財政への限界的な貢献度に依存する．

4. 混雑現象の解消と自治体の価格政策

個人 i が居住する自治体 j が混雑を解消するための，料金あるいは税額を p_j から p'_j に引き上げたとしよう．図2-4において，個人 i の最適点が点Bから点Cに変更される．各個人の利用回数が削減されることによって，この点Cにおいて，混雑が解消されれば，料金の引上げにもかかわらず効用の水準が点Aでの最低の効用水準から中間の水準へと改善される．

税額 p_j の引上げの効果は，

$$\frac{dU_i^j}{dp_j} = \frac{\partial u_i}{\partial x}\frac{dx}{dp_j} + \frac{\partial u_i}{\partial y_i}\frac{dy_i}{dp_j} + \frac{\partial u_i}{\partial v_i}\frac{dv_i}{dp_j} + \frac{\partial u_i}{\partial v_j}\frac{dv_j}{dp_j} \tag{8}$$

において明らかにされる．(8)式において，中央政府と地方政府の財政の独立性を仮定すれば，$\frac{dx}{dp_j}=0$ が成立すると想定される．さらに，私的財は公共財の利用回数に対して，代替的であるとすれば $\frac{dv_i}{dp_j}<0$ が成立すると想定される．

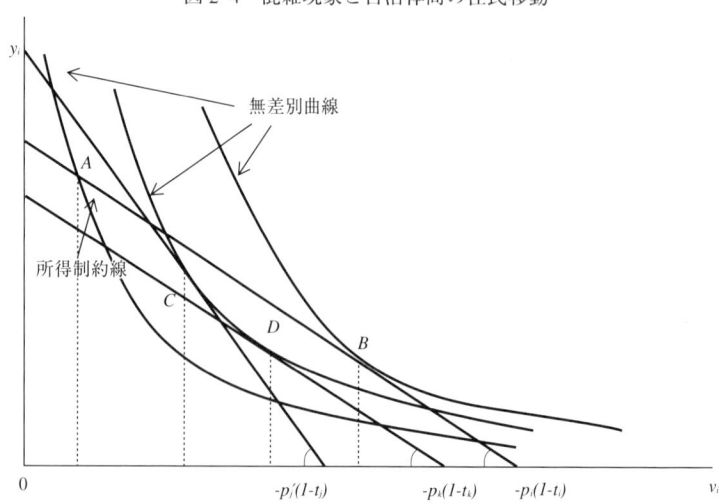

図2-4 混雑現象と自治体間の住民移動

(出所) 田中 (2006)

(8) 式右辺の第3項と第4項は混雑が発生するかしないかでその符号が異なると推論される．図2-4における混雑のある点Aから混雑がない点Cへの移動が表すように，混雑が存在するときには，$\frac{dv_i}{dp_j}>0, \frac{dv^j}{dp_j}>0$ が成立する可能性があるのに対して，混雑現象が存在しないときには，$\frac{dv_i}{dp_j}<0, \frac{dv^j}{dp_j}<0$ が成立すると想定される．したがって，(8) は，混雑現象がある場合には，正の符号をとる可能性が大きいのに対して，混雑現象がない場合には負の値をとると想定される．このことから，混雑現象が存在する自治体においては，混雑解消のための課税または料金の設定は住民の効用あるいは厚生の増大に寄与する．これに対して，混雑現象が存在しない自治体においては，住民の効用あるいは厚生の低下をもたらす．

各個人には，居住する地区の自由は保障されていることから，i タイプの個人は自治体 j と k を居住地として選択することができる．このとき (6) と (7) を満たすように j と k を居住地に関する最適値 $(x_i^*, y_i^*, v_i^*, v^{j*}), (x^{**}, y_i^{**}, v_i^{**}, v^{k**})$ が定められる．2つの地区間の移住に関する制約がなければ，均衡条件

$$U_i^j = u_i(x_i^*, y_i^*, v_i^*, v^{j*}) = U_i^k = u_i(x^{**}, y_i^{**}, v_i^{**}, v^{k**}) \qquad (9)$$

が満たされる．図2-4において，点Dをとおる原点に近い方の直線が自治体 k における所得制約曲線を描く．自治体 k における個人 i の最適点が点Dであるとすれば，個人 i は自治体 k と j に居住することに無差別であり，(9) が満たされて，均衡が成立する．地方分権のシステムが確立するまでの移行期や制度調整のための期間などにおいて，一時的には，(9) 式が成立しない場合が存在すると考えられる．補助金を用いた，各自治体間における経済格差の是正を目指す中央集権的な資金の再分配機能が低下すれば，地域間の格差は人口や資本の移動を加速させて，地域間における大きな歪みが発生する．長期的には (9) 式は，満たされなければならない．長期的な地域間の均衡条件式に陰関数定理を適用すれば，異なる自治体 j と k の公共サービスの利用料金あるいは課税は

$$\frac{dp_j}{dp_k} = \frac{\frac{dU_i^k}{dp_k}}{\frac{dU_i^j}{dp_j}} \tag{10}$$

を満たさなければならない．(10) 式の分子と分母は自治体 k と j において，料金あるいは課税が混雑の解消へ寄与するときには，正の値をとり，それ以外の場合にはゼロまたは負の値をとると想定される．2つの自治体で公共サービスの利用料金が混雑解消への効果があるときには，その料金は上昇など同じ方向に調整されるべきである．これに対して，一方の自治体で混雑解消の効果が上がらなければ，公共サービスの利用料金の改定の方向は逆になる．また，2つの自治体における混雑解消が進まなければ，この料金改定の方向は同じ方法に進む．住民にとって最も望ましくない選択肢は，混雑解消の効果が見込めない状況の中で，2つの自治体が料金を引き上げることであろう．

5. ロンドンの渋滞税 (Congestion Charge) について

ロンドン市は 2003 年交通の利用者が自動車の代わりに公共交通手段，低排気ガス車，自転車，オートバイ，徒歩などの手段を利用して，その結果として，渋滞を緩和して，交通がより速く，より排気ガスが少なく，移動時間の定時性が増すことなどを目的として，渋滞税を実施した．この渋滞税の料金 (fee) は，ロンドン中心地域に月曜日から金曜日までの平日の午前 7 時 30 分から午後 6 時 30 分までに入ってくる車一台当り，最初 5 ポンドに定められたが，2005 年からは 8 ポンドに引き上げられた．現在は，西の方向へのゾーンの拡大や料金の引き上げが検討されている[6]．以下では，本章で定式化された分析手法がロンドンの渋滞税の枠組みの分析にどのように適用されるか解説しよう．

この渋滞税の枠組みを理解するうえで，次の2つのことに注意が払われなければならない．第1に，この仕組みが規制地域（ゾーン）内への自動車の流入を制限することを目的とするものであるために，地域外から乗り入れられる自動車には料金が課されるものの，地域内の居住者には料金は大幅に減額され

る．第2に，この仕組みの目的は，自動車から公共交通機関あるいは省エネ車への乗換え，さらに，近接する地域に設置される駐車場を利用するパーク・アンド・ライドを誘導することにある．この2つの目的に対して，この渋滞税が持つ効果を本節のモデルを修正することによって分析しよう．

　まずはじめに，地域外からの自動車の乗り入れ抑制の効果を見てみよう．以下では，規制地域に居住する住民は $j=1$，規制地域外に居住する住民には $j=2$ と表示される．ここで，v_i は地区2の居住者が1ケ月など一定期間内にゾーン内に自動車を乗り入れる回数である．ゾーン内での規制の強化はゾーン外の地区2における自動車の使用回数に影響を与えると考えられるが，以下では，その効果は小さいと想定して，モデルの定式化から除かれている．また，p_1 は自動車利用の平均費用に渋滞税が付加された料金，現状では8ポンドである．地区1の居住者が自動車の利用に応じて，燃料費などの可変費用が発生するが，その費用が1に固定される．また，ゾーン内に業務用の車両を含めて自動車を乗り入れる個人数が n であるとすれば，流入車両数 v^1 は，

$$v^1 = \sum_{i=1}^{n} v_i$$

で定式化される．ゾーン内の居住する家計数が m であるとして，住民の自動車の利用総数は v^0 であると想定される．

$$v^0 = \sum_{i=1}^{m} v_i^0.$$

　地区1における自動車利用の総数 v は

$$v = v^0 + v^1$$

で定式化される．自動車利用に補完あるいは代替する公共財の数量 x は以下では，地下鉄などの公共交通機関の供給量を表わすと解釈される．地区1と地区2の住民はともに公共交通機関を利用するが，利用の頻度などにともなう平均の負担額は a_1 と a_2 で示される．K は都市の生活環境や環境の改善のために，公的に支出される額であるのに対して，$R(x)$ は公共交通機関の料金収入など直接税以外の形で負担される額である．$R(x)=(na_1+ma_2)x$ が成立する．地区

1における混雑の緩和は地区外から地区1に流入する車両にとっても，時間の節約など大きな便益が得られるであろう．渋滞税からの料金収入は，公共交通機関の整備や周辺地区の駐車場の整備などに支出される．料金収入 $p_1 v^1$ のうち，地区1と地区2の家計に配分される比率は t_1 と t_2 で表示される．地区1と地区2に居住する家計の効用関数は，

$$U_i^1 = u_i(x, y_i, v_i^0, v^0 + v^1)$$
$$U_i^2 = u_i(x, y_i, v_i, v^0 + v^1)$$

で書き表される．また，地区1と地区2に居住する住民の所得制約条件式は

$$a_1 x + v_i^0 + y_i = \rho(1,i)(1-t) + t_1 p_1 v^1$$
$$a_2 x + p_1 v_i + y_i = \rho(2,i)(1-t) + t_2 p_1 v^1$$

と表記される．地区1と地区2に居住する個人に関するラグランジュ関数 L_1, L_2 は（5）式が

$$L_1 = u_i(x, y_i, v_i^0, v^0 + v^1) + \lambda(a_1 x + y_i + v_i - \rho(1,i)(1-t) - t_1 p_1 v^1) + \mu\left(\sum_{i=1}^N t\rho(\bullet, i) + R(x) - K\right) \tag{11}$$

$$L_2 = u_i(x, y_i, v_i, v^0 + v^1) + \lambda(a_2 x + y_i + v_i - \rho(2,i)(1-t) - t_1 p_1 v^1) + \mu\left(\sum_{i=1}^N t\rho(\bullet, i) + R(x) - K\right) \tag{12}$$

と変形される．（6）式に対応する条件式は，地区1の居住者に関して，

$$\frac{\frac{\partial u_i}{\partial v_i^0}}{\frac{\partial u_i}{\partial y_i}} + \frac{\frac{\partial u_i}{\partial v}}{\frac{\partial u_i}{\partial y_i}} = 1. \tag{13}$$

地区2の居住者に関して

$$\frac{\frac{\partial u_i}{\partial v_i}}{\frac{\partial u_i}{\partial y_i}} + \frac{\frac{\partial u_i}{\partial v}}{\frac{\partial u_i}{\partial y_i}} = p_1(1-t_2). \tag{14}$$

ここで，（13）式と（14）式は同時に成立する．渋滞税の導入に基づく，（14）の右辺の上昇は，左辺の第1項の値を大きくして，各個人の利用回数 v_i を抑制させることを通じて，総利用回数 v を小さくする効果を持つ．このことは，（14）だけでなく（13）において，第2項が負の値からゼロに近づくことを意

味する．点Aから点Cへのシフトで示されるように，総利用回数 v を低下させることによって，第2項の絶対値を小さくする．このとき，(13) 式において，第1項の値が低下することを通じて，限界代替率逓減の性質から，地区1の居住者効用が向上する可能性が存在する．渋滞税の効果が現れて (13) と (14) の第2項がゼロで近似される．(14) から (13) を控除すれば，

$$\frac{\frac{\partial u_i}{\partial v_i}}{\frac{\partial u_i}{\partial y_i}} - \frac{\frac{\partial u_i}{\partial v_i^0}}{\frac{\partial u_i}{\partial y_i}} = p_1(1-t_2)-1 \tag{15}$$

が導出される．言い換えると，$p_1(1-t_2)-1$ がゾーン内の地区1における自動車に対する混雑に対する実質的な課税額あるいは渋滞料金であるといえる．この実質的な課税額は，渋滞料金からゾーン外で実施される駐車場設置など渋滞緩和策から自動車の平均費用を控除した額になる．(7) に対応する条件式は

$$\frac{\frac{\partial u_i}{\partial x}}{\frac{\partial u_i}{\partial y_i}} = a_j + (a_1 m + a_2 n)\frac{1-t}{t}, \quad j=1,2 \tag{16}$$

と書き直される．図2-3における議論を想起すれば，a_1, a_2 で示される地下鉄やバスなど公共料金の引下げや t が意味する公共料金の収入から他の収入源への活用は公共交通機関の利用拡大に作用するということができる．

6．おわりに

　地方分権の推進には，行政システムの改革と財政を通じた資金の配分方法の改革が避けられない．本章は，各自治体における独自の課税あるいは料金の政策が展開されるときの望ましい方針を明らかにする．多くの公共サービスの供給において，混雑現象の発生と効用の低下という損失が生じることが確かめられる．この損失額は混雑費用として住民の負担とされるが，自治体が料金や課税政策を用いることによってこの損失額の一部を解消することが可能である．各自治体の独自の政策は周辺の自治体の公共サービスの価格政策に大きな影響を与える．この内容は3つのケースに大別される．第1のケースでは，各自治

体が，混雑現象を解消する公共サービスの価格政策に成功するという望ましい成果が得られる．各自治体の政策効果が相互に波及して，学習効果も加わり，自治体の独自の価格政策の効果が社会的に確かめられる．第2のケースでは，混雑現象の解消に効果を上げる自治体とその効果がない自治体が混在する．混雑現象の解消に成功した自治体において，積極的に料金や課税を活用した政策を展開する．これに対して，地域の活性化に成功した自治体への住民の移動を防止するためにも，料金や課税の引下げを実施しなければならない自治体が存在する．第3のケースでは，混雑現象解消のための政策は展開されずに，住民の地域外への流出を防止するために料金や課税の引下げ競争が展開される．

　本章での議論においては，公共サービス供給における混雑現象の解消が主たるテーマとされたが，この問題は，現在行政サービスにおいて種々の形態で顕在化あるいは深刻化しているが，その一方混雑をシグナルに用いる供給の仕組みがなかったために，必要以上の混雑解消が進み表面上には現れていない問題が多く含まれている．新たな，住民の要望に応える公共サービスに地方自治体が取り組むときには，潜在的な意味で混雑現象が存在すると考えられており，混雑を適正に調整する価格政策が必要であるということが本稿の重要な帰結でもある．住民の要望に応えて，地方自治体が新規の事業を展開するとき，周辺の自治体との政策の調整を進めながら，効果的に価格政策を推進することが望ましいのである．混雑の発生に焦点を当てた費用便益分析は，自治体の公共政策において，有効で効果的な分析手法を提供するであろう．

1) Link, A. N. (2006) が理論的に公共と民間のパートナーシップの関係を整理している．
2) 公共経営の現状と課題は Watson, D. J. and W. L. Hassett (ed), (2003) において詳細に説明される．
3) 本章における3節までのモデルの理論的な枠組みは，田中（2006）において，述べられている．本章はこのモデルの適応の可能性を4節のロンドンの渋滞税に関して検討する．このモデルの実証研究は，神山（2007）で医療の問題に関して展開される．
4) Epple, D. and R. E. Romano (1996) は以下の議論の前提とされる民間部門の公共財の供給に関するモデル分析を展開する．公共財の供給を市場で評価する研究は

Kim, J. (1998) と Wilson, H. D. (1997) の議論を参照されたい．
5) 以下の議論を理解するのに必要な，地方公共財とクラブ財の理論は，Cornes, R. and Sandler (1996), Niskanen, Jr., W. A. (1994), Hare, P. G. ed. (1988), Middleton,R. (1996), Baily, S. J. (1995) の議論から得られる．
6) http://en.wikipedia.org/wiki/London_congestion_charge にこの仕組みの詳細な説明がある．Hunt, J (ed) (2005) はロンドン市の環境の持続可能性を展望して，混雑税の役割を論じる．

参 考 文 献

神山和美（2007），「混雑現象を指標とする医療サービスの供給システム」『（中央大学）経済学論纂』第 47 巻第 5・6 合併号 39-63 ページ．

田中廣滋（1998），「公共財の理論」，田中・御船・横山・飯島『公共経済学』東洋経済新報社，79-106 ページ．

田中廣滋（2000），「環境経済学のワンポイント講義（第 3 回）―市場機構を活用した廃棄物処理場の整備―」，『地球環境レポート』第 3 号，120-123 ページ．

田中廣滋（2001），「公共財としての廃棄物最終処分場の整備」，田中廣滋編『環境ネットワークの再構築』中央大学出版部，143-166 ページ．

田中廣滋（2003），「地方分権と民間部門」，田中廣滋編『費用便益の経済学的分析』中央大学出版部，245-268 ページ．

田中廣滋（2005），「環境経済学のワンポイント講義（第 10 回）―廃棄物処理場の需要・供給分析―」，『地球環境レポート』第 10 号，214-219 ページ．

田中廣滋（2006），「地方分権における公共サービスと混雑削減」『中央大学経済研究所年報』37 号，1-12 ページ．

Baily, S. J. (1995), *Public Sector Economics : Theory, Policy and Practice.* Macmillan Press LTD.

Cornes, R. and Sandler (1996), *The Theory of Externalities, Public Goods, and Club Goods,* 2nd ed. Cambridge University Press.

Epple, D. and R. E.Romano (1996), "Public Provision of Private Goods," *Journal of Political Economy,* 104, pp. 57-83.

Hare, P. G. ed. (1988), *Surverys in Public Sector Economics,* Basil Blackwell Ltd.

Hunt, J. (ed) (2005), *London's Environment : Prospects for a Sustainable World City,* Imperial College Press.

Kim, J (1998), "Local Property Taxation with External Land Ownership," *Journal of Public Economics,* 68, pp. 113-135.

Levinson, A. (1999), "NIMBY Tax Matter : The Case of State Hazardous Waste Disposal Taxes," *Journal of Public Economics* 74, pp. 31-51.

Link, A. N. (2006), *Public/Private Partnerships : Innovation Strategies and Policy Alternatives,* Springer.

Middleton, R. (1996), *Government versus the Market : The Growth of the Public Sector, Economic Management and British Economic Performance,* 1890-1979. Edward Elgar.

Niskanen, Jr., W. A. (1994), *Bureaucracy and Public Economics,* Edward Elgar.
Touffut, J. P. (ed) (2006), *Advancing Public Goods,* The Cournot Centre for Economic Studies 2006, Edward Elgar Publishing.
Watson, D. J. and W. L. Hassett (ed) (2003), *Local Government Management : Current Issues and Best Practices,* American Society for Public Administration, M. E. Sharpe.
Wilson, H. D. (1997), "Property Taxation, Congestion, and Local Public Goods," *Journal of Public Economics,* 64, pp. 207–217.

第 3 章

固定資産税の定量的考察—1975〜2001年

1. はじめに

　地方分権は，より強い財政責任を地方自治体に持たせることで，放漫とも揶揄される財政運営に規律を持たせようとするものである．これと並行して，各自治体が切磋琢磨するような競争環境を整備し，企業間競争とのアナロジーから，各自治体による善政競争を期待するかのようである．

　このとき，人口規模が1万人を下回るような小規模な町村では，施策において裁量を発揮するだけの財源を自前で確保することは難しく，競争以前の段階で白旗を揚げることになってしまう．こうした事態にならないために，国は，3兆円の税源移譲によって地方自治体の財政力を高めるだけではなく，その手段として選択された市町村民税（所得割）の比例税率化は，地方自治体間の財政力格差を是正することが企図されていた[1]．他方で，地方財政を安定化・効率化させる方策として，自発的な形で市町村合併を模索するよう促してきてもいる．こうした潮流をさらに強化するためにも，地方自治体の基幹税である固定資産税が担うべき役割は大きいはずである．

　固定資産は，大規模な償却資産の税収や不動産取得税などの例外もあるが，おおよそ市町村に固有の課税客体である．また，定量的には，バブル期に伸張した市町村民税の陰に隠れていたものの，1998年を境として市町村税を上回

り，地方財政の主役へと躍り出ている．しかし，その後に，市町村民税所得割を通じた税源移譲が持ち上がったことで，再び日陰者に戻ってしまった感もある．

本章の目的は，1975〜2000年という過去四半世紀を振り返り，固定資産税の定量的な変化を整理するとともに，その構造的な特性の一端を明らかにすることにある．基礎的な事実を確認するための作業ではあるが，今後の研究の橋頭堡としたい．

以下で主に使用する税額のデータは，1975〜2001年の市町村の税収データのうち調停済額・現年課税分である[2]．それゆえ，徴収実績としての「税収」というよりも，課税対象となる「税額」という表現が適当であるが，特に断らない限り，本文中では両者を同義に用いる．また，東京都特別23区の固定資産税収については，東京都が一括して集めた後に，東京都区部財政調整制度によって再分配するための財源になっているため，これも特に断らない限り，税額のデータを用いた考察からは除外している．

2. 固定資産税の推移

まずは，市町村にとって二大税目である固定資産税と市町村民税の経年的推移を図3-1で確認してみよう．先述したように，1998年を境として，固定資産税額は市町村民税額を上回り，地方税の主役に躍り出ている．市町村民税は，1990年以降の景気低迷によって伸び悩んでいることもあるが，1998年度に特別減税，1999年度以降には恒久的減税が実施されたことも，1998年の逆転劇に一役買っていよう．

図3-2では少し見方を変えて，自治体ごとに固定資産税，市町村民税が地方税に占める割合をそれぞれ計算し，その平均値の推移を描いてみたものである．そこから，固定資産税と市町村民税を合わせると，地方税の80〜90%を占めていることがわかる．また，図3-2では，図3-1よりも一足早い1994年に，固定資産税と市町村民税の逆転劇が生じている．1994年は，3年に1度実施される固定資産税の評価替えの年に当たり，しかも，この年の算定替えは，

図 3-1　固定資産税と市町村民税の税額の推移

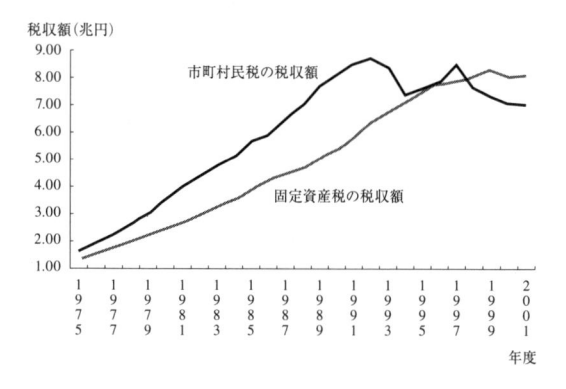

図 3-2　地方税に占める固定資産税と市町村民税のシェアの推移

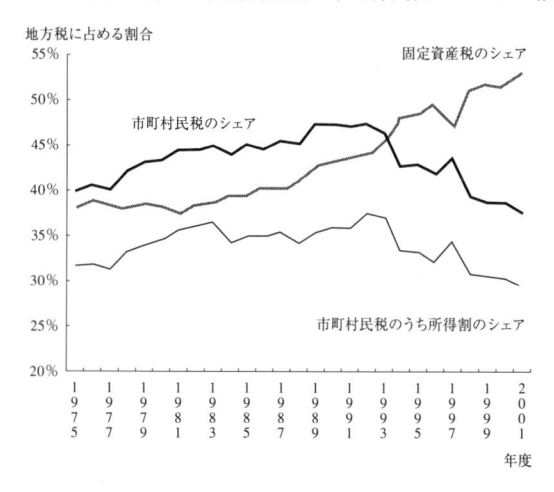

土地の課税評価額が公示地価の 20〜30％ 程度に過ぎないという実態を是正するために，評価額を全国一律に公示地価の 70％ にまで引き上げることが企図されており，固定資産税は実質的な増税になっていた[3]．

確かに図 3-1 でも，1994 年に市町村民税と固定資産税が接近したことがわかるが，逆転には至っていなかった．図 3-1 と図 3-2 に見られる逆転のタイミングのズレを考察するところから，固定資産税の特徴を見ることもできる．

図 3-3 では，地方自治体を町村，市，政令指定都市の 3 つに分類し，それぞれの固定資産税額の経年的な推移を見ている．2001 年の段階で比較する

44 第Ⅰ部 分権化財政の理論と実証

図3–3 政令指定都市，市，町村別の固定資産税額の推移

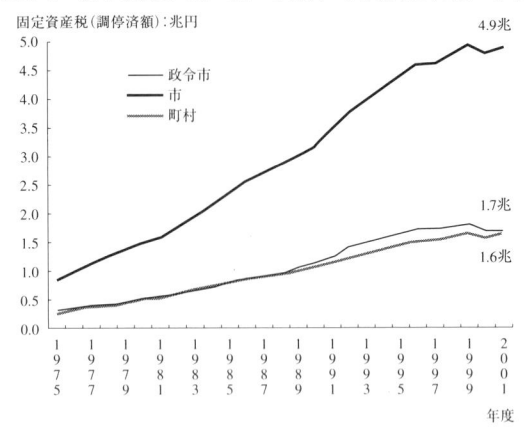

図3–4 政令指定都市，市，町村別の固定資産税シェアの推移

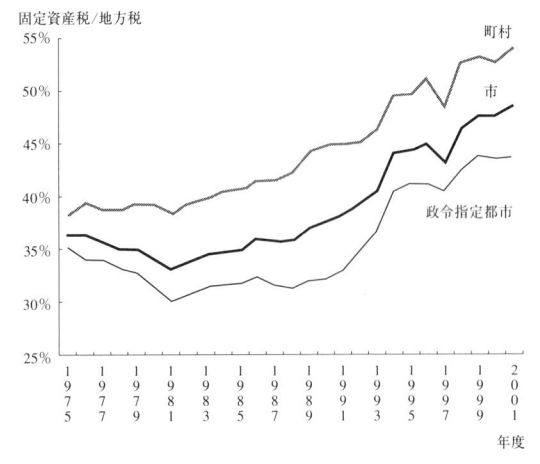

と，2,500を超える団体で形成される「町村」における固定資産税の合計額は1.6兆円，12団体で構成される「政令指定都市」で1.7兆円であり，定量的にはおおよそ同水準にあることがわかる．これらに対して，650ほどの団体が含まれる「市」の合計額は4.9兆円であり，固定資産税額の全体の6割程度を占めている．つまり，定量的な変化を考察している図3–1では，絶対額として大きな割合を占める市の動向が反映されやすくなる．他方で，シェアの平均値の推移を見ている図3–2では，サンプル数がものを言うため，2,500を超える

町村からの影響が大きく反映される．図3-4では，地方税に占める固定資産税額シェアの経年的な推移が示されており，非都市的な自治体（政令市より市，市より町村）ほど固定資産税のシェアが相対的に大きくなっている．これらから，図3-2は，固定資産税への依存度が高い町村の実状が相対的に強く反映されたことで，市の動向を反映しがちな図3-1よりも早いタイミングで逆転現象を描き出していたものと理解されよう．

　もう1つ気になるのが，図3-2で1997年に固定資産税収の割合が小さく減少する「クボミ」である．固定資産税のシェアが増大していくトレンドの中にあって，やや奇異にも思える．1997年は，固定資産税の評価替えの年であり，地価が下落する実勢に配慮して評価額の低下を容認したので，直観的には，これに原因がありそうである．この点について，中央固定資産評価審議会議事録要旨（1997）で確認してみると，「今回の固定資産評価額の修正によってどのくらいの減収になるのか」と委員から質問され，「固定資産税で200億円を超える額となるのではなかろうか」と回答されている．しかし，1997年の固定資産税額は全国で7.81兆円であるから，200億円はその0.26%でしかない．しかも，実額を見ると1997年の固定資産税額は，1996年よりも300億円程度増加している．したがって，このクボミの原因を評価替えに帰すことはできない．

　実は，図3-1からも見て取れることであるが，市町村民税は，1996年から1997年にかけて増加している．とりわけ，所得割の税額は，1996年の5.61兆円から1997年の6.33兆円へと対前年比で約12.8%も増加している[4]．周知のように，所得割の課税には1年のタイムラグがあり，1997年の所得割の課税標準となるのは1996年度の所得であるが，この年の実質GDP成長率は3.4%であった．つまり，小さなクボミの原因は，所得割の増収により，地方税収に占める固定資産税のシェアが相対的に低下したことによって発生していたのである．

2-1 三位一体の改革後も固定資産税は基幹税なのか

現時点において，固定資産税は市町村にとって基幹税である．しかし，2004年度から進行している「三位一体の改革」による地方自治体への税源移譲は，2006年8月の時点では，住民税所得割の比例税率化を通じた増税によって実施される方向にあることから，固定資産税の相対的な位置づけは，多少とも低下することになる[5]．

ここでは，住民税所得割が10％の比例税率化されるものとし，このうち市町村民税所得割に配当される税率が，5％，6％，7％，8％である場合について，固定資産税の基幹税たる立場がどのようになるのかを見てみたい．

表3-1は，全国3,218市町村の2001年のデータを用いて，地方税に占める市町村民税および固定資産税の割合が，比例税率化に伴う税源移譲によってどのように変化するのかを示している[6]．本章の執筆段階（2006年8月）では，比例税率10％のうち6％を市町村税として配当し，残りの4％を都道府県の取り分とする方向にある．この配分比率を前提とすれば，市町村民税が地方税に占める割合は，町村で42.6％，政令指定都市で41.9％程度となる．その一方で，税源移譲によって地方税が膨らむと，固定資産税が地方税に占める割合は現在よりも低下することとなり，町村では48.8％，政令指定都市では42.1％程度になるものと推計される．この結果，固定資産税は，かろうじて市町村税

表3-1 改革後の固定資産税の位置づけ

	5％の比例税	6％の比例税	7％の比例税	8％の比例税	サンプル数
	市町村民税／地方税				
政令指定都市	38.8％	41.9％	44.7％	47.2％	12
市	40.4％	43.8％	46.8％	49.6％	661
町　　村	39.0％	42.6％	45.7％	48.5％	2,557
	固定資産税／地方税				
政令指定都市	44.3％	42.1％	40.1％	38.2％	12
市	47.7％	45.0％	42.5％	40.4％	661
町　　村	51.7％	48.8％	46.1％	43.8％	2,557

（注）2001年データに基づく計算．

を上回り，地方税の主役の地位を維持することができる．ただし，比例税率のうち7％以上が市町村に配当されていたならば，固定資産税は主役の座から滑り落ちていたことになる．

2-2 財政指標と固定資産税

日本では，財政的な自立が難しい自治体の財源を補償することが国の大きな役割の1つとなっている．国による地方自治体への財源補償は，国が集めた財源を再分配するものであるから，いわゆる「コモンプール問題」を避け得ないが，コモンプールを小さくすることができれば，その浪費を抑制することはできる．この政策目的を達成するための前提条件として，再分配を必要とするような財政力の弱い自治体の自主財源を拡充しておくことが必要になる．もちろん，こうした政策目的は，地方自治体間の財政格差を是正すべきである，ないしは，地方分権に耐えうるよう自治体の財政を強化すべきであるというような，より一般的な政治的メッセージにもかなうであろう．

自治体の財政状況を把握するための指標には，実質収支比率，経常収支比率，起債制限比率，財政力指数などがある．実質収支比率は，後年度に繰り越すべき財源（事業のやり残しなど）を考慮した収入と支出の差額を歳入で除したものであり，自治体が赤字なのか黒字なのかを（短期的な視点から）判定することに用いられる．経常収支比率は義務的な経費が歳入に占める割合を測ることで財政の硬直性を確認する（中期的な）指標である．起債制限比率は，地方交付税によって措置される公債費負担を除き，自治体が自力で返済しなければならない公債費が歳入に占める割合であり，（長期的な視点から）負のストックを認知し，財政運営に役立てるために利用される[7]．以上の3つの指標は，自治体の「財政状況」を把握するための指標であり，値が高くなるほど地方自治体の財政状況が悪化していることを意味している．財政力指数は，基準財政収入額を基準財政需要額で除した値（の3ヶ年平均）であり，この値が1を超えると不交付団体，それ以外の団体が交付団体となる．転じて，財政力指数が高いほど，自治体の「財政的自立度」が高いものと評価される．以下では，国が

48　第1部　分権化財政の理論と実証

公表するこれら4つの財政指標（実質収支比率，経常収支比率，起債制限比率，財政力指数）と固定資産税との関係を見てみたい．

まず，4つの財政指標ごとに自治体をそれぞれ15程度のクラスに分類し，クラスごとに地方税に占める土地からの税収の割合と，家屋からの税収の割合の平均値を求める．これを図示したものが図3-5であり，図3-5-(1)では，横軸を実質収支比率として，クラスごとの平均値が描かれている．紙幅の都合で，経常収支比率，起債制限比率の図については割愛するが，それらには図3-5-(1)と共通して，土地からの税収が相対的に大きい市と，家屋からの税収が相対的に大きい町村という特徴が明確に現れている．しかしながら，本章が注目している財政指標（横軸）に対しては，ほとんど反応せずに一定の値をとっていることから，相関は低いものと考えられる．

ところが，財政力指数を横軸とする図3-5-(2)だけは，市と町村の差がほと

図3-5　財政状況の指標と固定資産税

（1）：実質収支比率

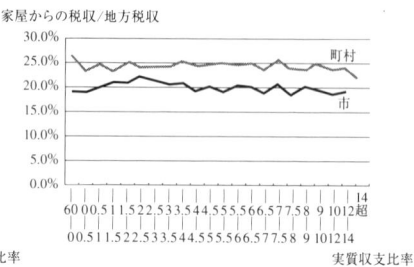

（2）：財政力指数

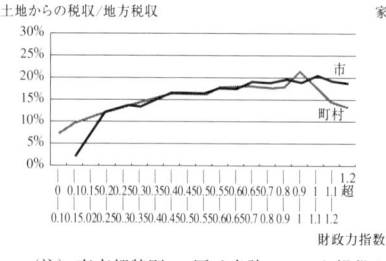

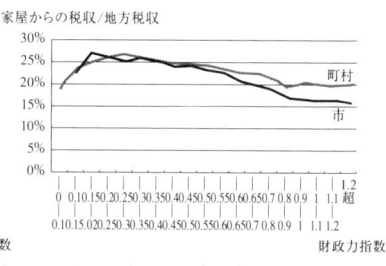

（注）東京都特別23区は当該データが提供されていない．また，政令指定都市は除いた．

んど無くなってしまう一方で,横軸に対して一定の傾きを示している.すなわち,財政力指数が高い自治体ほど土地からの税収は大きくなるが,家屋からの税収は小さくなる.ここから,財政的に自立困難な自治体(財政力指数の低い自治体)ほど,家屋からの税収に依存する傾向にあるものと考えられる.先述したように,財政力指数は,再分配の必需性を測る指標であることから,「財政力指数の低い自治体では家屋からの税収に依存する傾向が強い」という事実は,家屋からの税収を増やす試みによって,財政力の低い自治体に偏重して自主財源(固定資産税)の割合を引き上げ得る可能性を示唆しているのかもしれない[8].

3. 土地,家屋,償却資産の違い

固定資産税は,「土地」,「家屋」および「償却資産」を課税客体としている.それぞれの課税標準額は,測定単位となるものの数量と価格の積によって算出される.ここで,あえて数量と価格との区分を強調したのは,課税客体によって,それらの特性に違いが存在し,これが固定資産税に影響を与えるものと考えているためである.

3-1 評価額の算定

まずは課税標準額における「価格」について,これを定める制度を確認してみよう.国は,市場で形成される固定資産の価格までを操作することはできないが,課税標準額の算定根拠となる課税評価額を市場価格から乖離させることや,近づけることはできる.

土地の課税評価額は,1993年までは,公示地価の20〜30%程度であったため,この乖離幅そのものと,乖離幅の地域差とが問題視されていた.そこで,1994年度の固定資産税評価額の評価替えを機に,土地の評価額を(より実勢価格に近い)公示地価の70%程度で全国均一にすることが目指された.この制度変更は,固定資産税の租税負担を急増させるものであることから,激変緩和措置として,毎年10%〜15%程度の幅で12年間かけて徐々に課税標準額を引

き上げていくこととされた．この施策を通じて，固定資産税のうち土地に関する部分については，市場価格との連動性が確保されるよう制度が整えられつつあると考えて良いであろう．

「家屋」の課税評価額は，「資本化」されないという点において土地のそれとは異なっている．資本化とは，資産の価値が，その地域の環境を反映して決定されるという仮説である（Rosen (1974)）．例えば，魅力的な公園が整備されたり，教育政策を充実したものにすることなどによって，その地域の需要は増加し，地代（地価）が上昇する．こうした資本化が発現するのであれば，自治体は，その施策を通じて資産価値に影響を与えることができ，住民の効用を高め，かつ税収を増やすような政策を実施するインセンティブを持つことになる．

ところが，家屋の評価額は，以下のような算定式に基づくために資本化されない．

$$評価額 = 再建築価格 \times 経年減点補正率 \times 1点当り価額$$

ここで，再建築価格とは，評価の対象となった家屋と同一のものを評価の時点においてその場所に新築するものとした場合に必要とされる建築費である．建築費の算定に用いられる評点基準表は，総務大臣によって定められている．経年減点補正率とは，家屋の建築後の年数の経過によって生ずる損耗の状況等による減価率であり，1点当り価額とは，物価水準及び設計管理費等による補正率を乗じた価額で木造家屋は 1.05，非木造家屋は 1.10 で所与である[9]．

また，償却資産の課税評価額は，以下の式によって算定されており，資本化されないという意味において，固定資産税の課税客体として家屋との類似性がある．

$$評価額 = 取得価額 \times 減価残存率$$

ただし，減価残存率は，初年度は「1－償却率／2」，2年目以降は「1－償却率」であり，償却率（減価率）は，総務省令によって定められている耐用年数表に掲げられている耐用年数に応じて，1年間に資産の価値が減少する割合として定められている[10]．

以上のように，建設されてしまった家屋と，取得されてしまった償却資産の評価額は，自治体の努力によって操作することができないのである．

3–2 規制を通じた数量調整

　固定資産は，その価格だけではなく，数量についても政府によってコントロールされている．非常に大雑把に言えば，固定資産税の課税客体となる土地，家屋，償却資産は，民間の自由な活動によって各団体に存在していると言うよりも，都市計画法，森林法，農地法などの土地利用にまつわる規制や，建築基準法などによって平面的かつ空間的に制限されつつ存在していると理解するのが妥当なのである．ただし，これらの規制の方向性や運用主体とその厳格さなどは，時代によって揺らぎをもっている．本章の関心からすれば，1968年の都市計画法改正にまでさかのぼり，固定資産税額に影響を与える制度について振り返ることが有益であろう．

　高度経済成長を続けた1960年代は，人口・経済の膨張とこれに伴う地価高騰によって市街地のスプロール化が顕在化していた．1968年の改正都市計画法では，これを抑制するためにいわゆる「線引き制度」（開発許可制度）が導入されたのである．さらに，1969年から施行された農振法[11]によって農地の転用にも歯止めをかけている．また，過密による交通渋滞や公害などの社会問題が顕在化した大都市については，工業再配置促進法（1967年），工場再配置促進法（1972年）によって，民間投資を郊外へ誘導する施策も実施されている．この他，固定資産税収に影響を与える大規模店舗の立地については，1973年に大店法（大規模小売店舗法）が施行され，店舗周辺の中小小売業者の事業活動の機会の適正な確保を目的として，その立地が厳しく制限された[12]．つまり，国土利用は，開発促進にせよ，開発抑制にせよ，厳しく制限されていたことがわかる．

　その後，国による国土利用政策は，地方分権という社会的な要請もあり，実質的な裁量を徐々に地方自治体へと移していく．例えば，都市計画法における開発許可権は，都道府県から市町村へと移される傾向にある．また，1992年

の都市計画法の改正では「市町村の都市計画に関する基本的な方針」（マスタープラン）を市町村が作成することとされ，これに続く1998年の改正では，市町村が自らの判断で特別用途地区の種類や目的までを定められるようにしている．これと合わせて1998年に制定された中心市街地活性化法では，住民参加型の組織（TMO）を受け皿とする補助金交付の仕組みも整備された．さらに，2000年の建築基準法の改正では，建築物の形態制限（容積率，建ぺい率等）の数値基準を特定行政庁（都道府県，一部の市）が指定できるようにもしている．大店法についても，消費者の利便性向上を軽視しているとの批判を受けてきたことから，1994年には，店舗面積，閉店時間，営業日数などの規制を緩和し，さらに2000年には，店舗周辺の生活環境の保持へと視点を移した大店立地法（大規模小売店舗法）へと変容し，大型店舗の立地規制はいっそう緩和されることになった．バブル崩壊以降，民間投資を必要とした国は，その開発行為を抑制するだけの余裕が無かったとも言える．

以上までが，固定資産税に影響を与える制度のうち，本章が分析対象とする1975～2001年を包摂する時期の大雑把な動向である[13]．

3-3 規制による開発行為の抑制

国土利用に制限を課すことによって，地域の開発余地（数量）を政府がある程度までコントロールできるとして，開発が可能な地域と，開発が抑制されている地域とでは，固定資産税にどのような相違が生じるのであろうか．この点を考えるために，図3-6では，需要増と開発余地の関係を簡単に図案化してある．

左図は開発が可能な地域を意味しており，開発余地が相対的に弾力的な形で描かれている．右図は，開発が抑制されている地域であり，新たな開発余地がまったく残されていないかのような形（非弾力的）で描いてある．

いま，例えば，地方自治体が教育サービスの質の向上などの施策によって地域の魅力を増進させ，当該地域への需要を増加させたものとしてみよう（需要がDからD'へシフト）．開発が可能な左図では，価格の上昇と追加的な開発と

図 3-6　制度の違いを考慮した需要変化の影響

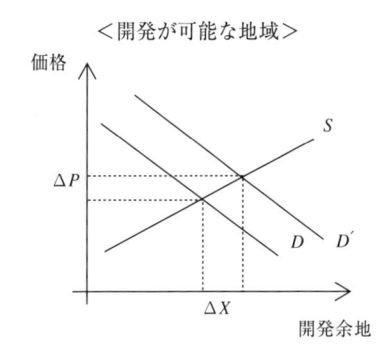

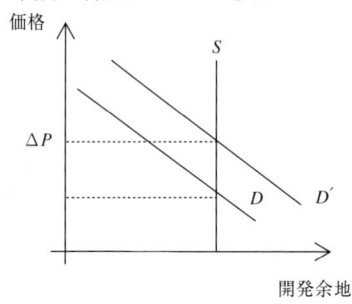

＜開発が可能な地域＞　　　　＜開発が制限されている地域＞

によって需要が調整されるため，個々の要素の変化量は相対的に小さい．他方で，開発が抑制されている右図では，価格上昇によってのみ需要が調整されるため，価格の変化量が相対的に大きくなる．このように，開発余地の違いは，需要の変化に対して異なる様相を示すのである．

3-4　需要増がもたらす，価格，数量の変化

固定資産税の課税標準を構成する数量と価格のうち，数量を制御することになる開発行為の可否について，抽象的に「都市」と「郊外」という視点から整理すると，おおよそ表3-2のように概念化することができよう．都市の場合，すでに未利用地が少なく，平面的な開発余地は小さいが，建築基準法や工場（業）等整備法の規制緩和によって，空間的に高度利用する余地は残されている．郊外の場合，各種の土地利用規制によって開発許可制度が存在しているものの，少なくとも本章がフォローする2001年度までであれば，そうした許可

表 3-2　開発余地の概念

	都　　市		郊　　外	
	空間的余地 (運用による開発余地)	平面的余地 (物理的な開発余地)	空間的余地 (運用による開発余地)	平面的余地 (物理的な開発余地)
土　　地	○	×	○	○
家屋・償却資産	○	×	○	○

（注）開発余地が大きいならば○，小さいならば×とした．

制度の運用はさほど厳格ではなく，開発余地は，空間的にも平面的にも大きいものと考えることができよう．

表3-2で都市と郊外の開発余地を比較すると，制度の運用に依存する空間的な開発余地は，ともに「運用に依存する」という意味において同等に残されていると考えられるので差違は無い．しかし，物理的な制約である平面的な開発余地は郊外で相対的に大きく，都市で小さいという位置づけができよう．

こうした文脈を意識しつつ，図3-6を簡単なモデルとして再解釈してみよう．いま，地域を開発したい（＝住みたい，利用したい）という需要量は，郊外と都市で共通のものとして，以下のように仮定する．

$$P_i = a - bX_i \quad （図3-6のD） \tag{1}$$

ただし，インデックスは，郊外（＝R）と都市（＝U）を区別するためのものである．一方で，自治体によって提供されている開発可能エリアすなわち供給量は，郊外では価格の関数として以下のように特定化する．

$$P_R = cX_R \quad （図3-6の郊外のS） \tag{2}$$

他方で，開発しつくされている都市での供給量は一定であるものと仮定する．

$$X_U = d \quad （図3-6の都市のS） \tag{3}$$

なお，各関数に含まれるa，b，c，は，それぞれ適当な正の値である．これらから，郊外における均衡の価格P_R^*と開発地域の大きさX_R^*は以下のようになる．

$$P_R^* = \frac{ac}{b+c}, \quad X_R^* = \frac{a}{b+c} \tag{4}$$

そして，都市におけるP_R^*とX_R^*は以下である．

$$P_U^* = a - bd, \quad X_U^* = d \tag{5}$$

このとき，地方自治体の努力により当該地域の魅力が高まり，需要が ε だけ上方にシフトしたものとしてみよう．

$$P_i = a - bX_i + \varepsilon \qquad (\text{図 3-6 の } D') \tag{6}$$

需要が増加した後の均衡 P_i^{**} と X_i^{**} を求め，増加する前の均衡である P_i^* と X_i^* との差分をそれぞれ ΔP_i と ΔX_i とすれば，それぞれ以下のようになる．

$$\Delta P_R = \frac{\varepsilon c}{b+c}, \quad \Delta X_R = \frac{\varepsilon}{b+c} \tag{7}$$

$$\Delta P_U = \varepsilon \tag{8}$$

先述したように，土地の価格は資本化するため，需要増があれば価格が上昇するはずである．これに対して，家屋と償却資産は資本化しないため，需要増があっても既存のものについては，価格が変化しない．これらの点に留意すれば，需要増が引き起こす変化は以下のようなマトリクスとして整理することができる．

	郊　外	都　市
土　地	$\Delta P_R = \frac{\varepsilon c}{b+c}, \; \Delta X_R = \frac{\varepsilon}{b+c}$	$\Delta P_U = \varepsilon$
家屋，償却資産	$\Delta X_R = \frac{\varepsilon}{b+c}$	

上のマトリクスからは，郊外では，土地ならば価格と数量の双方で調整され，家屋と償却資産は数量のみが変化する．都市では，開発余地が乏しいために数量調整が無いため，土地については価格が変化するものの，家屋と償却資産については何も変化が生じない．この結果，需要増にともなう課税標準の増加は，家屋と償却資産についてみれば，都市よりも郊外で大きくなるものと予想される．土地については，郊外と都市のいずれの方が課税標準の変化量が大きくなるかは，弾力性にも依存するので実証的に比較するしかない．

3-5 過去のデータとの整合性

前節では，開発行為に対する需要増があった場合，「相対的には，都市よりも郊外で家屋からの税収が増加する」という予測が得られた．これを現実のデータと照合してみよう．いま，都市＝政令指定都市，郊外＝町村，その中間が市であるものと想定し，土地，家屋，償却資産の税額が地方税に占める割合を時系列的に，そして相対的に比較したものが表3-3である．

石油ショックを経て，高度経済成長がおおよそ終焉した1975年の時点では，地方税に占める土地と家屋シェアは11～16％程度，償却資産で7～10％程度であった．その後，団塊の世代が世帯を構えるようになり，住宅需要が高まっていく過程において，町村では，家屋が25％に到達しそうな勢いで上昇し，償却資産も15％に近づいているものの，土地のシェアは13％程度に留まっている．これに比べて，市，政令指定都市と，大きな都市になるほど，家屋，償却資産の伸びは相対的に小さい．人口増加（＝需要増）を続けてきた時代背景を考えると，表3-3が示している時系列的な傾向は，需要増が家屋や償却資産からの税収を押し上げた町村と，こうした傾向が見られない市や政令指定都市というふうに大別することができよう．もし，政令指定都市＝都市，町村＝郊外という想定が妥当ならば，モデルから予想された傾向は，過去のデータによっても支持されそうである．

また，図3-7は，税収の変化を絶対的な意味で考察するために，政令指定都市，市，町村という3分類について，1975年を1とした成長率を表す指数を作成し，それを比較してある．

まず，土地については，市と町村がほぼ同じスピードで増収してきているのに対して，政令指定都市の成長指数は，一段低いところに位置している（それでも，家屋や償却資産よりは，市・町村との差が小さい）．この原因を先述した制度の変遷と照らし合わせて考えてみると，1960年代末から1970年代初頭にかけて，大都市周辺の地価はすでに十分高い水準にあり，これを抑制するための施策が実行されてきた結果，1975年を1とする指数を作成すると，とりわけ「大都市」を意味する政令指定都市においては，その後の増収が比較的緩やかに

表 3-3　土地・家屋・償却資産別のシェアの推移（基礎的自治体の種類別の時系列集計）

| | 土地のシェア ||| 家屋のシェア ||| 償却資産のシェア |||
年度	政令指定都市	市	町村	政令指定都市	市	町村	政令指定都市	市	町村
1975	16%	13%	11%	11%	13%	14%	7%	8%	10%
1976	16%	14%	12%	11%	13%	15%	6%	8%	9%
1977	17%	14%	11%	11%	13%	15%	6%	7%	9%
1978	16%	13%	11%	11%	14%	16%	6%	7%	9%
1979	15%	13%	11%	11%	14%	15%	5%	6%	9%
1980	15%	13%	11%	10%	14%	17%	5%	6%	9%
1981	14%	12%	10%	10%	14%	17%	5%	6%	9%
1982	14%	12%	10%	10%	14%	17%	5%	6%	9%
1983	15%	13%	10%	11%	14%	17%	5%	6%	9%
1984	14%	12%	10%	11%	15%	18%	5%	6%	9%
1985	15%	13%	11%	11%	14%	18%	5%	6%	9%
1986	15%	13%	11%	11%	15%	18%	6%	7%	10%
1987	15%	13%	11%	11%	15%	18%	5%	7%	10%
1988	15%	13%	11%	11%	15%	18%	5%	7%	11%
1989	15%	13%	11%	12%	16%	20%	5%	8%	12%
1990	14%	13%	11%	12%	16%	20%	6%	8%	12%
1991	15%	13%	11%	12%	16%	20%	6%	9%	13%
1992	15%	14%	11%	13%	16%	20%	6%	9%	13%
1993	15%	14%	11%	14%	17%	21%	6%	9%	13%
1994	19%	16%	12%	15%	18%	22%	7%	10%	14%
1995	19%	16%	12%	15%	19%	23%	6%	9%	14%
1996	19%	16%	12%	16%	19%	24%	6%	9%	14%
1997	19%	16%	12%	15%	18%	22%	7%	9%	14%
1998	19%	17%	13%	16%	20%	24%	7%	10%	15%
1999	20%	17%	13%	17%	20%	25%	7%	10%	15%
2000	19%	18%	13%	17%	20%	23%	7%	10%	15%
2001	19%	18%	13%	18%	20%	24%	7%	10%	15%

58　第1部　分権化財政の理論と実証

図3-7　固定資産税収の成長指数（1975=1）

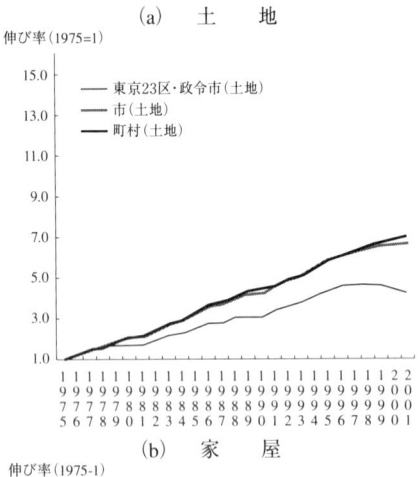

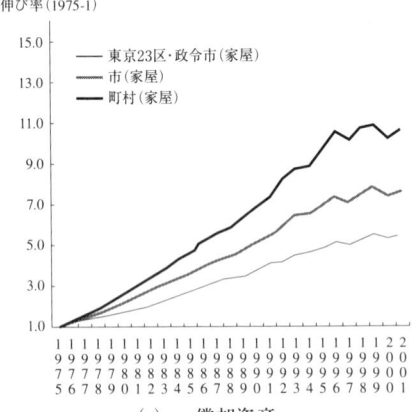

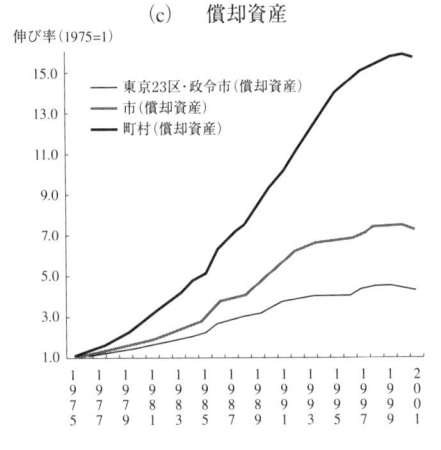

(a)　土　地

(b)　家　屋

(c)　償却資産

なったものと思われる．

次に，家屋について確認してみると，開発余力の物理的な限界から，都市部よりも郊外での開発が進み，それが増収に寄与していたことがわかる．その意味では，国土の均衡ある発展は，地方財政の平衡化にも寄与していたことになる．

最後に，償却資産を見てみると，町村での増収が際だって拡大してきていることがわかる．工場（業）等再配置法などによる民間投資の郊外への誘導効果や，道路・港湾・空港などの物流のインフラ整備が進んだこと，さらには，リゾート法による観光施設への投資などが郊外に生じたことで，最も顕著に地域差が現れたのであろう．

こうした実状からすれば，地域間格差の是正が政策目標であるならば，課税できる客体が少ないものと推察される郊外へ配慮する1つの着眼点は，固定資産税のうち家屋や償却資産になるのではないだろうか．このことは，2-2節での分析とも軌を一にしている．

4．固定資産税率

固定資産からの税収は，課税標準だけではなく，その税率にも依存する．2004年に地方税法が改正されるより前は，標準税率が1.4%，制限税率が2.1%と定められていたが，それ以降は制限税率が廃止されており，財政需要の大きい自治体は，この制度を利用することができる．なお，超過課税による税収は，基準財政収入額の算定に含まれないため，地方交付税による相殺を被らずに，地方財政へダイレクトに貢献することができる．

表3-4では，1992〜2004年までの固定資産税率の分布を一覧にしてあり，ほとんどの団体が標準税率である1.4%を選択していることがわかる．また，超過課税を実施している団体数の割合は，地方税収が減少基調にある1992〜2004年の期間でさえ11%から9%へと減少傾向にある．図3-8は，超過課税の団体数のみを1975〜2001年の期間について集計したものであり，超過課税を実施する団体の減少傾向は，より長期的な趨勢であることがわかる[14]．

表 3-4　固定資産税率

税率(%)	1992	1993	1994	1995	1996	1997	1998	1999	2000	2001	2002	2003	2004
1.4	2,924	2,932	2,951	2,956	2,962	2,969	2,968	2,971	2,975	2,970	2,956	2,923	2,826
1.41					1								
1.42													
1.425	1	2	2	2	2	1	1	2	2	2	2	1	
1.43	1	1	1										
1.44	1	1		1	1	2	1	1	2	2	2	2	2
1.45	11	10	12	11	12	15	13	12	11	11	11	10	10
1.46													1
1.47	1				1								
1.48			1	1	1	1	1	1				1	
1.5	121	118	112	112	110	106	107	106	106	106	106	107	107
1.52										1	1		
1.53					1								
1.54								1					
1.55	22	22	18	18	17	18	18	18	17	17	17	17	16
1.56							1						
1.58	2	2	2	1	1	1	2	1	1	1	1	1	1
1.6	116	112	102	100	97	97	95	96	95	94	94	91	84
1.62					1								
1.63	1	1	1	1	1								
1.64				1									
1.65	3	3	3	3	3	3	3	3	3	3	3	3	3
1.66	1	1	2	1	1		1	1					
1.68													
1.7	38	37	36	38	38	39	39	37	37	37	37	37	29
1.75	1	2	3	1	1	1	1	1	1	1	1	1	1
1.8	2	1											
超過課税を実施している団体	322	314	295	292	289	285	282	280	277	276	276	272	255
	(11%)	(11%)	(10%)	(10%)	(10%)	(10%)	(10%)	(9%)	(9%)	(9%)	(9%)	(9%)	(9%)

(注) 政令指定都市は，固定資産税で超過課税を実施している団体がないため除外．

　こうしたなかで，2004年より制限税率が廃止されたわけだが，超過課税を避ける傾向にある自治体が相手では，実質的な効能は小さいものと予想される．自治体は，どの程度まで，固定資産税の税率を有効に活用しているのであろうか．税源移譲がすすみ，地方自治体へ財政権限が移譲されつつある昨今の事情を睨み，固定資産税の超過課税について，もう少し立ち入って検討しておきたい．

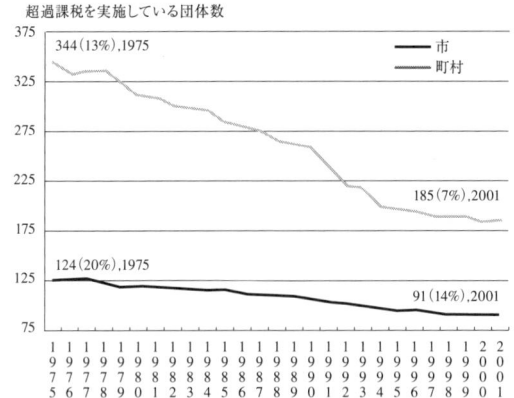

図 3-8　固定資産税で超過課税を課している団体数の推移

超過課税を実施している団体数

344（13%）,1975
185（7%）,2001
124（20%）,1975
91（14%）,2001

市
町村

4-1　都市計画税と固定資産税

　固定資産税の超過課税について言及する場合，都市計画税との関係に留意すべきである．都市計画税は，制限税率のみが 0.3% と与えられている任意課税の目的税であり，市街化区域を有する団体では，固定資産税と同じ課税標準に対してこれを上乗せすることができるため，あたかも固定資産税で超過課税を実施するかのような形になる[15]．しかしながら，自治体にとって普通税の固定資産税と目的税である都市計画税とでは，使い勝手に差があることから，本来的には同一視できるものではない．

　表 3-5 は，都市計画税を課しているか否かで自治体を分類した上で，固定資産税で超過課税を実施している団体数を整理したものである．例えば，1975 年に，都市計画税を課していない「市」のうち，51% にあたる 82 団体で超過課税を実施し，都市計画税を課していない「町村」のうち，13% にあたる 314 団体が超過課税を実施している．この表の全体を通じて，確かに，都市計画税を課していない団体ほど，超過課税を実施している団体の割合は多い．

　ただし，固定資産税で超過課税を実施している団体が，特定の地域に偏在している点には，注意を喚起しておきたい．表 3-6 は，2001 年のデータに基づいて，固定資産税で超過課税している団体を都道府県ごとに再集計したものである．超過課税を実施している 177「町村」のうち岐阜県，島根県，富山県の

表 3-5　都市計画税の有無と固定資産税の超過課税

	都市計画税を課税していない団体		都市計画税を課税している団体	
	市	町　村	市	町　村
1975	82 (51%)	314 (13%)	42 (9%)	30 (13%)
1976	82 (53%)	303 (13%)	43 (9%)	29 (12%)
1977	82 (54%)	305 (13%)	44 (9%)	30 (12%)
1978	80 (54%)	305 (13%)	43 (9%)	30 (12%)
1979	79 (54%)	293 (12%)	40 (8%)	28 (11%)
1980	78 (54%)	285 (12%)	41 (8%)	27 (10%)
1981	78 (55%)	282 (12%)	40 (8%)	26 (10%)
1982	78 (54%)	275 (12%)	39 (8%)	25 (9%)
1983	78 (54%)	275 (12%)	38 (8%)	23 (8%)
1984	76 (54%)	273 (12%)	39 (8%)	22 (8%)
1985	76 (54%)	262 (11%)	39 (8%)	22 (8%)
1986	75 (53%)	257 (11%)	37 (7%)	22 (8%)
1987	76 (53%)	252 (11%)	35 (7%)	22 (8%)
1988	74 (52%)	245 (11%)	36 (7%)	21 (8%)
1989	75 (52%)	242 (10%)	34 (7%)	20 (7%)
1990	74 (52%)	237 (10%)	32 (6%)	19 (7%)
1991	72 (51%)	219 (10%)	31 (6%)	18 (7%)
1992	72 (51%)	208 (9%)	30 (6%)	15 (6%)
1993	70 (50%)	201 (9%)	29 (6%)	15 (6%)
1994	70 (50%)	187 (8%)	27 (5%)	11 (4%)
1995	70 (49%)	186 (8%)	25 (5%)	11 (4%)
1996	69 (49%)	186 (8%)	26 (5%)	9 (3%)
1997	68 (48%)	181 (8%)	25 (5%)	9 (3%)
1998	66 (46%)	180 (8%)	24 (5%)	9 (3%)
1999	67 (46%)	179 (8%)	24 (5%)	9 (3%)
2000	67 (46%)	176 (8%)	24 (5%)	8 (3%)
2001	67 (46%)	177 (8%)	24 (5%)	8 (3%)

(注)　各セル内の値は超過課税している団体数であり，括弧内の値は，各セルのカテゴリに該当する全団体数に占める割合．例えば，1975年に都市計画税を課していない市のうち，51%にあたる82団体で超過課税を実施していることを表している．

上位3県に79町村（44%）が含まれ，上位17府県ならば171町村が含まれてしまう．とりわけ富山県については，全35「市町村」のうち33市町村で超過課税を実施している．他方で，よく知られていることであるが，栃木県，群馬県，埼玉県，千葉県，東京都，神奈川県の関東6都県には，固定資産税で超過課税を実施している市も町村も存在しない．

表 3-6 超過課税を実施する団体の偏在（2001 年）

	自治体の総数				超過課税を課している団体			
	都市計画税なし		都市計画税あり		都市計画税なし		都市計画税あり	
	市	町村	市	町村	市	町村	市	町村
岐阜県		85	14			27	0	
島根県	5	51	3		5	27	2	
富山県	8	26	1		8	25	0	
新潟県	4	82	16	910	1	14	0	1
長野県	1	93	16	15	1	13	0	1
石川県		18	8	4		12	3	4
宮崎県	6	31	3	11	5	11	0	0
京都府	1	21	10	3	1	8	4	1
鳥取県	1	35	3	4	1	7	2	
岡山県		65	10			6	0	0
奈良県	1	33	9		0	5	0	0
福井県		28	7	9		4	0	
福島県	5	80	5	11	5	3	0	
和歌山県	2	34	5	15	2	3	0	1
山形県		20	13			2	1	0
静岡県		38	21			2	0	0
高知県	9	44			5	2		
その他	102	1,508	371	168	33	6	12	0
合 計	145	2,292	515	259	67	177	24	8

　これらの点に留意した上で，固定資産税率と都市計画税率を足し合わせた「資産税率」に注目し，各団体がこの税率をどの程度まで変動させているのかを見てみたものが表 3-7 である．そこでは，前の年に比べて「資産税率」を変更した団体数は，毎年，10 団体前後で全団体の 0.5% 程度に過ぎないことが示されている[16]．

　表 3-7 で興味深いのは，地方自治体にとって対応すべき事柄（地方分権一括法，市町村合併など）が増加した 2002 年には，税率を変更した団体が無くなっている点である[17]．鷲（2005）が指摘するように，市町村合併「後」は税率変更の 1 つのタイミングであるが，その裏返しとして，市町村合併「前」など重要な施策に自治体が注力するときには，税率は見直されにくくなるものと推察できよう．

表 3-7 「資産税率」の変化状況

税率の変更幅（%point）	1999	2000	2001	2002	2003
−0.2	1	3	2	2	1
−0.15	1	1			
−0.1	5	1	1	1	3
−0.08	1				
−0.05	3	7	2	2	5
−0.04		1			1
−0.03					1
−0.025	2				2
−0.02	2	1	1	1	1
−0.01	1	2			1
−0.005					1
0	3,226	3,223	3,229	3,229	3,159
0.01		1	2	2	
0.02		1			
0.02		1			
0.1					2
0.15			1	1	
0.2		1	1	1	4
0.3					1
減税した団体の割合	0.49%	0.49%	0.19%	0.00%	0.50%
増税した団体の割合	0.00%	0.12	0.12%	0.00%	0.22%

　さて，本章の主旨に戻れば，固定資産税，都市計画税を変更する団体は非常に限定的であり，自らの財政需要に合わせて機動的に税率が選択されてきたわけではないことを強調しておきたい．しかも，数少ない税率変更した団体の多くが減税に踏み切っており，固定資産税の制限税率を廃止しても，その実質的な効能は期待できないであろう．「harmful tax competition」として知られる減税競争に各自治体が巻き込まれているものと考えれば，このような，race to the bottom は，十分に予見可能な事態であるとも言える．このことは，地方自治体に裁量を与えれば与えるほど顕在化するであろうから，税率を通じた地方財政の量的確保というパスは，意外に期待できないのかもしれない．

5. おわりに

本章の目的は，1975～2000年という過去四半世紀を振り返り，固定資産税の定量的な変化を整理するとともに，その構造的な特性の一端を明らかにすることにあった．

第2節では，固定資産税の定量的な推移を概観し，データの流列に見られる特徴的な変化が発生した理由について明らかにした．また，国から地方へ3兆円の税源移譲が実施された後，地方税における固定資産税の相対的な地位がどのようになるのか，固定資産税は自治体の財政指標とどのような関係にあるのかについても考察した．

第3節では，固定資産税の課税客体である土地，家屋，償却資産が土地利用規制等によって開発余地を制限されてきたことに鑑み，予備的考察としてそれら制度の変遷を概観した．その上で，土地と家屋・償却資産は，資本化という視点から相違点があることによって，地域ごとに固定資産税収の「中身」に違いが発生することを簡単なモデルで説明し，現実のデータと照らし合わせた．

第4節では，固定資産税の税率がどのように推移してきたのかを，とりわけ超過課税の視点から概観した．そこでは，長期で超過課税を実施する団体が減少する傾向にあることや，都市計画税と固定資産税率の関係について明らかにした．

個々の節は，固定資産税の定量的推移（第2節），構造的な特性（第3節），税率の選択（第4節）という異なるテーマを取り扱っているが，少なくとも筆者は，本章を通じて1つの感触を得ることができたように思っている．第4節の超過課税の考察から，各自治体は，超過課税を忌避する傾向が長期的な趨勢として存在していた．こうした流れは，地方自治体に裁量を与えれば与えるほど進むことは，「harmful tax competition」として知られる減税競争の文脈から予想することができる．日本の場合，標準税率があるため，過度の減税競争には歯止めがかかっているが，すべてがフロアーに張り付く事態は考えられ，実質的な税率の選択権は無くなり，これを用いて財源を量的に確保することは難

しくなるであろう．このとき，十分な課税標準が無い自治体では，どのようにして財政を維持するのであろうか．また，こうした団体に対して，国は，どのようにコミットしていくことができるのであろうか．単純な補助金制度は，コモンプール問題を生み出すだけである．

そこで，1つの方策として，国は，地方自治体の基幹税である固定資産税の課税評価額を引き上げることを考えても良いのではないだろうか．とりわけ，家屋，償却資産の課税評価額は国に裁量が残されているだけではなく，第3節および第4節の考察から，財政力の弱い郊外型の団体ほどこれに依存する割合が高いことが明らかになっており，押すべきボタンの1つがここにあるように思われるからである（注8）も参照のこと）．

今後，地方自治体の税源移譲に向けて，消費税（のうち国税部分）などが争点になりそうであるが，固定資産税についても，その特徴をふまえて，上手に活用する方途がもっと研究されて良いのではないだろうか．

1) 神野（1998）は都道府県について，西川（2005）は市町村について，それぞれ地域間の財政格差の是正効果を定量的に明らかにしている．また，東北地方の市町村に限れば，鷲見ほか（2005）がある．
2) このデータは，市町村税の徴収実績のデータを総務省から情報公開法に基づいて提供して頂いたものである．詳細は筆者に問い合わせて欲しい．
3) 注19）を含む4.1節も参照せよ．
4) 東京都特別23区を含めると，6.34兆円から7.13兆円へ12.5％増加したことになる．
5) 地方税である住民税所得割の増税分に相応するだけ，国税である所得税が減税されることで，個人の租税負担は，おおよそ変化しないよう調整される．
6) 5％の場合を例にとって算定方法を説明する．ある自治体の現在の地方税，市町村民税所得割，市町村民税の税額をそれぞれB，C，Dとする．また，市町村民税所得割の調停済課税標準額に5％を乗じて得られる税額をA_5とすれば，5％の比例税が導入された場合，地方税B_5と市町村民税額D_5は，それぞれ$B_5=B-C+A_5$，$D_5=D-C+A_5$となる．5％の比例税が導入された後の市町村民税が地方税に占める割合はD_5/B_5であり，表3–1の町村ならば38.8％となる．また，固定資産税をFとすれば，F/B_5によって，地方税に占める固定資産税の割合を求めることができる．
7) 実質収支比率，経常収支比率，起債制限比率の定義における「歳入」とは，標準財政規模（地方税＋地方交付税＋地方譲与税など）を基本とするものである．

8) 仮に，家屋の評価額を 20% 引き上げた場合のシミュレーションを実施した．紙幅の制約から結果だけを要約すると以下になる．地方交付税の削減効果を考慮すると，地方自治体に残される実質的な増収効果は 2,100 億円程度に過ぎない．この金額は，2003 年度に税源移譲された義務教育費のうち共済長期給付等の 2,344 億円，2004 年度に移譲された公立保育所運営費等の 2,440 億円と同程度であるが，2004 年度の地方交付税総額が 16.9 兆円であることを考えると，そのわずか 1% 程度でしかなく，定量的にはほとんど効果がない．したがって，こうしたパスに現実味を持たせるためには，相当程度まで家屋の評価額を引きあげなくてはならない．
9) これ以外に，東京都特別 23 区については，資材などの物価差を調整するための補正が加えられている．
10) 2 年目以降については，上記の算出式で求められた額が取得価額の 5% よりも小さい場合には，取得価額の 5% とする．
11) 農業振興地域の整備に関する法律．
12) この他，1970 年代初頭の施策として，高騰する地価のなかで，公共施設を整える必要性から実施された施策として，公拡法（公有地の拡大の推進に関する法律，1972 年施行）がある．土地開発公社＋公拡法のセットは，バブルが崩壊後の地価を買い支えにも利用され，多額の不良債権を抱えることになった．この点については，赤井（2005）を参照こと．
13) その後，規制緩和と地方分権という流れが地方自治体に財政の自立を迫った結果，彼らは抑制の効かない開発許可権者へと変質してしまった．つまり，固定資産税収と雇用を生み出す大規模店舗などを，事前調整に時間（とコスト）を要する中心市街地ではなく，市街化調整区域や白地地域，さらには農振地域にまで誘致するようになり，乱開発による市街地のスプロールを促進してしまった（樋口・松川［2006］）．国は，社会資本の長期的な維持管理費用を縮減するために，既存資本の活用と新規投資を抑制するために，社会資本が整備されている中心市街を活用すべきであるとの立場をとり，2006 年度に大店立地法と改正都市計画法よる開発制度の規制強化，中心市街地活性化法の見直した．
14) 表 3-5 は，『税経通信』の付録にある市町村別税率の一覧から作成したものであり，1992〜1997 年までは鷺明美氏（法政大学大学院）から提供して頂いた．図 3-9 は，市町村税の徴収実績データ（総務省）から作成したため，市町村合併のあった団体の取扱に差があるなどの理由から，若干のズレが生じている年度がある．
15) 都市計画税の制限税率は，1987 年までは 0.2% ．
16) 1994 年は，固定資産税だけに限ったとしても，40 団体以上が税率を変更した例外的な年である．1994 年の固定資産税の評価替えが非常に大きな増税となるような制度変更であったことはすでに述べたが，これを緩和するために，自らが裁量を有する範囲で減税を実施した自治体が一部にあったためである．
17) 市町村合併のあった団体の税率変更については，対前年度の「変動幅」が計測できないなどデータ接合のために，一部が欠落している．

参 考 文 献

赤井伸郎（2005），「地方公社（住宅・道路・土地）の実態と課題」『フィナンシャルレビュー』MARCH, 76–123 ページ．

神野直彦（1998），『システム改革の政治経済学』岩波書店．

鷲見英司・中村匡克・中澤克佳（2005），「税源移譲のシミュレーション分析―三位一体改革の東北市町村財政への影響―」『東北文化学園大学紀要』4(1), 97–124 ページ．

西川雅史（2005），「税源移譲に関する一考察：住民税の比例税率化と均等割交付金の比較」『計画行政』28 (4), 34–43 ページ．

西川雅史（2006），「日本の地方自治体における公共選択」『公共選択の研究』46, 54–58 ページ．

樋口栄治，松川寿也（2006），「大規模商業施設の立地に伴う土地利用計画見直しの問題点―郊外大型店進出を受けた都市計画マスタープラン及び農用地利用計画の見直しの事例を通じて」『地域開発』6月号，2–14 ページ．

Rosen, Sherwin, (1974), "Hedonic price and implicit markets : Product differentiation in Pure competition." *Journal of Political Economy* 82 (1).

参考資料

[1]『市町村別決算状況調』（総務省，各年度版）．
[2]『税経通信』付録（東洋経済新聞社，各年度版）．
[3] 中央固定資産評価審議会第 7 回審議会議事要旨
　（http : //www.soumu.go.jp/singi/No 14.html, 2005.0831）．

付記　本研究は平成 18 年度科学研究費補助金（課題番号：16730162）に基づく成果である．本章の作成に当たり，鷺明美さんからは，市町村別の固定資産税率と都市計画税の税率のデータを提供して頂いた．総務省には，情報公開を通じて迅速かつ丁寧にデータを提供して頂いた．また，本章の草稿段階では，中央大学財政研究会における議論が有益であった．とりわけ，横山彰教授（中央大学），杉中淳氏（中央大学大学院）からのコメントに感謝する．なお，本章に残されている過誤は筆者の責任である．

第 4 章

財政の分権化と経済成長

1. はじめに

　日本の国と地方の歳出構造は地方がかなり高く，国が低いものとなっており，歳出面から見ると日本は高い財政の分権度である．中国では歳出面で高い財政の分権度が地方の経済成長を停滞させているという研究結果が報告された[1]．この報告結果は，日本の地方財政を考えるうえで重要なものとなろう．

　日本のように地方公共財が飽和しつつあるような経済では，歳出面からの財政分権度が地方経済とこれまでいかに関連してきたのであろうか．日本の地方財政の研究は公平性からの議論が中心で，効率性からの議論は少なかったように思える．本章の目的は，これまで歳出面で高い日本の財政分権度が地方の経済成長にいかなる影響を及ぼしてきたのかを実証分析から明らかにすることである．

　最初に，日本においてこれまで財政の分権化に関する研究がいかに行われてきたのかを論ずる．この点を明確にした後，海外の財政分権化の研究に触れることで日本の研究の問題点が明らかになる．

　次に，昭和55年度から平成13年度まで国と地方の歳出構造が実質経済成長と伴っていかに変化してきたのかを見ていき，地方レベルでの財政分権度の特

色を時系列で確認する．このような作業を行うことで，国レベルと地方レベルで財政分権度と経済成長との関係を統計的に確認することができる．

3番目に，内生的成長理論を踏まえたうえで都道府県データに基づき財政の分権化と経済成長の関係を実証分析する．ただ，現実的には地方公共財の提供によるスピルオーバー効果が存在するため，都道府県データによる分析のみで財政の分権化と経済成長との関係を論ずることには限界がある．

したがって，4番目では各都道府県の時系列データを使って，財政の分権化と経済成長との関係を実証分析した．おわりにでは，本章で行った実証分析のまとめとわずかながらの政策的提言，及び研究課題を述べる．

2．先行研究と日本の財政分権化

2-1　財政分権化に関する日本の研究と海外の研究

日本で財政分権化を考える場合，国から地方への財政移転は重要なものとなる．これまで財政調整に関しては，特に地方交付税をめぐって盛んな論争が展開された．このような議論が過熱している中で経済学者も地方交付税に関する様々な持論を展開した．斉藤（1997）は，1．国庫補助金だけでなく地方交付税の一部も地方税に振り替えること，2．基準財政需要額の算定を簡素化すること，3．留保財源を削減すること，4．国からの移転が存在する場合，地方団体が財政責任を果たせるようにするインセンティブを制度化すること等の地方交付税改革案を提唱している[2]．

片木（2005）は，事務配分は地方に優先的に配分されるべきで，税の配分も国と地方を対等なものとし，中央政府と地方政府を上下関係に置くような国庫補助負担金は廃止すべきであると述べ，積極的な財政分権化を主張している[3]．

貝塚・本間・高林・長峰・福間（1987）は，地方交付税の機能を分析しており，人口1人当たりの財源額は普通交付税により小都市と大・中都市の間でかなりの順位逆転現象があるという結果を出している[4]．

貝塚・本間・高林・長峰・福間（1986）は，普通交付税制度の財源保障機能

を中心にミクロ的な分析を行っている．結果として，昭和 47 年以降基準財政需要が実質的な拡大をみなかった場合を仮定すると，昭和 58 年度の普通交付税額は現実の交付税額に比べて少額である，つまり，財源保障機能が強化されているという見解を述べている[5]．

土居（2000）は，地方交付税の複雑な仕組みや景気に関係なく増額する地方交付税の問題点を指摘したうえで，地方交付税を原則的に廃止にし，ナショナル・ミニマムを保障する配分金を設け，残りの財源は土地に対する固定資産税を中心とした地方税でまかなうことが望ましいと主張している[6]．

それ以外にも橋本（1998）は，地方消費税による自主財源の強化について触れ，将来的に地方消費税を小売売上税に変更して，国と地方で税源の分離を図るべきであると指摘している[7]．

近年では，小泉内閣が発足したことで三位一体改革，すなわち税源移譲，地方交付税，国庫支出金の改革が進められるようになり，具体的には 8 兆円程度の国から地方への税源移譲，及び 9 兆円程度の国庫補助金負担金の見直しが提案されている．

赤井・佐藤・山下（2003）は，小泉内閣の提唱する三位一体改革案と異なった観点から「具体的には，補助金機能である財政調整機能と財源保障機能を分離するとともに，財源保障を基礎サービスに限定し，その機能のみに国は責任を負い，財政調整機能は，客観的な基準に基づく地方間の水平的財政移転制度で実現し，残りのサービスはすべて各地方自治体が責任を負うシステムを構築する[8]」といった三位一体改革案を提唱している．

三位一体改革の重要性から，経済学者も地方交付税の分析だけでなく税源移譲に関するシミュレーション分析も行うようになった．地方税財政制度研究会（1997）は所得税から個人住民税の移譲，消費税の地方税化，及び補助金の廃止と一般財源化を想定してシミュレーション分析を行っている[9]．上野（1998）も，地方税財政制度研究会（1997）の検討から，地方財政制度のあり方をまとめ，消費税の移譲は自治体格差の緩和にある程度の役割を果たすため，消費税の地方税化が望ましいと考えている[10]．

その後，金内（2000）は，所得税から個人住民税への税源移譲をした場合の効果をシミュレートしている．そこでは，所得税から住民税へ3％相当を移譲すると，国税と地方税の比が1：1となることを確認している[11]．

　近年では，吉田・木村（2005）が三位一体改革が行われたことによるシミュレーション分析を行っている．その結果，三位一体改革を実施することで，地方財政の自立度，マクロの財政バランス，住民1人当たりの歳入格差の各面での改善が図られることを確認した[12]．

　以上のように日本の財政分権化を考える場合，地方交付税を中心とした財政調整の問題点について論じるか，あるいは税源移譲についてのシミュレーションを行うものが多かった．すなわち，日本の先行研究では地域間の財源格差を論じた公平に基づく議論は行われているが，効率の面から財政分権化の経済成長への影響を論じていない．

　その点，海外の場合は財政の分権化と経済成長の関係が盛んに研究されている．財政分権化の経済効果は理論上，次のような基本的概念がある．

　一般的に，地方公共財の提供は地方政府が各地域の住民の選好とニーズを中央政府よりよく把握しているため，地方政府が行うことで経済をより効率的なものとする[13]．このOates (1972)の分権化定理は，Bird (1993), Gramlich (1993)等の研究で支持されるようになった[14]．その後Oates (1993)は財政の分権化は経済成長を促すという見解を述べている[15]．

　ところが，近年では基本的概念と相反する3点の研究結果が出されている．Zhang and Zou (1998)は，従属変数に地方の所得成長率，説明変数に歳出面から見た財政の分権度，地方の労働力成長率，地方の投資率，地方の経済開放性，租税等を用いて実証分析を行った．

　その結果，総予算支出の分権化，予算支出の分権化，特別予算支出の分権化は負で有意であることが分かった．このことから，Zhang and Zou (1998)は中国において地方の重要な公共事業への投資が中央政府によって制限されているので，歳出面から見た財政の分権化と地方の経済の低成長は大きく関連しているとの見解を述べている[16]．

同じ年 Davoodi and Zou (1998) は，Zhang and Zou (1998) が用いた理論モデルを世界の 46 の国に適用している．従属変数には 1 人当たり GDP 成長率，説明変数に歳出面から見た財政分権度，税率，国のダミー変数，時間のダミー変数，人口成長，初期の人的資本投資，初期の 1 人当たり GDP，GDP に占める投資の割合を用いて，クロスセクション（データは 5 年間あるいは 10 年間の各国の平均値）分析を行った．

この研究の特徴は，データサンプルを 46 の世界サンプル，先進国のサンプル，発展途上国のサンプルとで分けている点にある．その結果，Davoodi and Zou (1998) は，46 の国全体をサンプルにした場合，あるいは発展途上国をサンプルにした場合，歳出面から見た財政の分権化と経済成長に負の関係が見られるが，先進国をサンプルにした場合では，そのような関係は見られないという結果を得ている[17]．

その後 Xie, Zou and Davoodi (1999) は，これまでの理論モデルをアメリカ経済に適用している．ここでは，従属変数に 1 人当たり生産成長率，説明変数に歳出面から見た財政の分権度，税率，民間の物的資本投資，経済開放性，関税率，インフレ率，エネルギー価格，ジニ係数を用いて時系列（データ期間は 1948 年から 1994 年）で分析を行っていた．

1948 年から 1994 年にかけて州・地方の支出割合は，どの期間をサンプルにしても t 値は大きいものではなく，州・地方の支出割合が成長最大化しているアメリカ経済に影響を及ぼさないことを確認している．ゆえに，これ以上の財政分権化は州・地方の支出割合を増やし，経済の成長を損ねる可能性があるとの結論を得ている[18]．

これら 3 点の研究の共通点は Barro (1990) の内生的成長理論に基づく歳出のモデルを使っている点にある．本分析でも同じように Barro (1990) の内生的成長理論に基づき，財政の分権化と経済成長との関係を明らかにする．ただ，海外の研究モデルをそのまま日本に適用することは，日本の地方財政のあり方を議論するうえで問題がある．日本経済に相応しいモデルを作ることが重要となろう．

日本経済に相応しいモデルを考えるためには，これまでの経済成長と財政分権度の大きさがいかに推移しているかを考える必要性がある．次の節では，日本の財政分権度の推移を国レベル，あるいは地方レベルで見ることで財政の分権化と経済成長との関係の実証分析をいかに行うべきかを明らかにする．

2-2　日本の財政の分権化

中国ではかなり進んだ歳出面での財政分権化がマクロ経済のコントロールと安定を脅かし，それにより公共支出で国の優先すべきものが地方の公共計画のためにしばしば破綻することがあるという議論もある[19]．

歳出面で見て分権度が高い日本の地方財政は，中国の状況に似ている側面がある．ただ注意しなければならないのは，中国のような発展途中にある経済と日本のようにある程度地方公共財が飽和しているような経済との比較をいかに行うかである．直接比較することは難しいかもしれないが，時系列での変化を考慮に入れながら，昭和55年度から平成12年度まで国と地方の歳出額，及び財政分権度（地方の歳出／国の歳出）を見てみよう（表4-1）．

日本経済は昭和60年度から61年度において円高不況を経験するが，その期

表4-1　国レベルで見た財政分権度の推移　　　　　　　億円，％

年　度	昭和55	56	57	58	59	60	61	62	63	平成元	2
国の歳出	434,050	469,212	472,451	506,353	514,806	530,045	536,404	577,311	614,711	658,589	692,687
地方の歳出	482,535	517,959	538,465	550,014	565,735	591,386	617,482	664,707	700,195	768,257	830,999
財政分権度（地方の歳出／国の歳出）	1.112	1.104	1.140	1.086	1.099	1.116	1.151	1.151	1.139	1.167	1.200
実質経済成長率	2.5	2.8	3.2	2.4	4.0	4.2	3.2	5.1	6.3	4.9	5.5

年　度	3	4	5	6	7	8	9	10	11	12	13
国の歳出	705,472	704,974	751,025	736,136	759,385	788,479	784,703	843,918	890,374	893,211	848,111
地方の歳出	885,996	943,305	983,292	993,323	1,047,245	1,046,662	1,034,589	1,070,078	1,082,092	1,045,603	1,043,281
財政分権度（地方の歳出／国の歳出）	1.256	1.338	1.309	1.349	1.379	1.327	1.318	1.268	1.215	1.171	1.230
実質経済成長率	2.5	0.4	0.4	1.1	2.5	3.4	0.2	-0.8	1.9	1.7	1.8

（出所）財務省主計局調査課『財政統計（平成16年度）』，54-57ページ，406ページ．；内閣府経済社会総合研究所編『経済要覧（平成14年度）』，30-31ページ．

間においても歳出の分権度に大きな変化はなく，おおよそ1.1の水準をキープしているのが表4–1から分かる．その後バブル景気，特に昭和63年度に経済成長は6.3%の最大となるが，その年においても歳出面での財政分権度に大きな変化は見られなかった．

平成元年度，3%の消費税が導入されることで日本経済は大きく停滞していき，平成10年度には－0.8%とマイナス成長を経験することになる．すなわち，歳出の財政分権度と経済成長が負の関係にある．平成3年度，4年度日本経済は平成不況を経験するが，歳出面での財政分権度は1.256から1.338へと大きくなっている．

平成5年度から平成7年度にかけて日本の経済成長率は0.4%から2.5%へと上昇し，同時に財政の分権度も1.309から1.379へと大きくなっている．この期間においては経済成長と財政の分権化の変化は同じ方向を示しており，2つの変数の間に何らかの因果関係があったのではないかと思われる．

平成9年度消費税率が5%に引き上げられて以降，一時経済はマイナス成長となるが徐々に回復していく傾向にある．この頃歳出面の財政分権度は1.318から1.171へと着実に低下している．

消費税導入以降，財政分権度は大きくなっていく傾向にあったが，消費税率が引き上げられて以降は逆に小さくなっていた．これは，地方分権推進委員会を中心とした地方交付税削減論の影響を受け，財政調整を含む地方の歳出が減ったためであると考えられる．

以上のことから，昭和においてはまだ消費税が導入されず，歳出面での財政分権度は安定的な推移をしていたが，平成元年度以降消費税が導入されたことで財政移転も増え，財政の分権度は徐々に大きくなる傾向にあった．特に，このような財政調整機能は消費税導入による平成不況の影響を被った地方経済を支える形で機能してきた．

そのため，歳出面での財政分権度は平成7年度において1.379と特に大きくなっている．ただ，近年では地方分権推進委員会を中心とした地方交付税削減論の動きもあり，平成9年度以降は消費税率が引き上げられたが，財政の分権

度は着実に低下して行った．国レベルで財政の分権度と経済成長との関係を考えてみると，昭和においては経済成長が高くても財政分権度が変化しなかったことから，2つの相関関係はあまり見られなかった．一方で平成以降は財政調整機能により経済成長と財政分権度との間に何らかの因果関係があったことが考えられる．

ここで重要となるのは，財政分権化の指標をいかに捉えるかである．これに関して，Zhang and Zou（1998）は以下のような見解を述べている．

> 「財政連邦主義の学問の中では，財政分権化は地方の歳出・歳入の収集と中央の歳出・歳入の収集との相対的な規模によって測られている．しかしながら，中国では地方における歳入の相対的な規模は分権化の指標として不適切である．サンプル期間の多くの年で税収は，仮に地方で集められたとしても中央政府によって課されている．そのため，一般的に，地方で集められた歳入が地方で支出されたとしても，地方における歳入の相対的な規模は各地方の自主的な租税を反映しているものではない[20]．」

この見解は，各自治体に課税自主権のない日本の地方財政にもマッチしたものとなっている．そのため，本章でも財政の分権度は歳出面から捉えることにした．また，歳出の財政分権度は財政調整を含めたものと，含めないもので考える．後者の指標は財政調整を含めない意味で，地方の自主性をある程度反映したものとなっているが，実際に過去地方経済で歳出されたのは財政調整を含んだものである．財政の分権化と経済成長に関する実証分析は財政調整を含むものと含まないものとで行った．

表4-1では，財政移転も含むため地方の自主性を重んじた財政の分権化と経済成長との関係を述べることは出来なかったが，財政移転を除いて地方レベルから財政の分権度の推移を次に見ていくことにしよう．

ここでは，歳出から地方交付税，地方譲与税，及国庫支出金を差し引いた金額の変化を考える．このような作業を行った後，各都道府県で財政分権度の大きいグループと小さいグループとでは時系列でその変化がいかに異なるかを考える．

昭和55年から平成12年にかけて財政分権度の高い都道府県は東京，神奈川，愛知，大阪である一方で，財政分権度の低い都道府県は鳥取，島根，佐賀，沖縄であった．表4-2ではこれらの代表的な都道府県のみを取り上げて，地方レベルで財政分権度（当該県の歳出／国の歳出）の時系列的な変化を示している．

表4-2を見ると，財政分権度の大きさは各都道府県の間でかなりの違いがあり，最大の東京から最小の沖縄まで，平成12年を例にあげれば0.0640の差がある[21]．さらに，時系列で各都道府県の財政分権度の比較をすると，財政分権度の最も高い東京では，昭和63年から平成4年まで，つまりバブル期において財政分権度は着実に高くなっていった傾向がある．この傾向は他の財政分権度の高い都道府県でも見られた．

一方で，財政分権度の低い沖縄を見ると，平成2年において財政の分権度はやや高くなったが，その後平成8年まで安定的に推移している．このことから，財政力の低い沖縄においては自助努力ではなく，財政調整により地方公共財の提供をまかなっていた可能性があることが分かる．同じような傾向は財政分権度の低いほとんどの都道府県で見られた．

表4-2に見られる財政分権度の推移の傾向を見れば，都道府県でも歳出の財政分権度と経済成長との関係は異なる可能性がある．本章では，このことも

表4-2　地方レベルで見た財政分権度の推移

年	昭和60	61	62	63	平成元	2	3	4	5	6	7	8	9	10	11	12
東 京	0.0570	0.0612	0.0623	0.0619	0.0732	0.0752	0.0805	0.0855	0.0830	0.0872	0.0847	0.0777	0.0809	0.0748	0.0660	0.0670
神奈川	0.0152	0.0162	0.0159	0.0156	0.0157	0.0172	0.0178	0.0192	0.0187	0.0201	0.0197	0.0195	0.0191	0.0169	0.0156	0.0155
愛 知	0.0174	0.0184	0.0181	0.0183	0.0179	0.0192	0.0198	0.0219	0.0212	0.0226	0.0228	0.0223	0.0225	0.0209	0.0206	0.0200
大 阪	0.0207	0.0218	0.0217	0.0216	0.0217	0.0234	0.0255	0.0273	0.0260	0.0270	0.0274	0.0264	0.0275	0.0233	0.0217	0.0227
鳥 取	0.0019	0.0020	0.0019	0.0016	0.0017	0.0017	0.0017	0.0018	0.0019	0.0021	0.0021	0.0022	0.0024	0.0022	0.0022	0.0031
島 根	0.0021	0.0025	0.0020	0.0020	0.0021	0.0021	0.0023	0.0024	0.0026	0.0029	0.0028	0.0029	0.0031	0.0029	0.0028	0.0042
佐 賀	0.0020	0.0021	0.0020	0.0020	0.0021	0.0021	0.0021	0.0024	0.0024	0.0026	0.0028	0.0029	0.0031	0.0028	0.0025	0.0035
沖 縄	0.0018	0.0019	0.0019	0.0019	0.0020	0.0023	0.0023	0.0024	0.0023	0.0023	0.0024	0.0024	0.0026	0.0025	0.0020	0.0030

（出所）地方財務協会編『地方財政統計年報（昭和60から平成12年）』より作成．

考慮に入れて後に各都道府県の時系列データで財政の分権度と経済成長との関係を実証分析している．それ以外にも本章は，昭和55年度から平成12年度にかけて見られる地方で高い歳出構造が地方の経済成長にいかなる影響を及ぼしてきたのかを実証分析する．

3．財政の分権化と経済成長に関する実証分析

3-1　クロスセクションデータに基づく財政の分権化と経済成長の実証分析

初めは，歳出面からの財政分権度のみで分析を行った．これは，これまで指摘してきたように先行研究において財政の分権化の経済成長への影響が異なるためである．それゆえ，各年で財政分権度の影響のみを考えた場合，その影響が定性的にいかに変化するのかを分析した．

Oates (1972) の基本的概念が正しいならば，分権化の指標は正の符号が期待されるはずである．逆に，分権化が経済成長を損ねるならば，最近の先行研究で示される通り分権化の指標は負の符号となるであろう．

被説明変数である地方の経済成長率は，地方における1人当たりの所得の増加率を使う．データは『県民経済計算年報（平成8，15年）』から集めた．説明変数の地方の歳出は『地方財政統計年報（昭和55年から平成12年）』から，国の歳出の金額は『財政統計（平成15年度）』から集めている．手法は昭和55年から平成12年にかけて，各都道府県のクロスセクションデータを使い，地方の経済成長を歳出の財政分権度で回帰分析する．その際，ここでは最小二乗法を使った．尚，財政分権度が異様に高い東京は均一分散の問題を避けるため除いた．

分析の結果，昭和63年に75.77［1.461］，平成2年に87.54［1.381］，平成3年に56.31［1.662］で財政分権度と経済成長との間に正で有意の相関関係が見られた[22]．いずれの年もバブル景気の期間であり，財政調整を含む当時の歳出分権度が経済成長に貢献していた可能性がある．

一方で，平成5年には-92.68［-2.563］，平成6年に-82.75［-2.365］，平成12年に-51.82［-1.666］，の計測結果が得られた．これらの年では財政の

分権度と経済成長との間に負で有意の相関関係がある．

　これは平成5年，6年に盛んに行われた税制改正による影響を受けている部分が大きく，財政分権度に負で有意の符号が得られたのではないかと推測される．また，平成12年に関しても，平成11年に行われた所得税減税や法人税率の引き下げ等の影響を強く受け，財政分権度が負で有意であったものと思われる．

　それ以外にも，昭和55年から平成12年まで各都道府県の経済成長と財政分権度の平均値で分析を行ったが，ここでも－10.76［－1.256］と財政分権度に負の符号は確認されたが有意ではなかった．負の符号が昭和の期間による影響を受けたのか，あるいは平成の期間による影響を受けたのかを確認するため，昭和55年から昭和63年まで各都道府県の経済成長と財政分権度の平均値と平成元年から平成12年まで各都道府県の経済成長と財政分権度の平均値とでも分析を行った．

　その結果，昭和の期間での分析では有意な係数が得られなかったが，平成の期間の平均値を使った分析では，財政分権度の係数が－17.95［－1.895］と負で有意となった．これは，平成元年に導入された消費税の影響を受けている可能性が高いものと思われる．すなわち，ここでは財政調整を含んでいるため，財政分権度は消費税導入により大きくなった一方で，経済成長は平成不況等により停滞したことが分析の結果に影響したものと考えられる．

　このことを確認するため，次の分析では財政調整，すなわち地方交付税，地方譲与税及び国庫支出金を除いた地方歳出で財政分権度を作り，回帰分析を行った．結果として，平成12年に－85.67［－2.000］，平成4年に－85.03［－1.760］，平成5年に－155.6［－3.837］，平成6年に－142.5［－3.498］と財政分権度と経済成長との間に負で有意の相関関係が見られた．

　平成4年から平成6年は日本経済が平成不況で停滞した時期である一方で，財政の分権度は高くなった時期でもあった．それゆえ，財政の分権度と経済成長について負の相関関係があることが示唆される．これは歳出に消費税を含めた財政調整を考慮に入れても，入れなくてもある程度は言えると思う．

したがって，日本でも中国と同じように高い財政の分権度が地方経済を停滞させた可能性は考えられる．平成12年のマイナスの影響は財政調整を含めた財政分権度と同じように平成11年度や12年度に行われた税制改正が大きく影響しているものと思われる．

ただ，現実的には経済が成長する要因は財政以外にも考えられる訳で，むしろ財政以外の要因の方が強く経済成長に影響を及ぼしているかもしれない．このことを明らかにするため，次の分析では財政以外の要因も含めて財政分権度と経済成長との関係を実証分析する．

モデルは内生的成長理論を常に考慮に入れなければならない．内生的成長理論に基づく実証分析は，各国やアメリカの州・連邦政府，及び中国の地方政府等をデータにして行われることが多い．これは，外部性を考慮に入れているものと思われる．

そのため，狭い国土に多くの自治体が存在するような日本をモデルにするには適さないかもしれない．すなわち，ある自治体の供給する地方公共財のもたらす経済効果が他の自治体に波及するようなスピルオーバー効果が存在する場合，他の自治体が供給した地方公共財の規模の経済により，ある自治体が経済成長する可能性があるためである．

本章では，このような問題点をクリアーできず今後の研究課題として実証分析を行っている．ただ，ある程度はそのバイアスを除去するために，集積の経済が働いている，あるいは人口移動の多い地域を1とした都市集中ダミーを変数に加えた[23]．

さらには，地方の経済は国からの地方交付税や地方譲与税を財源にして成長している側面も多分にある．それゆえ，地方交付税や地方譲与税及び国庫支出金も変数に加える．また，被説明変数が1人当たりの県民所得の増加率を使っているため，ここでは地方全体に占める各都道府県の地方交付税や地方譲与税及び国庫支出金の割合を使った[24]．

このような変数を加えることで日本の地方財政に適しているモデルを作った．ただ，実際経済的な意味を考えるためには，先行研究のモデルも考慮に入

れて実証分析を行うことが重要である．再び，先行研究の説明変数を確認してみよう．

Zhang and Zou (1998) は，説明変数に財政の分権化の指標以外に労働力成長率，投資率，経済開放性，租税等を使っていた．このうち租税に関しては，日本の自治体に課税自主権は無いため除くことにする．労働力成長率の代理変数には，地方の就業者増加率と雇用者増加率を使う．

投資率の代理変数には民間の資本形成を使う．モデルは，被説明変数に地方の1人当たり県民所得の増加率を使っているため，都道府県全体の民間資本の合計金額を分母にして，各都道府県の民間資本を分子にした割合を考えた．

一方，Davoodi and Zou (1998) は説明変数に財政の分権化，税率，国のダミー変数，時間のダミー変数，人口成長，初期の人的資本投資や1人当たりGDP，GDPに占める投資の割合を使っている．このうち時間のダミー変数，及び初期の人的資本投資や1人当たりGDPは，本分析においてクロスセクションデータを使っているため除いた．国のダミー変数には関東地域ダミーと関西地域ダミー，及び九州地域ダミーを使った．

Xie, Zou and Davoodi (1999) も財政分権化と経済成長との関係の実証分析を行っているが，この研究は時系列データを使っているため，本分析のクロスセクションデータとは異なる．それゆえ，モデルは時系列データを考慮に入れたものになっているため，本分析では説明変数から除いた．以上のことを考慮に入れたうえで本分析が行う財政分権化の経済成長への影響のモデルは以下の通りである．

1人当たりの所得の増加率＝f（財政分権化の指標，各都道府県の地方交付税／都道府県全体の地方交付税の合計，各都道府県の地方譲与税／都道府県全体の地方交付税の合計，各都道府県の国庫支出金／都道府県全体の国庫支出金の合計，都市集中ダミー，関東ダミー，関西ダミー，九州ダミー，各都道府県の民間資本／都道府県全体の民間資本の合計，人口成長率，就業者の増加率，雇用者の増加率）

データとして地方譲与税と地方交付税及び国庫支出金の金額は，『地方財政統計年報（昭和55年から平成12年）』から集めている．1人当たりの所得の増

加率，民間の資本形成，人口成長率，就業者増加率，雇用者増加率のデータは『県民経済計算年報（平成8年，15年）』から集めた．分析手法は以前のものと同じである．

主に財政分権度の係数に良好な結果が得られたのは，昭和57年，平成元年，2年，6年，7年の分析であった．以下では，これらの年で財政の分権度と他の説明要因が経済成長にいかなる影響を及ぼしているのかの主な結果を表4-3で提供しよう．

表4-3 財政分権度と経済成長に関する実証分析の結果（クロスセクションデータ）

	財政分権度	民間投資	地方交付税	地方譲与税	国庫支出金	人口成長	就業増加	雇用増加	都市集中ダミー	関東ダミー	関西ダミー	九州ダミー	決定係数	標準誤差
昭和57年	668.1	-196.4	-85.19	-18.8	-27.86	0.892	0.581	-0.352	0.086	-1.120	-0.089	-0.280	-0.023	1.375
t値	1.663	-2.275	-1.332	-0.267	-0.218	0.788	0.614	-0.604	0.09	-0.886	-0.097	-0.367		
平成元年	-1355	262.7	72.40	34.46	283.6	-0.676	1.622	-0.804	-0.868	0.376	-0.814	0.629	-0.006	2.067
t値	-1.781	2.011	0.578	0.363	1.053	-0.538	1.120	-0.786	-0.526	0.189	-0.507	-0.551		
平成6年	405.8	-46.44	44.70	97.45	-143.9	-0.226	-1.564	0.838	-0.353	0.078	-1.164	0.659	0.378	1.355
t値	1.361	-0.524	0.591	1.758	-0.934	-0.270	-1.894	1.212	-0.344	0.064	-1.300	0.882		
平成7年	-270.8	91.21	68.37	80.27	-53.84	-1.446	-0.344	-0.351	-1.696	0.663	0.712	0.252	0.371	1.078
t値	-1.311	1.626	1.317	1.644	-0.491	-2.456	-0.464	-0.639	-2.091	0.748	1.037	0.450		

（計測データの出所）地方財務協会『地方財政統計年報（昭和55年～平成12年）』；内閣府経済社会総合研究所『県民経済計算年報（平成8年，15年）』大蔵省主計調査課『財政統計（平成2年度～平成12年度）』より作成．

他の説明要因も考慮に入れて，財政の分権化と経済成長の関係の実証分析を行った結果，昭和57年と平成6年の分析において歳出の財政分権度が正で有意となったのが表4-3から分かる．ただ，昭和57年の分析は決定係数が-0.023とかなり低く，モデルの結果としては望ましいものではない．

この年において財政分権度に正の符号が確認されたのは，表4-1を見れば分かるように，昭和57年度の前後の年に比べて財政の分権度が1.140と高くなっていたこと，さらには実質経済成長率も3.2％と同じように前後の年に比べて高かったことが影響したのではないかと考える．

平成6年の実証分析の結果では決定係数が0.378であり，昭和57年のもの

と比べて高くなっていることから，結果は望ましいものとなっている．表4-1 を見ると平成6年度から平成7年度にかけて財政分権度が1.349と1.379と，かなり高くなっている一方で，同じように実質経済成長率も1.1%から2.5%へと上昇していた．このことが影響して平成6年の財政分権度が正の符号となったのであろう．

平成元年と平成7年の分析では，財政分権度が負で有意となった．平成元年は決定係数も低いため，モデルとしては望ましいものではないが正の符号が確認された．これは消費税導入により財政調整が変化したことが大きいであろう．

重要なのは，平成7年の分析結果である．決定係数が高く，財政分権度の係数は負で有意で，前年の正で有意なのとはかなり異なる．表4-1 から実質経済成長率が平成7年度から平成8年度にかけて，2.5%から3.4%へとかなり上昇しているのが分かるが，財政の分権度は1.379から1.327へとかなり低くなっている．これは財政の分権化と経済成長が負の相関関係を持つ要因となるであろう[25]．

ただ，昭和55年から平成12年にかけて歳出面での財政の構造変化が特別な影響を経済に及ぼした年は他に見られず，むしろ財政以外の経済的要因の影響を強く受けている部分が多い．すなわち，中国と違って日本では財政の分権度が経済に大きな影響を及ぼした事実はあまり見られていない．

以上の分析結果から分かったことは以下のようなものである．昭和55年から平成12年にかけて，財政分権度と経済成長との間に関連はあまり見られなかった．ただ，平成6年度から平成8年度にかけて日本経済は急激に成長しているのに対して，財政分権度の上下変化はかなり大きかった．この傾向は財政分権化と経済成長との関係の実証分析に大きな影響を及ぼし，財政の分権度の符号をかなり変化させている[26]．

このことは都道府県レベルでの時系列データによる財政分権化と経済成長との関係の実証分析に大きな影響を及ぼすであろう．さらにここではクロスセクションデータに基づいているため，内生的成長理論で経済成長を説明するのは

難しく，地方公共財のスピルオーバー効果によるバイアスが結果に影響している可能性がある．

そのため，次の項では各都道府県の時系列データで分析を行っている．時系列分析にも様々な問題点があるが，各都道府県レベルの財政の分権化と経済成長との関係の分析に留めることで，ある程度問題点をクリアーしていると思う．

3-2　時系列データに基づく財政の分権化と経済成長の実証分析

都道府県データに基づく分析では，内生的成長理論で説明できない外生的な要因が結果に影響を及ぼし，それを除去することは難しかった．ここでの分析は時系列データを使っているために，外生的な要因による影響はある程度除去しているかもしれない．ただ，時系列分析には様々な難しい点があり，ここではそれを完全にクリアーすることは出来ないかもしれないが，分析の対象を各都道府県レベルに狭めることで可能な限り財政の分権化と経済成長との関係の実証分析を正確なものにした．

使っているデータはこれまでのクロスセクション分析と同じ統計資料から集めているが，手法は異なる．ここでは，昭和55年から平成12年までを分析の対象にして，東京を除く各都道府県で財政の分権化と経済成長との関係の実証分析を行った．

また，以前のクロスセクションの分析結果から平成6年と平成7年は財政分権度と経済成長との間に重要な相関関係が見られたため，ここでの実証分析は都市集中ダミーや地域ダミーを除き，平成6年，7年を1とした制度改革ダミーを説明変数に入れている．

初めは，前のクロスセクション分析と同じように財政分権度のみで経済成長を回帰分析してみた．その結果，歳出に財政調整を含めて財政分権度を考えると，北海道，青森，徳島，鹿児島以外のほとんどの都道府県において0.5%から1%の高い水準で，財政分権度と経済成長との間に負で有意の相関関係が見られた．

さらに，歳出に財政調整を除いて財政分権度を考えると，北海道，秋田，新潟，山口，福岡，大分以外の都道府県で同じように高い水準で，財政分権度と経済成長との間に負で有意の相関関係が見られた．

これは，平成4年度以降徐々に日本の経済成長率が低くなる一方で，国レベルの財政の分権度は高くなっていったことが影響しているものと思われる．ただ，これはあくまでも財政分権度のみで考えた場合の分析結果であって，現実的には他の要因も経済の成長に影響を及ぼしていることも考慮に入れなければならない．

表4-4 時系列データによる財政分権化と経済成長との関係

	歳出分権	就業	雇用	人口	民間投資	交付税	譲与税	国庫支出金	制度改革	決定係数
岩手	-3220	-6.018	4.047	-1.749	20013	46.6	70.26	-160.1	2.248	0.777
t値	-1.415	-2.097	2.294	-0.500	1.292	1.049	0.346	-0.225	1.167	
宮城	-2728	2.398	-1.609	0.984	459.2	-110.3	-659.5	-283.0	0.563	0.533
t値	-2.709	1.020	-0.802	0.208	0.54	-0.201	-1.242	-0.321	0.260	
福井	-4935	1.810	-1.643	2.765	351.4	-129.2	571.4	-176.1	0.576	0.666
t値	-2.544	1.577	-1.541	1.222	-2.439	0.919	-1.247	0.212	0.255	
愛知	-924.4	-0.982	1.529	-6.463	-84.2	-96.95	-84.69	969.1	0.598	0.549
t値	-1.428	-0.393	0.679	-0.915	-0.688	-0.409	-1.034	1.461	0.211	
広島	-2606	5.182	-1.044	-8.046	-640.4	182.1	421.5	-596.3	0.067	0.713
t値	-2.895	3.202	-1.929	-1.830	-0.902	0.329	0.754	-0.983	0.038	
高知	-3264	3.964	-2.653	-1.734	2770	153.8	-45.97	-244.7	1.189	0.542
t値	-1.396	2.066	-1.236	-0.635	0.754	0.483	-0.161	-0.381	0.662	
長崎	-1503	6.524	-3.729	7.962	-3116	-277.1	152.4	-0.008	-0.477	0.479
t値	-1.404	1.259	-0.997	2.052	-1.339	-0.427	0.215	-0.634	-0.196	

(出所) 表4-3と同じ．

そのため，以前行ったクロスセクション分析と同じモデルで財政分権化と経済成長との関係を実証分析してみる．その上で，結果が比較的な良好な都道府県のみ表4-4に示した．

表4-4から分かるように，歳出に財政調整を含めた分権度で考えてみると，岩手，宮城，福井，愛知，広島，高知，長崎で財政分権度が負で有意である[27]．

また，財政分権度のマイナス効果が大きいものから順に並べると，福井，高知，岩手，宮城，広島，長崎，愛知となった．関東や関西から離れた地方レベルでこれまで財政分権度と経済成長との間に負で有意の相関関係があったものと示唆される．

さらに，表4-4には示さなかったが歳出に財政調整を除いた財政分権度で分析を行っても財政分権度の係数は負で有意であった[28]．すなわち，財政調整に関係なく関東や関西から離れた地方で財政分権度と経済成長とで負の相関関係があった可能性が示唆される．

以上の時系列分析から分かったことは，昭和55年から平成12年にかけて主に関東や関西から離れた地方で財政分権度は経済にマイナスの影響を及ぼしていた可能性はあるが，関東や関西では財政の歳出構造ではなく他の経済的要因によって影響を受けている部分が強いものと思われる．

4. おわりに

本章では，これまで日本ではあまり論じられていない財政の分権化と経済成長との関係を議論してきた．国レベルで考えると，日本の経済成長は平成4年度以降停滞しているのに対して，財政の分権度は高まっていた．一方地方レベルで考えると，財政分権度は各自治体の間でかなり差があり，それが低いグループでは経済成長が時系列で変化しても安定的な推移を示していたが，高いグループではかなり変動的であった．

本分析はこのことを考慮に入れて，各都道府県のクロスセクションデータに基づいたものと各都道府県の時系列データに基づいたものとの両方で行っている．その結果，クロスセクションの短期的分析では財政分権度が経済成長に及ぼす影響が極めて小さく，平成6年に正の影響，平成7年に負の影響が見られるだけであった．

そこで，昭和55年から平成12年までをデータにして時系列分析を各都道府県で行った．ここから，地方で財政の分権度と経済成長との間に負で有意の相関関係があることが分かった．

通常，財政の分権化は効率性を促し，経済成長を促進させるであろう．ただ，日本の場合多くの自治体が地方公共財の提供を国による財政移転に依存してきたという現実がある．それゆえ，これまでの日本の高い財政分権度は短期的に大きな影響を経済に及ぼしてはいないが，長期的には地方の経済成長を停滞させた側面はある．今後はこのことも考慮に入れて地方分権を進めるべきであろう．

もちろん，長期的な財政分権度が経済に与える影響は，長期における様々な経済的変化を考慮しなければならない部分がある．そのため，政策的提言に関しては限定的なものに留めるべきであろう．

本章の課題として，内生的成長理論がどこまで日本経済に適応可能であるかという問題点がある．日本のような国土面積が狭い国で多くの自治体が存在するような経済では，各自治体が供給する地方公共財のスピルオーバー効果が強く，ある自治体の成長が自力的なものによるのか，あるいは他力によるのかの見極めが難しい．

このような問題点は時系列データを使うことで，ある程度改善される．本分析は，分析対象を各都道府県のみに留め時系列分析を行ったが，それでも時系列分析を行ううえでのデータの問題や技術的な問題は改善されていない部分がある．

1) Zhang and Zou (1998), p. 221.
2) 斉藤 (1997), 56-67 ページ．
3) 片木 (2005), 4-11 ページ．
4) 貝塚・本間・高林・長峰・福間 (1987), 9-26 ページ．
5) 貝塚・本間・高林・長峰・福間 (1986), 6-28 ページ．
6) 土居 (2000), 東洋経済新報社, 70-79 ページ．
7) 橋本 (1998), 45-52 ページ．
8) 赤井・佐藤・山下 (2003), 179-180 ページ．
9) 地方税財政制度研究会 (1997), 10-37 ページ．
10) 上野 (1998), 67-73 ページ．
11) 金内 (2000), 13-19 ページ．
12) 吉田・木村 (2005), 132-144 ページ．
13) Oates (1972), pp. 31-63 ; Tiebout (1956), pp. 416-424.

14) Bird (1993), pp. 207-227 ; Gramlich (1993), pp. 229-235.
15) Oates (1993), pp. 237-242.
16) Zhang and Zou (1998), pp. 228-237.
17) Davoodi and Zou (1998), pp. 247-255.
18) Xie, Zou and Davoodi (1999), pp. 233-238.
19) Zhang and Zou (1998), p. 222.
20) Zhang and Zou (1998), p. 224.
21) ここで考えなければならないのは，財政分権度の大きさを1人当たりで考えるかどうかである．中国の財政で研究を行ったZhang and Zou (1998) は中国の人口と地理的な状況から，財政分権度を1人当たりにしていたが，日本の場合国土面積が中国に比べてかなり狭いこと，各都道府県の間で人口移動が多いこと等からここでは1人当たりにする作業は行わないことにした．尚，Zhang and Zou (1998) の研究に関する詳細は226-227ページの表に示してある．
22) 本分析では，10%を基準にして有意である，有意でないを論じている．
23) もっとも，このような問題点は時系列データを使うことでクリアーできる部分がある．ただ，時系列データを使う分析ではSNAの基準が変化していることや単位費用の問題もある．これらの問題点を考慮に入れて，日本の経済成長に関する研究も種々あろうが，これに関しては今後の研究課題とした．
24) 本分析では経済成長を議論しているため，地方交付税のデータに関しては災害等の緊急時に交付されるような地方の特別交付税の金額は除くべきであったかもしれない．本分析では，この分の特別交付税もデータに含まれているため，その分結果にはバイアスが残る．これに関しては，今後の課題とする．
25) 尚，表4-3での歳出の財政分権度の指標には，地方交付税や地方譲与税，及び国庫支出金等の財政調整を含んでしまっている．それゆえ，財政調整を含まない歳出の財政分権度で実証分析を行ったところ，結果は財政調整を含むものとほとんど同じであった．
26) さらには，平成6年度から7年度に行われた所得税・住民税の減税も影響しているかもしれない．ただ，制度的な改革は同じものであるので，財政分権度の定性的な効果は変化しないはずである．それゆえ，制度以外の影響が大きいと思われる．
27) なお，表4-4には示さなかったが，秋田，山形，新潟，佐賀でも財政の分権度と経済成長との間に負で有意の相関関係が見られた．一方で，財政分権度に正で有意の符号が確認された長野県のようなケースもあった．
28) それ以外に，埼玉，三重，鹿児島でも財政分権度に負で有意の係数が確認された．

参 考 文 献

赤井伸郎・佐藤主光・山下耕治（2003），『地方交付税の経済学：理論・実証に基づく改革』有斐閣，179-224ページ．

上野俊一（1998），「地方分権と税源移譲―税源移譲のシミュレーション等に関する調査・研究から―」『都市問題』東京都市政調査会，第89巻第1号，65-76

ページ.

貝塚啓明・本間正明・高林喜久生・長峰純一・福間　潔（1986），「地方交付税の機能とその評価PartⅡ」『フィナンシャルレビュー』第2号，大蔵省財政金融研究所，6-28ページ.

貝塚啓明・本間正明・高林喜久生・長峰純一・福間　潔（1987），「地方交付税の機能とその評価PartⅡ」『フィナンシャルレビュー』第4号，大蔵省財政金融研究所，9-26ページ.

片木　淳（2005），「地方分権の潮流と地方交付税改革」『地方財政』第44巻第11号，4-11ページ.

金内雅人（2000），「地方税財源の充実確保に関する実証的研究」『地域政策研究』地域政策センター，第1巻第1号，1-41ページ.

木下康司（2005），『図説　日本の財政』東洋経済新報社.

斉藤　愼（1997），「転換期を迎えた地方交付税」『都市問題研究』第49巻第10号，都市問題研究会，56-67ページ.

神野直彦，金子　勝（1998），『地方に税源を』東洋経済新報社.

地方税財政制度研究会（1997），『税源移譲のシミュレーション等に関する調査・研究』地方税財政制度研究会.

土居丈朗（2000），「地方交付税の問題点とその改革」『エコノミックス』第3号，東洋経済新報社，70-79ページ.

橋本恭之（1998），「地方交付税の諸問題」『都市問題』第89巻第1号，45-52ページ.

吉田素教（2005），「三位一体改革による財政への影響と効果（改革期間：平成16～21年度）」『地方財政』地方財務協会，125-147ページ.

Barro, R. J. (1990), "Government Spending in A Simple Model of Endogenous Growth", *Journal of Political Economy,* Vol. 98, No. 5, pp. 103-125.

Barro, R. J. and X. Sala-i-Martin (1995), *Economic Growth,* McGrawHill（大住圭介訳『内生的経済成長理論Ⅰ』.

Barro, R. J. and X. Sala-i-Martin (1995), *Economic Growth,* McGrawHill（大住圭介訳『内生的経済成長理論Ⅱ』.

Bird, R. (1993), "Threading the fiscal labyrinth : Some issues in fiscal decetralization", *National Tax Journal,* Vol. 46, No. 2, pp. 207-227.

Davoodi H. and H. Zou (1998), "Fiscal Decentralization and Economic Growth : ACross-Country Study", *Journal of Urban Economics,* Vol. 43, No. 2, pp. 244-257.

Gramlich, E. (1993), "A Policy Maker's Guide to Fiscal Decentralization", *National Tax Journal,* Vol. 46, No. 2, pp. 229-235.

Oates W. E. (1972), *Fiscal Federalism,* Harcourt Brace Jovanovich.

Oates W. E. (1993), "Fiscal Decentralization and Economic Development", *National Tax Journal,* Vol. 46, No. 2, pp. 237-243.

Tiebout C. M. (1956), "A Pure Theory of Local Expenditures", *Journal of Political Economy,* Vol. 64, No. 5, pp. 416-424.

Xie D., Zou H. and H. Davoodi (1999), "Fiscal Decentralization and Economic Growth in the United States", *Journal of Urban Economics,* Vol. 45, No. 2, pp. 228–239.

Zhang T. and H. Zou (1998), "Fiscal Decentralization, Public Spending, and Economic Growth in China", *Journal of Public Economics,* Vol. 67, No. 2, pp. 221–240.

補　論

Xie, Zou and Davoodi (1999) は内生的成長理論の観点から財政の分権化と経済成長との関係について，丹念に理論展開している．以降では，Xie, Zou and Davoodi (1999) の理論展開を見てみる．内生的成長モデルでは2つのインプット，民間資本と公共支出を持つ生産関数を想定する．そこで，公共支出がすべて3段階の政府，すなわち連邦，州，地方政府で行われると仮定すると，生産関数は (1) 式となる．

$$y = [\alpha k^\phi + \beta f^\phi + \gamma s^\phi + \omega l^\phi]^{1/\phi} \quad (1) \qquad -\infty < \phi < 1 \text{ (k：民間資本ストック，f：連邦政府支出，s：州政府支出，l：地方政府支出)}$$

$\alpha, \beta, \gamma, \omega$ はすべて (0,1)．$\alpha + \beta + \gamma + \omega = 1$．(2) 式から様々な段階の政府による歳出を入れることで，財政の分権化，すなわち3つの段階の政府による歳出の微分の効果と成長との間に正の関係があるのが分かる．

ここで総政府（連邦と州と地方政府）の歳出 g はフラットな税率 τ で財源徴収され，個人は (2) 式の割引選好を最大化すると考える．

$$\max \int_0^\infty \left[\frac{c^{1-\sigma}-1}{1-\sigma}\right] e^{-\rho t} dt \quad (2) \quad \text{(c：消費，}\sigma\text{：異時点間の代替弾力性，}\rho\text{：時間選好率)}$$

動学的な予算制約は (3) 式とする．

$$k = (1-\tau)[\alpha k^\phi + \beta f^\phi + \gamma s^\phi + \omega l^\phi]^{1/\phi} - c \quad (3) \quad (k_0 \text{ は所与})$$

個人の最適な消費経路が，$\{c(t): t \geq 0\}$ 最適な資本ストックが $\{k(t): t \geq 0\}$ とすると，個人の最適な資源配分を考えるためのハミルトニアンは (4) 式となる．

$$H = \left[\frac{c^{1-\sigma}-1}{1-\sigma}\right] + \lambda \{(1-\tau)[\alpha k^\phi + \beta f^\phi + \gamma s^\phi + \omega l^\phi]^{1/\phi} - c\} \quad (4)$$

一階の条件と初期条件，横断条件を使うことで，代表的な個人の最適反応が決まり，消費成長率と実質利子率が決まり，連邦政府の歳出割合を ψ_f, 州政府の歳出割合を ψ_s, 地方政府の歳出割合を ψ_l で定義すると，$\psi_f + \psi_s + \psi_l = 1$ となり (5) 式が得られる．

$$\psi_f = \frac{f}{g} \quad \psi_s = \frac{s}{g} \quad \psi_l = \frac{l}{g} \quad (5)$$

長期の経済成長率 G は様々な歳出割合と所得税，他の内生的な要因の関数で得られる．

$$G = \frac{a(1-\tau)}{\sigma}\left[\frac{a\tau^{-\psi}}{\tau^{-\psi}-\beta\psi_f^\psi-\gamma\psi_s^\psi-\omega\psi_l^\psi}\right]^{1-\psi/\psi} - \frac{\rho}{\sigma} \quad (6)$$

政府は成長率を最大化するような ψ_f, ψ_s, ψ_l を選ぶ．制約条件は (7) 式である．

$$f+s+l \leq \tau[ak^\psi+\beta f^\psi+\gamma s^\psi+\omega l^\psi]^{1/\psi} \quad (7)$$

このとき，成長最大化している税率は (8) 式となる．

$$\frac{\tau^{1-\psi}}{\psi\tau+(1-\psi)} = \Pi^{1-\psi} \quad (8)$$

$$\Pi = \beta^{1/(1-\psi)}+\gamma^{1/(1-\psi)}+\omega^{1/(1-\psi)}$$

さらに，成長最大化している連邦政府，州政府，地方政府の歳出割合が (9)(10)(11) 式で得られる．

$$\psi_f^* = \frac{\beta^{1/(1-\psi)}}{\Pi} \quad (9) \qquad \psi_s^* = \frac{\gamma^{1/(1-\psi)}}{\Pi} \quad (10) \qquad \psi_l^* = \frac{\omega^{1/(1-\psi)}}{\Pi} \quad (11)$$

コブダグラス型の技術を使うと，Π は $\beta+\gamma+\omega$ に等しくなり，成長最大化している連邦政府の歳出，州政府の地方歳出，地方政府の歳出は (12)(13)(14) 式となる．

$$\psi_f^* = \frac{\beta}{\beta+\gamma+\omega} \quad (12) \qquad \psi_s^* = \frac{\gamma}{\beta+\gamma+\omega} \quad (13) \qquad \psi_l^* = \frac{\omega}{\beta+\gamma+\omega} \quad (14)$$

以上，総政府に占める各段階の政府の歳出割合が経済成長を決めることになる．

第 5 章

市町村における家庭ごみ有料化の検討
――多摩地域を中心に――

1. はじめに

循環型社会の構築が謳われて久しい．言うまでもなく，それは「技術的及び経済的な可能性を踏まえつつ自主的かつ積極的な主体の行動が行われるようになることによって，環境への負荷の少ない健全な経済の発展を図りながら持続的に発展することができる社会の実現が推進されることを旨として」[1]いる．ごみ減量化について言えば，その目指すべき目標は，ごみ処理場の狭隘化の回避というローカルなものから，資源の効率的利用や地球温暖化の阻止といったグローバルな目標まで，多くが列挙されている．簡単に言えば，われわれが生産活動で生じるすべての廃棄物を可能な限り少量とし，できるだけ多く有価物に再生させ，できるだけ少なく最終処分に回すことであり，結果として，経済財の再生可能性を全体として高めることにある．よく知られているように，動学的効率性の実現によっても世代間公平性が保てない場合があり，そのときには，Hartwick ルールなどで示されるように，現代世代が将来世代のために一定の貯蓄を行う必要がある．ごみ減量化もそうした理念の上に立って展開されるべき議論であると考えられる．

ところで，資源の有効利用とその実現のための手段は，一般に，社会的手

段，政治的手段，および経済的手段の三手段があると言われている．たとえば，日常的に排出される古紙の減量化・再資源化を目指す場合には，分別に関する基礎情報の提供，分別を推奨するための啓発活動，リサイクルの意義や課題をめぐる学習の他に，地域における集団回収に対する援助や補助金支出などの施策が必要であろう．いずれにしても，一つの問題を解決しようとする場合，特定の一手段というよりは，多くの考えられる実行可能な手段を総動員することが必要になる．それらの手段を効果的かつ機能的に組み合わせることで，効率的な成果の実現を目指すことが求められている．したがって，本章で取り上げる，経済的手段としての「家庭ごみ有料化」という手段も，包括的な諸施策の中の一手段であることを忘れてはならない．有料化も環境教育も，究極的には，人々のごみ削減に対する積極的なインセンティブを与え，環境意識を高揚させることにある．

　本章は以下のように構成されている．2節において，一般廃棄物（特に家庭系ごみ）について，その減量化に関する一般的な解説を行う．特に実証分析の対象としたごみ有料化が全国でどの程度の拡がりを持ち，どのような方法で実施されているのかについての先行研究についてサーベイする．3節では，家庭系ごみのモデル分析を紹介し，その経済的意味を明らかにする．特に，Kinnaman and Fullerton (1995) のモデルを援用して，ごみ有料化による各家計の行動変化を理論的に説明するモデルでは，各家計は有料化によって分別を徹底し，有料化の対象となる可燃と不燃ごみの量を減らして資源ごみ量を増やす傾向があることが示される．他方，低い水準の手数料では家計は行動をあまり変化させず，また，高すぎる水準では不法投棄を行う可能性があることが示唆され，有料化を実施する際にはその手数料の水準が重要であることが理論的に明らかにされる．4節では，東京都多摩地域における家庭ごみの現状を紹介し，ごみ量を説明する諸要因を求める．また，併せて，多摩地域におけるごみ有料化が財政に対してどのような影響をもたらしたかを概観する．最後に，ごみ有料化の政策的インプリケーションをまとめる．

2. 家庭系ごみの削減

2-1 家庭系ごみの現状

ここで対象とする「廃棄物」は以下のようである．廃棄物処理法では，廃掃法に基づく20品目が産業廃棄物であり，それを除く廃棄物を一般廃棄物とし，一般廃棄物はさらに事業系ごみと家庭系ごみに分類される．個人あるいは世帯で営まれる生活活動で排出されるごみは家庭系ごみであり，本章では，この家庭系ごみに絞って分析する[2]．

わが国全体では，産業廃棄物の総量が4億5,000万トンと大きいのに対して，一般廃棄物は1人当たり年間で約1,100キロ，総量で年間約5,000万トンであり，過去10年間ほぼ横ばい傾向にある．これらの家庭系ごみを含む一般廃棄物の処理については，各地方自治体が一般廃棄物処理計画を定めることが「廃棄物処理法」で規定されており，自治体ごとに異なる処理・回収が行われている．一般廃棄物は，市町村が行う中間処理のうち，直接焼却された割合は78.4%，破砕・選別による資源化等の中間処理や再生業者等に直接搬入される割合が17.3%となっている[3]．このようにわが国の場合は直接焼却による処理の割合が大きく，焼却処分から生じるダイオキシンの発生量も欧米諸国に比して大きくなっている[4]．

循環型社会形成にむけて，平成5年の「環境基本法」に則り，平成12年には「循環型社会形成推進基本法」が制定されている．同法の制定とともに，廃棄物処理法の改正の他，排出者責任（PPP）と併せて，拡大生産者責任（EPR）の考え方を基本とし，リデュース，リユース，リサイクルの推進を図るための「資源リサイクル法」が改正されており，国・地方公共団体の責務として，一般廃棄物の減量化が挙げられている[5]．

しかしながら，リサイクルに関しては資源リサイクル法の整備にかかわらず，厳しい罰則を伴わないことを背景に，十分な効果が得られていないのが現状である[6]．市町村による資源化と住民団体による集団回収は漸増傾向にあるとはいえ，平成14年度，平成15年度のリサイクル率は，それぞれ，15.9%，

16.8％程度に留まっている[7]．こうした中，平成17年5月には「廃棄物の減量その他その適正な処理に関する施策の総合的かつ計画的な推進を図るための基本的な方針」のもとで，地方公共団体の役割として，「一般廃棄物処理の有料化の推進を図るべき」との方針が明確に打ち出された[8]．ごみ処理の減量化が進まない現状において，直接的なごみ発生抑制を市民に対して促そうとしているのである．

2-2 自治体のごみ減量化への対応

このようなごみの排出抑制を目的として，家庭ごみに対して42％の市町村が有料化を導入しており，とりわけ，人口規模の小さい市町村ほど有料化の割合が高いことが報告されている[9]．

ところで，家庭ごみの有料制は大きく従量制と定額制に分けることができる．さらに従量制については，①単純重量方式，②超過量方式，③2段階方式，の3方式が用いられる．有料制の導入により，概ね平均2割前後の家庭ごみが減量していると見られているが，従量制によるごみ処理手数料を導入した北海道伊達市のように，有料制の導入後，最初2年間のごみ排出量は激減したものの（2～3割減），以降は年々ごみ排出量が漸増している場合もある．また，指定ごみ袋の販売収入を地域リサイクル活動への支援へ活用する岐阜県多治見市，一定量無料制を導入し，未使用券を図書券へ交換する岐阜県高山市，2段階従量制により規定量を超えると大幅にごみ袋代が値上がる滋賀県守山市，定額制の導入後，減量効果が薄れたために従量制へ転換した茨城県常陸太田市の例などがある[10]．これら自治体による有料化の取り組みは多種多様であり，その減量効果も様々である．そして，その減量効果を左右する要因としては，各自治体が制定する制度特性の他，地域特性が挙げられる．地域特性では，持ち家率，平均世帯人員，産業構造，等の関係から，特に都市部においては有料化によるごみ減量が生じにくい傾向があるとされている[11]．

なお，一般に，有料化後に生じた問題点としては，一時的減量後にごみ排出量が増加する「リバウンド現象」や不法投棄の問題など，有料化が必ずしも期

待通りの成果を上げていない点についても留意すべきであろう．

2–3 家庭系ごみと有料化の実証

有料化と家庭系ごみに関する実証分析については以下の代表的な先行研究が挙げられる．まず，山谷（1994）では，有料化による変化について，単純重量方式を導入した秋田県湯沢市と超過量方式を導入した岐阜県高山市を対象に，家庭系ごみの減少に伴なう事業系ごみの増加が確認されている．また，山谷（2000）では，埼玉県与野市において，有料化に関わる市民の意識と行動パターンが分析されている．他には，全国527市を対象に，平均世帯人員，昼夜間人口比等の地域特性を考慮した重回帰分析を行い，有料化によるごみ減量効果を示した調査[12]や，219自治体を対象に指定袋導入後の制度特性，不法投棄の状況，ごみ量の経年変化等を調査し，地域特性および制度特性にかかるごみ減量効果の持続性について分析したものがある[13]．

碓井（2003）は，1人1日当たりごみ総排出量と1人1日当たりリサイクル量を被説明変数とし，社会的特性や政策的特性を説明変数とした計量分析を行い，従量制有料化価格の上昇によって，ごみ排出量が減少しリサイクル量が増加することを示している．他方，中村（2004）は，一般ごみと粗大ごみを被説明変数として区分し，家計タイプを考慮して，単身世帯と高齢者比率を説明変数とし，有料化によるごみ減量効果を分析している．有料化に関する住民意識を調査したものとしては，全国10の有料化自治体を対象とした田中他（1996）の研究がある．海外では，Fullerton and Kinnaman (1996) が，有料化がごみの量，重量，密度（量対重量比）に与える影響を調査し，家計はごみ袋数を減らすもののごみ重量はさほど減少していないこと，また，Kinnaman and Fullerton (2000) は有料化とリサイクル収集プログラムを内生変数として回帰分析を行い，これらを外生変数とした場合は，その効果が過小評価されることを示している．また，有料化のごみ減量効果は資源ごみ分別収集の有無に依存するとしたReschovsky他（1994）の研究や，リサイクルプログラム等の減量手段がないために不法投棄が問題となった事例を報告したMiranda他（1994）などがある．

表 5-1　先行研究における変数の選択と有意性

区分	独立変数	碓井		中村		仙田		日引		山川他		落合
社会的要因	人口密度	○	***									
	人口集中地区人口比			○	***			○				
	昼夜間人口比率			○	***			○	*			○
	世帯人員数	○	***			○	***			○	***	○
	就業者比率			○	***			○	*			
	第一次産業就業者比率									○		
	第三次産業就業者比率											○
	単身世帯比率			○	***							
	一戸建て率									○		
	商業年間販売額									○		
経済的要因	所得／人	○	**	○	***					○	***	○
	世帯所得					○		○				
	耕地面積比率					○	***					
	都市計画区域面積比率											
制度的要因	従量制有料化価格	○	***			○	***	○	***			○
	有料制導入期間							○				
	ごみ収集頻度	○		○	***			○	***			
	資源ごみ収集頻度	○	***	○	***				**			
	資源ごみ収集量									○	***	
	分別数	○	***	○	***	○	***					
	従量制有料化ダミー変数			○	***					○	***	○
	多量のみ有料ダミー変数	○										
	定額制有料ダミー変数	○		○								
	その他全徴収ダミー	○	***	○	***							
	ごみ各戸回収ダミー			○	***							
	資源ごみ各戸回収ダミー	○	***									
	資源ごみ回収助成金額	○	***									
	直接埋立率	○	***									

(注) 1) ＊＊＊1% 有意　＊＊5% 有意　＊10% 有意
　　 2) ○は各研究で採用した独立変数を表す．
　　 3) 表中に示した中村 (2004) の分析結果は全国を対象とした推計結果である．中村 (2004) では地域別の推計も行われている．
　　 4) 表中に示した山川他 (2002 a) による分析結果は 95 年度実績による推計結果である．山川他 (2002 b) では 90 年度と 85 年度実績による推計も行われている．
　　 5) 落合 (1996) の研究には，p 値が報告されていない．

表5-1は，先行研究での実証研究部分を集約したものであるが，これから，ごみの量を説明する変数として多くの変数が比較検討されてきたことがわかる．本章でも，こうした先行研究の蓄積の上に，多摩地域を中心に分析を加える．

3. 家庭系ごみのモデル分析

3-1 実証研究とモデル分析

家庭系ごみの排出量に関しては，自治体ごとの地域格差が大きい事が知られている．本稿が主たる分析対象としている多摩地域（26市）においても，1人当たりのごみ排出量は自治体ごとに大きく異なっている．実際，次章で検討するように，可燃・不燃ごみベースでは，青梅市の532g／人からあきる野市の804g／人まで（変動係数8.99），資源ごみベースでは，八王子市の82.9g／人から国立市の190.7g／人まで（同21.42）と大きく異なっている（いずれも平成12年度）．同じ生活者でありながら，また東京23区を中心とする経済圏を同じくしながら，なぜにこのように大きな差異が生じるのであろうか．これまでの理論研究，実証研究は，自治体のごみ行政をはじめとする制度，経済的，社会的要因などの違いが総体として関与していると考え，想起可能な諸要因をできるだけアドホックに取り入れる試みを行ってきた（表5-1参照）．

本節では，こうした実証研究の背後にあると思われる基本的なモデル分析を行う．

3-2 モデルの構成

ここでは，人口N，面積L，ならびに世帯数F（世帯規模は$n=N/F$）を所与とする自治体を考えよう．世帯は世帯所得Yを得て消費行動Cを行っている（いずれも実質ベース）．世帯の1人当たり所得（Y/n）は世帯内に子供や高齢者のように同居する非労働力などを含むと考えられるので，世帯規模の拡大につれて逓減すると考えられる．これを線形の関係として，

$$Y=Y_0+an, \tag{1}$$

で表そう．ここで，Y_0 は基礎的所得，a は限界世帯所得である．他方，世帯消費 C は Y の一定割合であり，消費関数を $C=aY$ であると考えよう．このとき，(1) より

$$C=aY=aY_0+aan \equiv C_0+aan, C_0>0, 0<a<1 \qquad (2)$$

となる．ここで，C_0 は世帯規模に関係しない基礎的消費であると考えられる[14]．

問題は，この世帯の消費行動がごみの排出にどのようにつながっているかである．ちなみに，世帯規模については，武蔵野市の1.97人／世帯から武蔵村山市の2.59人／世帯まで，やはり大きな乖離がある（平均2.3人／世帯で変動係数は7.52）．消費は当該自治体で行われるとは限らず，周辺自治体への移動（通勤や通学）などを通じて分散する可能性がある．当該自治体内での支出割合は，昼夜間人口比率や商業圏を規定する諸要因に依存して決まるであろう．これらの指標を β で代理させる事ができると仮定すれば，当該自治体での世帯当たりの消費水準 c は，

$$c=\beta C=a\beta Y=\beta C_0+a\beta an \qquad (3)$$

と書ける[15]．

ところで，各世帯は c を費消した後，それを廃棄物として処理しなければならない．処理の仕方は，家庭系ごみ w として排出するか，資源ごみ（リサイクル r）として排出するか，あるいは無処分のまま放出するか（不法投棄 b）のいずれかであるとしよう．すなわち，

$$c=w+r+b \qquad (4)$$

である．ただし，ここでは単純化のために，消費された財の残渣の物的な質量は消費前の量と同じであると考えている．世帯にとっては，それぞれのごみ処理に関して費用がかかる．ここでは，図解によって基本的な考え方を示しておこう．

家庭系ごみの排出 w に関しては，ごみの量と排出費用の間にはどのような関係があると考えられるであろうか．ごみ排出の費用関数は

$$W=\overline{W}(w;I_1)+pw+S^w(w;I_2), \overline{W}_1 \equiv \partial \overline{W}/\partial w>0, \overline{W}_{11} \equiv \partial^2 \overline{W}/\partial w^2>0 \qquad (5)$$

であらわされるものと仮定しよう．(5) 右辺の第1項は，ごみ出しに関わる分別や運搬移動などの直接，間接にかかる時間費用であり，これと第2項のごみ処理手数料（ここでは単位当たり p 円）を加えたものがごみ排出の私的費用である．他方，Kinnaman and Fullerton (1995) モデルで示されているように，ごみ排出はそれ自体公共財として，当該地域における社会的費用として認識される可能性がある．(5) の第3項は，ごみ排出の社会的費用 S^w を考慮したものである[16]．各自治体は，ごみ処理手数料などの経済的手段以外に，分別の徹底や収集方法などの変更を通じて世帯のごみ排出行動に影響することができるほか，環境教育や広報，啓発活動などを通じて社会的費用の認識を向上させることができるであろう．こうしたごみ排出に関わる政策上の施策パラメータを，それぞれ，I_1, I_2 で表している．

他方，リサイクル（資源ごみ）に関しては

$$R=\bar{R}(r;I_3)+S^r(r;I_4), \bar{R}_1 \equiv \partial \bar{R}/\partial r>0, \bar{R}_{11} \equiv \partial^2 \bar{R}/\partial r^2>0 \quad (6)$$

と考える．ここでも，ごみ排出と同じように，リサイクルに関する私的費用と社会的費用が考慮されている．資源ごみに関わる分別や運搬・保管の制度変更がもたらす私的費用への影響や，リサイクル意識の向上を目指す啓発活動などの政策遂行については，それぞれ I_3, I_4 が関係している．リサイクルの推進は，それ自体，他の処理行為とは異なり，社会費用を削減させるであろう．したがって，$\partial S^r/\partial r<0$ が成り立つであろう．

最後に，ごみの不法投棄に関しては，

$$B=P(b;I_5)+S^b(b;I_6), P_1 \equiv \partial P/\partial b>0, P_2 \equiv \partial^2 P/\partial b_2=0 \quad (7)$$

であると考えよう．(7) では，ごみの不法投棄に科せられるペナルティとして P が考慮されている．加えて，他のごみ処理と同様に，社会的費用 S^b を含んでいる．恐らくこの場合には，ごみを適正に処理した場合と異なり，犯罪としての認識か，あるいは他者への影響を直接感じることができるために，この社会的限界費用は大きなものになるであろう．一般廃棄物の場合には，ペナルティが科せられる事例がほとんど見受けられないという意味での抑止力をもたない反面，不正であることの認識や，あるいは他者への迷惑が自覚されやすい

ことが社会的限界費用を高めているのではないかと考えられる．

さて，上記の（5），（6），および（7）に関して，世帯の費用最小化行動を考えよう．このため，それぞれの式を限界ベースで記述すれば，

$$\partial W/\partial w = \overline{W}_1(w\,;I_1) + p + S^w_1(w\,;I_2) \tag{5}'$$

$$\partial R/\partial r = \overline{R}_1(w\,;I_3) + S^r_1(r\,;I_4) \tag{6}'$$

$$\partial B/\partial b = P_1(b\,;I_5) + S^b_1(b\,;I_6) \tag{7}'$$

となる[17]．

3-3 モデル分析

以上の準備の下に，図5-1を描こう．図5-1の第4象限は，(3-3)を示している．縦軸の下方向に世帯規模 n をとると，所与の Y, α, β に対応する消費水準 c が決まる．この世帯は，消費後の c に関する処分方法を，(5)′ から (7)′ に基づいて処理費用最小化を実現させるように決定する．図5-1では，ごみ処理とリサイクルに関して，前者の限界費用の逓増度が後者のそれよりも小さいことが仮定されており，解説の便宜のためにそれぞれの限界費用が線形で描かれている[18]．この場合，世帯のごみの処分費用は直線の最下部分を結んだ面積（図5-1のABCDEO）となる．こうして，所得や地域特性，財の特性を反映して決まる消費財の消費された量 c（点E）を所与として (w^*, r^*, b^*) が決まる．このとき，ごみ処理手数料の導入や引き上げ，ごみ排出の社会的費用の認識の高まり，分別の徹底など，ごみ排出の限界費用を上昇させる行為は，直接的に (5)′ を上方シフトさせ w^* を減じさせる効果を持つことは容易にわかる．このケースでは，w^* の限界費用が高まることで，相対的に安価になったリサイクルへと処分の代替が生じ r^* は増加するが，すでに不法投棄の限界費用が低いために，不法投棄量 b^* も併せて増大する可能性が示されている．

ところで，われわれの関心は，ごみ処理有料化がどのような効果を持っているのか，所得効果がどのようなものであるのか，制度や政策などの地域特有の構造要因はどのようなものであり，どのように影響するのか，という点である．残念ながら，先行研究におけるモデル分析でもこれらの点が明示的に結論

付けられているわけではない．本章でのモデルにおいても様々なケースが想定可能であって，その結論は仮定依存的である．そこで，ここでは，Kinnaman and Fullerton (1995) モデルで得られた以下の論点が，本章のモデルにおいてはどのように説明できるかに絞って検討を加えよう．彼らの分析によれば，①有料化によってごみ量を減らし，リサイクル量を増加させることができる，②低い手数料の有料化を実施しても，リサイクル量はあまり増加しない，③高い手数料を徴収するほどごみ量が減少し，リサイクル量が増加するが，手数料がある水準を超えると不法投棄が増加する，という．これらの知見を整合的に説明できるケースはどのような状況であろうか[19]．

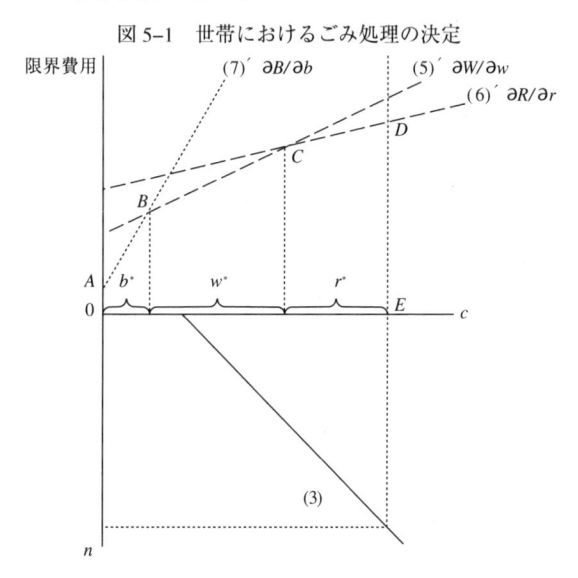

図 5-1 世帯におけるごみ処理の決定

図 5-2-(1)と図 5-2-(2)は，上記の内容に関係している．これらの場合が想定する共通の状況は，まず，リサイクルの限界費用が概してごみ排出の限界費用に比して全般的に高いこと，また，不法投棄の限界費用は急激に逓増している反面，ごみ排出とリサイクルの限界費用の逓増の度合いは相対的に小さいことである．この場合には，手数料の導入ないしその引き上げによって，図のように $\partial W/\partial w$ 曲線は l_1 へと上方シフトし，リサイクル量の増大，ごみ排出量の減少が生じる．しかし，図 5-2-(1)の場合とは異なり，図 5-2-(2)の場合には，

手数料の上げ幅が大きく不法投棄の限界費用を上回ったときに不法投棄が発生することになる．

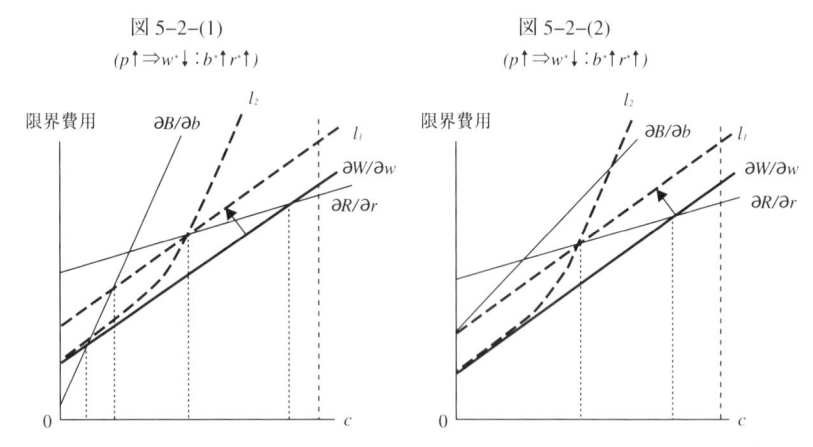

図 5-2-(1)
($p\uparrow\Rightarrow w^{\cdot}\downarrow:b^{\cdot}\uparrow r^{\cdot}\uparrow$)

図 5-2-(2)
($p\uparrow\Rightarrow w^{\cdot}\downarrow:b^{\cdot}\uparrow r^{\cdot}\uparrow$)

図 5-2-(2)のケースに着目しよう．これは，ごみの有料化を計画する自治体にとって，有料化前にごみの不法投棄がさほど問題となっていない場合であって，この場合には，②を踏まえた意味で，一定の範囲内でごみ処理手数料を設定すれば，不法投棄を増やすことなくリサイクル量の増大およびごみ排出量の削減を実現できる．他方，図 5-2-(1)の場合には，すでに不法投棄が従前から問題とされており，このため，有料化後に問題が一層鮮明化することになる[20]．

ここで，本節の結びをかねて，政策的なインプリケーションをまとめておこう．モデル分析の限界を承知の上で以下の点を指摘しておきたい．ごみ有料化をはじめとする様々なごみ減量に関わる施策は，ごみ処理の手段に応じたそれぞれの限界費用を変化させることで一定の効果があると考えられる．実際には，ごみ有料化はそれ自体単独の施策として行われるケースは少なく，必ず何らかの他の施策を伴って行われる．主たるものとしては，「広報などによる減量リサイクルのPR」「分別数の増加」「自家消費への対策強化」「不法投棄への対策強化」などが挙げられる[21]．モデルに関して言えば，最初の二つは，それぞれI_1からI_4までに作用し，ごみ排出の限界費用を引き上げ，リサイクルの限界費用を引き下げることでごみ排出量を削減するように機能するであろ

う．また，後の二つは，I_5, I_6 への作用を通じて不法投棄削減に一定の効果を持つであろう．ただし，こうした個別施策の有効性と効果の程度は，対象とする地域，自治体ごとに異なっているであろう．モデル分析が示唆するように，ある自治体に居住する世帯のごみ排出行動，したがって限界費用の把握の仕方は，世帯ごと，自治体ごとに異なったものになるであろう．その意味では，自治体がごみ減量政策を遂行するときには，そうした地域ごとの実情を的確に反映させた形で行う必要がある．

4. 多摩地域における家庭系ごみの現状

4-1 多摩地域の地域特性について

前節で概観したように，多摩地域（ここでは 26 市）においても，自治体ごとにごみの排出水準は大きく異なっており，同時に経年変化も，その時々の施策を反映して大きく変動している．多摩地域は，東京都区部の衛星都市としての構造を持ち，そのため比較的同質的な社会，経済構造を持っていると考えられるが，細かく見ると必ずしもそうとは言えない．表 5-2 は，人口，産業・経済，社会構造を示す代表的な指標を用いて，多摩地域を対象としたクラスター分析を行った結果を表している[22]．

表 5-2 から次のような点が指摘できるであろう．まず，クラスター 2 に属する 13 市については，高い高齢者比率，低い世帯規模ならびに少ない都市公園などが特徴的である．また，クラスター 3 に属する 5 市については，際立った特徴点はないが，高齢者比率が概ね低い反面，飲食店数が多く，交通事故発生件数が高い．クラスター 1 とクラスター 4 に関しては，際立った特徴点が見受けられる．稲城市が属するのはクラスター 4 であるが，この属性としては，まず世帯規模が大きいこと，農業地域であって商業や飲食店などの第 3 次産業の蓄積が弱いこと，昼夜間人口比が小さく他地域への従業，就学が多いこと，財政力は弱い反面，公務労働や公共サービスについては住民 1 人当たりベースでみて比較的高いこと，などが観取できる．他方，八王子市や多摩市が属するクラスター 1 は，それとは逆に，高齢者比率や世帯規模は小さく，商業や第 3

表 5-2　クラスター分析による多摩地域の特性

Cluster		高齢者比率	世帯規模	昼夜間人口比	第1次産業就業者構成比	第3次産業就業者構成比	人口1人当たり商業販売額	財政力指数	公務員数	公民館図書館数	飲食店数	都市公園数	交通事故発生件数	ごみ量(参考)
1	八王子市	0.877	1.143	0.824	1.753	0.955	0.157	1.032	0.880	0.325	0.561	2.106	1.018	1.075
	町田市	0.905	1.164	0.720	1.995	1.004	0.125	1.147	1.050	0.462	0.478	2.509	1.147	0.934
	武蔵野市	1.012	0.912	0.924	0.870	1.124	0.212	1.663	1.154	0.551	1.180	1.269	0.894	0.966
	多摩市	0.700	1.097	0.714	0.731	1.068	0.109	1.253	0.869	1.367	0.396	2.323	0.760	1.054
2	東村山市	1.055	1.163	0.646	2.164	0.988	0.079	0.821	0.918	1.752	0.514	0.250	0.748	0.967
	西東京市	1.007	1.069	0.641	1.925	1.021	0.079	0.937	0.978	1.791	0.561	0.373	0.877	1.079
	小金井市	0.935	0.981	0.688	1.754	1.077	0.078	0.989	0.982	2.006	0.471	0.218	0.775	0.689
	国分寺市	0.919	0.980	0.654	2.333	1.058	0.097	1.021	1.034	2.237	0.587	0.218	0.703	1.030
	昭島市	0.935	1.145	0.746	1.483	0.933	0.216	1.000	1.067	1.404	0.709	0.545	1.119	0.992
	国立市	0.911	1.013	0.815	1.646	1.059	0.177	0.947	0.907	2.762	0.590	0.570	0.858	0.896
	三鷹市	1.037	0.968	0.731	1.963	1.025	0.127	1.221	0.937	1.162	0.463	0.414	0.848	1.041
	狛江市	0.974	0.952	0.582	2.170	1.017	0.060	0.874	1.059	0.988	0.451	0.569	0.599	1.040
	東久留米市	0.937	1.162	0.627	2.638	0.967	0.119	0.821	1.107	1.100	0.329	0.182	0.844	0.841
	調布市	0.905	0.978	0.718	1.761	1.034	0.133	1.200	0.893	1.704	0.610	1.481	0.792	0.955
	日野市	0.879	1.056	0.707	1.644	0.960	0.071	0.989	1.187	1.484	0.410	1.605	0.724	1.118
	立川市	0.905	1.072	0.910	2.181	0.990	0.439	1.189	1.119	2.270	0.830	0.966	0.970	0.892
	青梅市	0.981	1.289	0.749	2.472	0.834	0.090	0.895	1.416	1.939	0.517	1.099	0.934	0.846
3	府中市	0.872	1.057	0.803	1.723	0.999	0.159	1.200	0.834	2.638	0.571	1.882	0.807	1.020
	東大和市	0.875	1.223	0.649	2.018	0.952	0.113	0.842	0.943	2.260	0.585	1.867	1.080	1.032
	羽村市	0.739	1.195	0.794	1.647	0.832	0.176	1.032	0.973	2.670	1.052	2.239	1.098	0.948
	小平市	0.909	1.090	0.710	2.207	0.980	0.086	1.000	0.749	2.930	0.469	2.704	0.912	0.989
	福生市	0.840	1.089	0.695	0.573	0.891	0.123	0.758	0.956	2.840	0.986	1.341	1.416	1.008
4	清瀬市	1.107	1.172	0.694	4.310	0.993	0.053	0.695	1.173	2.198	0.503	0.138	0.747	0.947
	あきる野市	0.997	1.366	0.690	4.437	0.871	0.073	0.789	0.965	1.909	0.350	0.741	0.846	1.279
	武蔵村山市	0.815	1.237	0.735	3.023	0.832	0.115	0.832	1.013	3.019	0.465	0.482	1.069	1.045
	稲城市	0.728	1.160	0.660	3.351	0.950	0.057	0.853	1.644	3.600	0.357	2.109	0.759	1.037
クラスター1		0.874	1.079	0.796	1.337	1.038	0.151	1.274	0.988	0.676	0.654	2.052	0.955	1.007
クラスター2		0.952	1.064	0.708	2.010	0.997	0.136	0.993	1.047	1.738	0.542	0.653	0.830	0.974
クラスター3		0.847	1.131	0.730	1.634	0.931	0.131	0.966	0.891	2.668	0.733	2.006	1.063	0.999
クラスター4		0.912	1.234	0.695	3.780	0.911	0.074	0.792	1.199	2.682	0.419	0.867	0.855	1.077
出所一覧		総務省統計局「国勢調査2000」					経済産業省「商業統計表2001」	総務省「市町村決算状況調査」	東京都総務局「東京都区市町村年報2002」	文部科学省「社会教育調査報告書2001」	総務省統計局「事業所・企業統計調査報告2001」	国土交通省「都市公園整備現況調査2002」	警視庁交通局「交通統計2003」	環境省「日本の廃棄物処理2002」

次産業の展開が見られる．財政は豊かであるが，人口比で小さな公務員規模や公共サービスとなっており量的な意味で効率的な行政サービスが供給されている状況がわかる．

しかしながら，表5-2で与えられたような地域特性の違いが，そのまま1人当たりのごみ量の差に反映するというわけではなさそうである．たとえば，稲城市の場合，クラスター4における共通の特質を持つことは理解できるが，これをごみ排出量の差異に結びつけるには，3節のモデル分析で示したように，ごみ排出に直接関わる諸変数について言及する必要があるだろう．以下この点を明らかにしよう．

4-2 多摩地域（東京都下26市）における家庭ごみの概観

ところで，多摩地域における各自治体のごみ排出量の時系列（平成5－平成16年度）を表したものが図5-3である．

図5-3から特徴的な変動パターンを示す自治体があることはすぐにわかる．一つは，段階的に低減する傾向がある自治体とは異なり，日野市やあきる

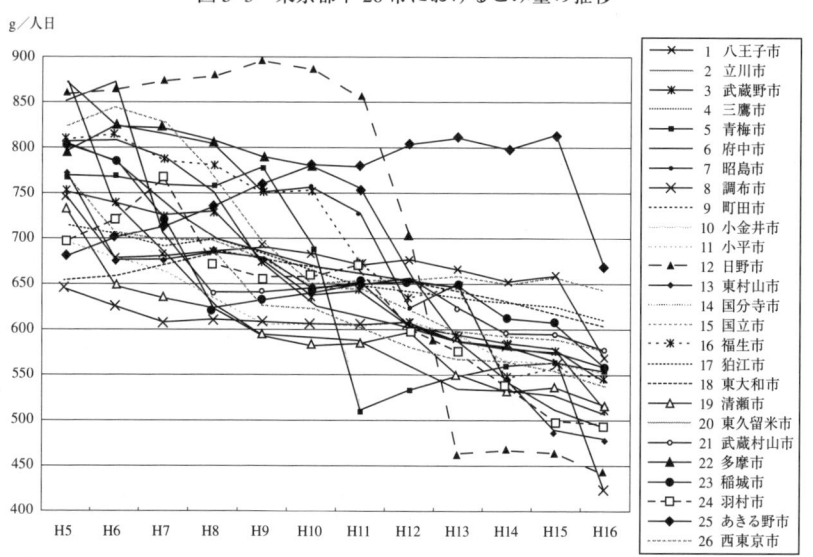

図5-3 東京都下26市におけるごみ量の推移

野市のようにむしろ漸増傾向を示した後に，（実際には有料化などによって）急激な減少を示す自治体が散見されることである．有料化によって急激な減量化が進行した自治体は，青梅市，昭島市，調布市，日野市，東村山市，福生市，清瀬市，羽村市，あきる野市，武蔵野市，八王子市および稲城市の12市（平成16年度現在）である．ただし，有料化の程度，有料化に伴う施策の変更の有無，市民への説明など行政の取り組みの程度なども様々であり，減量効果にもかなりの開きがある．また，有料化を伴うことなく減量に成功した事例もある．これには，立川市，国分寺市，武蔵村山市および多摩市が該当する．たとえば，立川市の場合，平成6年度からの紙類，布類の資源ごみ回収開始があり，国分寺市の場合には平成7年度からの新聞・雑誌・ダンボール・缶ビンの資源回収開始によるところが大きい．武蔵村山市の場合には，平成7年度中のダストボックス廃止，多摩市の場合には平成12年度のダストボックス廃止が大きく影響したと考えられる．稲城市の場合も，平成8年度にごみ排出に関わる分別の徹底策を講じた結果，一定の減量に成功している．

次の項では，このような多摩地域におけるごみ排出量の特徴を明らかにし，ごみの排出を規定する諸要因を明示するために，パネル分析を試みよう．

4-3 パネル分析とその解釈

すでに，3節のモデル分析のところでも指摘したように，当該地域，自治体におけるごみ排出量を規定する要因は，人口要因，経済的要因のほかに，ごみ排出に関わる制度的要因，ならびに人々の環境配慮意識に影響する要因が考えられる．3節でのモデル分析から推計すべき方程式は，

$$w/n = f(\alpha, \beta, n, y/n, I_j), \quad j = 1, 2 \cdots 6, \tag{8}$$

である[23]．(8) のうち，各ごみ処理の私的および社会的限界費用に影響すると考えられる政策パラメータ I_j については，データの制約上，幾つかの変数を限定的に活用した．これらの変数一覧は，表5-3にまとめられている．使用データに関して特徴的なことは，市民所得の代理変数として1人当たり個人住民税額を利用した点，行政の施策強度を反映すると思われる変数としてごみ

処理従事職員数の対人口比を採用した点，さらに，理念上は市民と行政，事業所などが一体となって策定し検証する環境基本条例と環境基本計画の策定状況と遂行状況を反映させるために策定からの経過年数を採用した点，などである[24]．対象は，多摩地域の26市であり，1998（平成10）年度から2004（平成16）年度までの7年分のパネルデータによって分析している．したがって，対象となるサンプル数は182である．また，対象となるごみ排出に関して，可燃ごみと不燃ごみを分けて推計した．

ランダム効果と固定効果の推定量の差に着目したハウスマン検定の結果，ランダム効果モデルが採用される．ランダム効果モデルによるパネル推計の結果は，表5-4にまとめられている（なお，推計にあたっては，ごみ排出量，人口密度，世帯規模，高齢者比率，個人住民税額，ごみ処理従事職員数，分別数，手数料料金，については対数ベースで推計している）[25]．

まず，可燃ごみの推計結果（表5-4-(1)）について統計的に有意なものを中心に整理しておこう．

人口密度，世帯規模については有意な結果は得られなかった．高齢者比率については，負の相関が看取できる．所得水準の代理変数としての税額水準は有意であり，1人当たり税額の増加が可燃ごみ排出に対して正の効果を持つこと，また，ごみ処理従事職員数については，負の相関があり環境対策の強化がごみの排出を抑制させる効果をもつと考えられる．また，環境基本計画や環境基本条例の策定経過年数については，明らかに負の相関がある．条例や基本計画の策定後，市民への浸透が進み，理解が深まることでごみ排出に対して良い効果を生み出していると考えられる．手数料料金に関しては，明確に負の相関関係があり，1%のごみ処理手数料の引き上げが，0.4%程度のごみ減量化につながることがわかる[26]．同時に，戸別収集方式への変更もまたごみ排出に対して削減効果を持つこと，収集頻度については，頻度が多くなればむしろごみ排出が多くなる傾向を持つことがわかる．このことは，収集頻度の寡多がごみ排出行為の限界費用に影響することを示していると考えられる．

他方，表5-4-(2)は，不燃ごみの排出推計をまとめたものである．可燃とは

表 5-3　データの概要

変　数	単位（注記）	多摩地域平均 (1998)	多摩地域平均 (2004)	出　所
1人当たりごみ量	g／人日（可燃ごみ）	565.42	459.48	東京市町村自治調査会『多摩地域ごみ実態調査』各年版（A）
同	g／人日（不燃ごみ）	99.65	82.62	同　　上
人口密度	人／km²	6,909.69	7,046.19	東京都『東京都統計年鑑』各年版
世帯規模	人／世帯	2.45	2.30	同　　上
高齢者比率	65歳以上人口比	12.75	16.92	同　　上
1人当たり個人住民税	円／人	76,261.96	61,635.92	東京市町村自治調査会『市町村財政力分析指標』
ごみ処理従事職員数	対1万人比	0.42	0.32	環境省HP『一般廃棄物処理実態調査結果』各年版（B）
環境基本条例・基本計画	策定よりの経過累積年数	0.27	4.08	環境省HP『地域環境行政支援システム』
分別数	実　数	9.69	10.27	上記（B）に同じ
戸別収集方式ダミー	戸別収集方式=1	0.23	0.69	同　　上
収集頻度	週間頻度（可燃）	2.37	2.15	同　　上
手数料料金	円／リットル	0.15	0.97	上記（A）に同じ

異なり，有意な関係を表す変数は少ない．しかしながら，環境基本計画・条例などの行政，住民活動の要素と手数料料金は，可燃ごみと同様の効果を持っている．しかし，ごみ処理従事職員数については逆の相関を示していることや，戸別収集方式ダミーが有意でない点など，不燃ごみと可燃ごみの相違点の解釈を困難にする結果も出ている．分別数は，可燃ごみ，不燃ごみともに有意な結果にはならなかった．実態としては，分別数は，この7年間に限ってみてもそれほど大きな変化を示していない点，むしろ戸別収集方式のような収集形態の効果が大きく，このことがごみの減量化に作用していると考えられる．

　これらの分析結果に関連して以下の二点を指摘しておきたい．まず，ごみ有料化を遂行している自治体において，どのような要因が作用して減量化に結び

表 5-4-(1) 可燃ごみ排出推計結果

変　　数	推計結果	t 値	P 値	
定　　数	5.525	4.458	0.000	***
人口密度	−0.051	−1.567	0.119	
世帯規模	0.030	0.113	0.910	
高齢者比率	−0.192	−2.052	0.042	**
1人当たり個人住民税	0.141	1.734	0.085	*
ごみ処理従事職員数	−0.026	−2.455	0.015	**
環境基本条例・基本計画	−0.008	−3.058	0.003	***
分　別　数	−0.023	−0.882	0.379	
戸別収集方式ダミー	−0.032	−1.876	0.062	*
収集頻度	0.019	1.686	0.094	*
手数料料金	−0.048	−7.121	0.000	***

Adjusted R-squared 0.99
Total panel (balanced) observations : 182
***1% 有意, **5% 有意, *10% 有意

表 5-4-(2) 不燃ごみ排出推計結果

変　　数	推計結果	t 値	P 値	
定　　数	0.612	0.140	0.889	
人口密度	−0.144	−1.087	0.279	
世帯規模	0.008	0.009	0.993	
高齢者比率	0.606	1.855	0.065	*
1人当たり個人住民税	0.335	1.075	0.284	
ごみ処理従事職員数	0.098	2.796	0.006	***
環境基本条例・基本計画	−0.051	−6.422	0.000	***
分　別　数	0.013	0.167	0.868	
戸別収集方式ダミー	−0.003	−0.062	0.951	
収集頻度	−0.069	−1.451	0.149	
手数料料金	−0.065	−3.303	0.001	***

Adjusted R-squared 0.97
Total panel (balanced) observations : 182
***1% 有意, **5% 有意, *10% 有意

ついているかという点である．これを可燃ごみについて要因分解したものが表5-5である[27]．表5-5から，自治体によって削減要因は異なっており，特に，手数料の効果が大きく，85〜100％を占める自治体（昭島市，福生市，清瀬市，武蔵野市）の他に，調布市，日野市，東村山市，羽村市，あきる野市，八王子市および稲城市のように，手数料の効果は55〜75％程度である反面，戸別収集方式への変更（15-20％）や環境基本計画や基本条例などの策定を通じた効果（5-10％）が大きい自治体もある．また，注目すべき点は，人口密度や高齢者比率などの人口関連要因が比較的大きな影響を及ぼしている自治体もあり，高齢化要因は清瀬市を除くほとんどの自治体で4〜10％の影響を持っている．2000年に有料化を実行し，多摩地域で最も劇的な削減を果たした日野市の場合（図5-3を参照）には，手数料料金のみならず，計画や条例，収集方式の変更のほかに，人口要因，ならびに景気の悪化による個人住民税減少の効果などが包括的に作用している点が特徴である．また，稲城市においては，とりわけ人口密度や人口高齢化が，それぞれ9.9％，8.8％の寄与という特筆すべき影響を及ぼしている．

　こうした点を時系列でみるために，比較的早い段階に有料化を実施した日野市と清瀬市について，ごみ削減の経年変化を要因分解したものが図5-4である．日野市は，よく知られているように，ごみ削減を最も効果的に行った行政の一つである．1998年から2004年の7年間での可燃ごみは，日野市の場合，693.8 g／人日から352.7 g／人日へと49.16％削減されており，清瀬市の場合には，498.8 g／人日から420.2 g／人日へと15.76％の削減となっている．削減規模自体が大きく異なっていることもあるが，削減の寄与構成もそれぞれに異なっている．

　清瀬市の場合には，2001年に有料化が導入された時点では，手数料料金の効果が主であったが，その後の持続的な減少傾向は，もっぱら，高齢者比率の上昇や人口密度の上昇などの人口要因に加えて，1人当たり個人住民税の減少にみられる所得低下要因によっている．これに対して，日野市の場合には，2000年の導入時点ですでに手数料料金要因のほかに，収集方式の変更や収集

表 5-5　有料化自治体における可燃ごみの削減要因（寄与率）

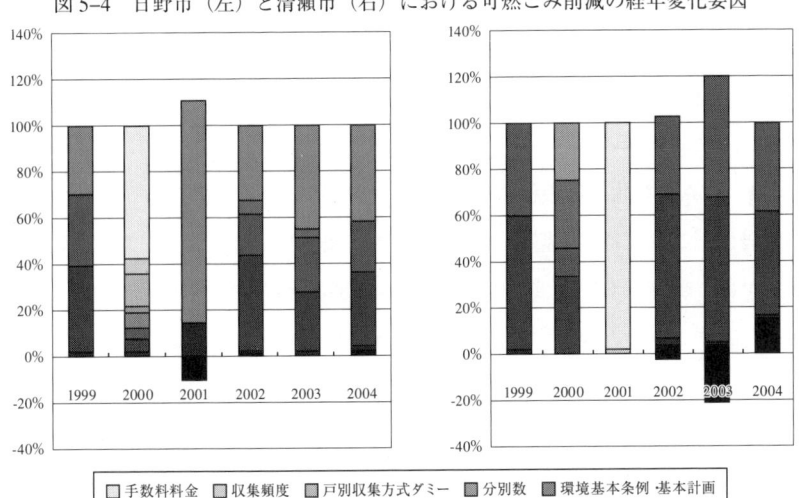

	昭島市	調布市	日野市	東村山市	福生市	清瀬市	羽村市	あきる野市	武蔵野市	八王子市	稲城市
実施年度	2002	2004	2000	2002	2002	2001	2002	2004	2004	2004	2004
可燃ごみ減量率（%）	15.53	18.82	18.52	16.28	14.63	10.01	6.76	17.71	7.04	16.21	8.37
人口密度	0.06%	0.73%	0.04%	0.04%	0.05%	-0.03%	-0.07%	0.19%	0.12%	0.42%	9.90%
世帯規模	0.18%	0.16%	0.16%	0.21%	0.39%	0.34%	0.18%	0.37%	0.28%	0.29%	0.14%
高齢者比率	4.82%	3.66%	8.20%	4.72%	4.52%	0.10%	6.18%	7.27%	3.38%	7.20%	8.77%
1人当たり個人住民税	4.81%	2.58%	3.34%	0.83%	-0.13%	0.66%	2.34%	3.18%	2.25%	3.11%	-0.10%
環境関連職員数	-0.03%	0.00%	0.66%	1.35%	-0.15%	0.00%	1.78%	0.00%	0.00%	0.00%	0.00%
環境基本条例・基本計画	5.65%	4.28%	6.56%	0.00%	0.00%	0.00%	8.27%	0.00%	9.69%	4.04%	9.20%
分別数	-4.08%	0.00%	3.00%	0.00%	0.00%	0.00%	0.00%	0.00%	0.00%	0.00%	0.00%
戸別収集方式ダミー	0.00%	17.11%	13.13%	17.88%	0.00%	0.00%	16.53%	16.14%	0.00%	16.16%	0.00%
収集頻度	0.00%	0.00%	7.79%	0.00%	0.00%	0.00%	0.00%	9.58%	0.00%	0.00%	0.00%
手数料金	88.59%	71.44%	57.11%	74.96%	95.32%	98.92%	64.80%	63.28%	84.29%	68.79%	72.10%

図 5-4　日野市（左）と清瀬市（右）における可燃ごみ削減の経年変化要因

頻度の減少他，幾つかの要因が複合的に絡み合っている状況が看取できる．その後の削減傾向は，高齢者比率要因や所得低下要因が寄与している点は清瀬市と同様であるが，とりわけ環境基本条例や基本計画の遂行要因が大きい．このように 2000 年の有料化実施後も減少傾向を持続させている要因は，人口要因

などの構造的な変化に加えて，やはり環境基本計画や条例などを通じた住民・自治体の行動変化によるところが大きいことがわかる．これらは，有料化後も削減を推進，持続させるための政策努力が行われた反映であると考えられる．

前節のモデル分析で示唆したように，地域，自治体ごとに，ごみ排出行動を規定する要因が異なっている．本章が対象としてきた多摩地域については，社会，人口，経済要因を含む一般的なクラスター分析による地域特性とは別に，可燃や不燃といったごみ処理に関わる規定要因に関しては，経済，人口要因のほかに，地域のごみや環境に関する諸施策（ここでは，これらをごみ収集方法や収集頻度および手数料などの直接的な要因のほかに，ごみ処理従事職員の規模や環境基本条例や基本計画の策定，遂行状況で表した）が有意なものであることが示された．そうした諸施策の強度や影響の程度が異なるために，自治体によってごみ削減効果に差異が生じたと考えられる．特に，持続可能なごみ削減のためには，手数料の効果もさることながら，むしろ，住民や自治体などの，地域のステークホルダーの意識ある行動と日常的な政策努力が続けられる必要があるように思われる．

4-4 ごみ有料化と財政構造の変化

最後に，ごみ有料化と財政の関係について概観しておこう．なお，ここでのデータは，環境省HPの『一般廃棄物処理実態調査結果』各年版によるものであり，家庭ごみのみならず，事業系のごみ処理も含まれている点に注意が必要である．

一般に，ごみ有料化の場合，手数料の水準を決める明確な基準は存在しない．一月の1人当たり支払い可能な金額を基準としたり，ごみ処理経費の2割を目処にしたり様々である．ただし，ごみ処理経費の一部をごみ処理手数料で新たに徴収する以上，税の二重取りの観点からすれば，税の軽減あるいは他の補完的・追加的な支出増に関しては行政としての説明責任があるであろう．また，ごみ処理手数料を原資として，環境保全活動に対する基金とする自治体もあって，ごみ処理手数料の使途は自治体それぞれで異なっている．ここでは，

特に，多摩地域におけるごみ手数料と財政の関係を概観しよう．

残念ながら，ごみの費用効率性や財政への影響を分析した先行研究は少ない．一般には，有料化導入はごみ処理事業に対する一般財源からの経費支出を減らすのに有効である，と考えられている（大阪府廃棄物減量化・リサイクル推進会議報告書（2000）でもその点は指摘されている）．そこで，ここでは，有料化導入後に，ごみ処理事業に対して一般財源からの経費支出が減少したか否かに絞って検討しよう．

わが国全体のごみ財政については（平成15年度），概ね

◎歳入（市町村分）＝一般財源＋特定財源
　　　17.5兆円　　　14.1兆円　3.4兆円（うち使用料・手数料1.4兆円）

◎歳出（市町村＋組合分）＝ごみ処理事業経費
　　　18.7兆円

　　　　　　　　　　　　＝建設改良費＋処理および維持管理費
　　　　　　　　　　　　　3.4兆円　　　15.3兆円

となっている．

すでに注意したように，データが一般廃棄物全体を示しており，家庭ごみ手数料のみを抽出できていないために，ここでは一般的傾向を述べるにとどめる．

まず，第一に，手数料のごみ関連歳入予算に占める割合は，有料化後上昇している点である．表5-6は，多摩地域におけるごみ処理の財政を示したものであり，表5-7は，このうちごみ有料化を実施した3市における財政状況の変化を示したものである．表5-7によれば，使用料・手数料収入は，概ねその構成比を伸ばしていることがわかる．第二に，一般財源分については有料化後，拡大しているとも低下しているとも言えない点である．図5-5は，表5-6をもとに，ごみ有料化を実施し変化を算定できる6市について，実施前年時点（0時点）からの経年変化の状況を見たものである．都市規模によって使用料・手数料収入の変化は異なるものの，一般財源は昭島市のように趨勢として減少しているところもあるが，その他の市が漸減傾向を示しているとは言えない．第三に，処理および維持管理費などのごみ処理経費については，例外はあるも

116　第1部　分権化財政の理論と実証

表 5-6-(1)　多摩地域におけるごみ処理（一般財源分）

	1999	2000	2001	2002	2003	1999	2000	2001	2002	2003
	一般財源分（ごみ処理）（千円）					歳入（ごみ処理）に占める割合				
八王子市	8,673,160	9,123,492	7,728,077	7,448,788	6,575,543	70.7%	81.3%	82.8%	80.9%	76.1%
立川市	2,144,476	2,442,385	1,913,458	1,795,798	1,742,022	84.6%	81.0%	81.5%	75.4%	72.5%
武蔵野市	2,587,536	2,630,613	2,382,336	2,612,047	2,695,714	73.6%	94.3%	94.1%	94.4%	68.9%
三鷹市	2,531,742	2,256,064	2,130,678	2,168,994	2,365,928	77.4%	74.0%	71.7%	70.5%	94.0%
青梅市	2,976,830	2,284,555	1,789,963	2,100,304	2,141,318	89.3%	85.6%	79.8%	82.7%	82.2%
府中市	3,712,303	2,568,787	2,767,958	4,011,548	3,969,191	90.7%	85.9%	87.2%	90.6%	90.2%
昭島市	1,487,875	1,454,075	1,404,908	1,371,586	1,172,328	83.0%	83.5%	72.5%	65.1%	64.5%
調布市	3,350,544	2,846,616	2,854,634	2,828,976	2,840,228	83.9%	85.4%	82.5%	89.3%	86.4%
町田市	4,241,216	4,700,339	4,443,551	4,308,128	4,456,509	76.6%	88.8%	84.9%	82.1%	81.6%
小金井市	1,985,739	1,773,458	1,710,382	1,761,357	1,906,010	95.2%	94.2%	94.5%	94.6%	93.8%
小平市	2,209,259	1,869,468	1,984,827	1,956,765	1,960,521	88.5%	84.2%	85.8%	84.7%	80.4%
日野市	1,846,181	2,014,195	1,961,722	1,924,769	1,837,557	86.8%	52.6%	52.1%	73.6%	68.0%
東村山市	1,998,141	2,056,572	1,627,695	1,657,666	1,183,370	85.9%	47.0%	61.0%	71.2%	59.6%
国分寺市	1,795,279	1,785,201	1,917,483	1,738,486	1,684,683	92.6%	55.5%	62.4%	92.7%	92.5%
国立市	1,514,298	1,210,339	1,158,603	1,953,025	1,547,349	75.9%	68.2%	68.5%	72.9%	88.8%
福生市	1,171,762	770,338	657,429	615,862	629,018	88.1%	81.3%	74.3%	64.8%	85.5%
狛江市	1,220,956	585,100	894,534	769,815	788,884	60.8%	48.5%	79.8%	69.7%	73.0%
東大和市	1,053,128	902,950	934,132	937,389	910,194	87.4%	85.6%	85.5%	84.3%	81.8%
清瀬市	891,110	727,816	774,776	946,834	996,796	87.8%	86.1%	73.9%	79.0%	76.6%
東久留米市	1,641,498	1,567,284	1,349,420	1,345,442	1,489,370	92.0%	89.9%	86.8%	78.8%	79.7%
武蔵村山市	833,072	726,378	737,367	826,180	872,790	88.7%	87.8%	87.1%	88.5%	88.7%
多摩市	2,563,715	2,282,397	2,027,179	1,951,523	1,755,088	51.8%	75.6%	68.8%	76.2%	71.2%
稲城市	844,092	0	633,491	151,358	693,406	87.6%	0.0%	43.5%	15.0%	46.3%
羽村市	1,027,446	654,449	910,043	1,464,755	1,324,283	90.7%	80.7%	83.3%	82.4%	77.0%
あきる野市	979,591	1,011,225	1,119,415	403,969	1,034,089	89.0%	87.9%	93.5%	36.4%	89.6%
西東京市	1,684,185	1,817,067	1,947,399	2,583,152	2,055,028	66.7%	74.5%	86.7%	86.8%	84.2%

のの，有料化後，1人当たりベースでも重量当たりベースでも拡大傾向にあり，有料化による分別費用や資源ゴミ回収増大などによるごみ処理費用の増大が生じている点である．

第 5 章　市町村における家庭ごみ有料化の検討　117

表 5-6-(2)　多摩地域におけるごみ処理等経費

	1999	2000	2001	2002	2003	1999	2000	2001	2002	2003	1999	2000	2001	2002	2003
	ごみ処理等（処理および維持管理費）（千円／年）					1人当たりごみ処理等経費（円／人・年）					t当たりごみ処理等経費（円／t）				
八王子市	8,617,382	8,684,179	7,647,306	7,274,002	7,152,393	16,784	16,740	14,631	13,839	13,531	45,282	44,514	39,434	38,637	36,902
立川市	2,086,203	2,086,374	2,042,522	1,941,984	1,923,402	12,876	12,784	12,436	11,753	11,548	32,678	31,919	31,227	29,117	28,997
武蔵野市	2,281,907	1,755,478	1,695,112	1,728,617	2,574,737	17,433	13,345	12,908	13,104	19,593	41,028	31,946	30,142	32,005	49,582
三鷹市	1,773,304	1,702,658	1,747,792	1,718,499	1,800,013	10,848	10,345	10,543	10,285	10,638	32,302	31,188	32,198	31,740	33,742
青梅市	1,779,489	1,875,882	1,845,602	1,782,234	1,793,332	12,832	13,520	13,262	12,807	12,881	44,935	44,353	41,845	39,403	39,638
府中市	1,686,661	1,658,484	1,916,667	3,288,830	3,219,964	7,715	7,532	8,532	14,469	14,034	22,165	21,276	24,312	41,239	40,197
昭島市	1,527,956	1,488,489	1,771,724	1,945,635	1,637,569	14,448	14,065	16,739	18,059	15,063	40,464	39,416	42,740	51,279	41,666
調布市	2,018,075	1,931,550	1,733,892	1,633,768	1,699,716	10,300	9,745	8,875	8,088	8,317	30,024	28,410	25,837	24,377	25,216
町田市	4,853,995	4,266,734	4,496,254	4,518,365	4,832,246	13,195	11,405	11,693	11,626	12,198	35,945	30,616	31,823	31,682	33,296
小金井市	1,279,208	1,323,385	1,272,992	1,362,682	1,234,102	11,930	12,302	11,802	12,591	11,313	38,774	38,748	37,799	40,324	37,031
小平市	1,200,578	1,215,574	1,223,488	1,233,532	1,225,843	6,995	7,053	7,025	7,032	6,973	21,238	21,504	21,992	22,147	21,978
日野市	1,726,416	2,325,098	2,505,795	2,409,742	2,522,705	10,581	14,285	15,245	14,581	15,039	27,487	29,021	49,190	46,269	47,843
東村山市	2,013,482	1,860,098	1,340,506	1,594,797	1,634,893	14,390	13,156	9,466	11,223	11,423	44,431	40,628	33,271	41,001	44,571
国分寺市	1,661,032	1,611,715	1,755,687	1,682,596	1,641,299	15,803	14,955	16,035	15,151	14,716	45,834	43,015	46,438	48,886	45,738
国立市	902,514	926,832	655,512	590,713	566,914	8,968	13,030	9,150	8,207	7,846	38,617	38,297	26,734	23,694	22,586
福生市	546,455	601,456	658,180	632,954	608,298	9,077	9,982	10,930	10,524	10,194	26,131	29,029	31,146	32,006	29,858
狛江市	1,175,997	645,340	644,797	660,397	662,018	15,987	8,749	8,708	8,800	9,801	48,766	26,347	26,345	26,933	26,852
東大和市	636,685	631,683	754,517	674,678	594,342	8,325	8,166	9,611	8,484	7,315	27,259	25,652	29,780	26,619	22,501
清瀬市	466,770	463,210	439,917	441,203	456,714	6,975	6,923	6,449	6,460	6,607	23,277	22,305	21,734	22,190	22,579
東久留米市	966,105	1,074,190	962,897	999,251	1,147,302	8,513	9,470	8,461	8,804	10,104	27,292	29,375	25,906	26,948	30,773
武蔵村山市	470,589	458,661	544,748	543,626	532,717	7,029	6,957	8,269	8,238	8,090	21,976	20,843	25,138	24,897	23,687
多摩市	1,351,192	1,604,737	1,468,494	1,362,544	1,479,969	9,507	11,311	10,406	9,649	10,472	24,323	29,960	28,967	27,429	30,291
稲城市	207,834	409,583	985,372	554,660	497,552	3,115	6,001	14,253	7,791	6,794	9,614	18,388	43,757	24,113	21,234
羽村市	440,139	477,770	919,516	1,408,553	1,406,164	7,930	8,425	10,658	25,532	25,425	21,129	22,785	44,063	68,029	69,011
あきる野市	422,956	439,645	445,646	466,916	574,805	5,446	5,612	5,667	5,895	7,212	15,524	15,420	15,299	15,930	18,798
西東京市	1,350,811	1,316,941	1,178,378	1,140,850	1,251,620	9,181	7,409	6,590	6,331	6,840	25,876	23,934	21,550	20,737	22,595

表 5-7　ごみ有料化と地方財政との関連（概算）

	使用料手数料変化（構成比変化）	一般財源変化（構成比変化）	歳入変化	ごみ処理事業経費変化	うち処理および維持管理費の変化
昭島市 2001〜2002	+2億円 (15.3%⇒23.2%)	ほぼゼロ (72.6%⇒65.1%)	+2億円	+2億円	+2億円
日野市 1999〜2000	+4.2億円 (6.7%⇒14.8%)	+1.5億円 (86.8%⇒52.6%)	+17億円	+17億円	+6億円
羽村市 2001〜2002	+1億円 (8.2%⇒10.2%)	+5億円 (83.3%⇒82.4%)	+7億円	+5.7億円	+5億円

118　第1部　分権化財政の理論と実証

図5-5　ごみ有料化の財源変化

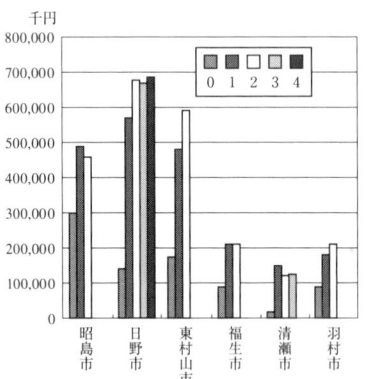

●使用料・手数料

●一般財源

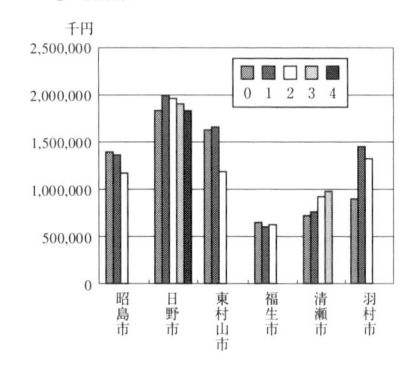

●人口1人当たりごみ処理事業経費

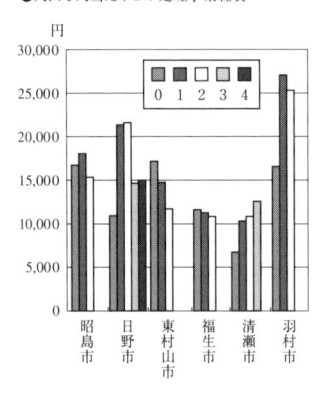

●人口1人当たり処理および維持管理費

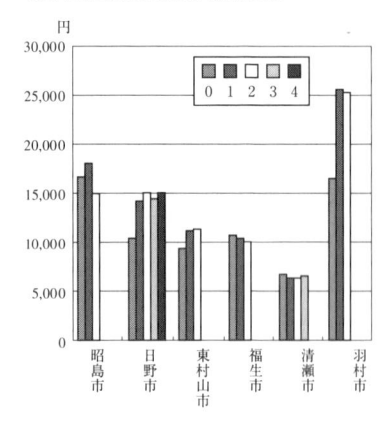

5. おわりに

　本章では，実証分析として，多摩地域におけるごみ排出動向の地域特性を分析し，ごみ処理有料化前と有料化後のパターン変化などについて分析した．本章が対象としてきた多摩地域については，可燃や不燃といったごみ処理に関わる規定要因に関しては，経済，人口要因のほかに，地域のごみや環境に関する諸施策が有意なものであることが示された．

　そうした諸施策の強度や影響の程度が異なるために，自治体によってごみ削減効果に大きな差異が生じたと考えられる．持続可能なごみ削減のためには，

手数料の効果もさることながら，むしろ，住民や自治体などの，地域のステークホルダーの意識ある行動と日常的な政策努力が続けられる必要があると言える．

1) 循環型社会形成推進基本法第 3 条．
2) 平成 15 年度の一般廃棄物に占める生活系ごみの割合は約 67% となっている（環境省報道発表資料（平成 17 年 11 月））．
3) 平成 14 年の数値．これについては，環境白書（平成 16, 17 年度版）を参照．
4) これに関しては，安田・外川編著（2003）の第 5 章を参照．
5) 石川禎昭（2003）参照．
6) 安田八十五・外川健一（2003）第 5 章を参照．
7) 環境白書（平成 16 年度版）参照．
8) 環境省報道発表資料による．
9) 環境省「平成 17 年版循環白書」参照．
10) 左巻・金谷編（2004），112 ページ参照．
11) 左巻・金谷編（2004），110 ページ参照．
12) 落合（1996）を参照．
13) 大阪廃棄物減量化・リサイクル推進会議（2002）を参照．
14) 平成 16 年度の総務省家計調査によれば，たとえば勤労者世帯の場合以下の表のようになる．

参考表 世帯規模別 1 人当たり支出額（円／月）

世帯人員	1	2	3	4	5	6.27
有業人員	1.00	1.41	1.61	1.66	1.84	2.09
消費支出	196,068	148,337	106,262	86,156	73,408	61,193
うち食料	46,213	29,797	22,425	19,195	17,117	15,007
うち家具・家事用品	3,271	4,574	3,560	2,715	2,123	1,840
うち被服及び履物	10,091	6,681	4,869	3,973	3,191	2,351
可処分所得	288,765	195,901	142,878	118,355	98,277	78,491
平均消費性向	0.679	0.757	0.744	0.728	0.747	0.780

これより (2) 式について言えば，消費支出$= 257180.6 + 20962\,n$, $F = 208.7, r^2 = 0.99$ のように考えることができる（（ ）は t 値）． (41.03) (14.45)

15) これに関連して，東京都下の各市部の昼夜間人口比（2000 年）と 1 人当たり商業販売額（2001 年）の相関係数を求めると 0.77（1% 有意）であった．26 市のうち八王子，立川，武蔵野市を除いてすべて昼夜間人口比は 1 を下回っており，狛江市の 0.71 が最小であった．他方，1 人当たり商業販売額は，立川市の 642 万円を筆頭に，昭島，武蔵野と続き，最小は清瀬市の 77 万円であった．ちなみに特別区部については，それぞれ，1.37 および 2,077 万円であり，これらの数値は，人口でも商業でも都心を中心に吸収力を持つ実体を反映していると考えられる．

16) Kinnaman and Fullerton (1995) の場合には，負の効用を与えるものとして，各世帯のごみ排出量ならびに不法投棄量の集計量が想定されている．いずれにしても，ここで定式化された社会的費用は，各自治体の行政などが，市民が配慮して行動して欲しいと考える一種の政策目標である．実際には，自治体の啓発不足や不十分な情宣によって市民が配慮する度合いは大きく異なってくるであろう．
17) ここでは，以下の点に注意されたい．まず，どのような方法でごみを処分するにせよ限界費用は逓増すること，処分される財については，財の属性によって処分方法による限界費用の差が存在すること，したがって，図 5-1 のように，逓増するごみ処理の限界費用曲線に対応して，他の処分方法の限界費用が少なくとも逓減することがない状況が仮定されている．
18) このような想定の下では，当該世帯の所得増大（したがって消費増大）の効果はごみ排出やリサイクルには影響せず，単に最も低位に描かれた不法投棄あるいは自家処理を増やすだけである．
19) 言うまでもなく，これは当該モデルを数理的に処理した場合の十分条件を示すことに他ならない．図 5-2 の両ケースは，①と③に関する可能な解釈を示している．②については，低い手数料が世帯にとってのごみ排出の限界費用をほとんど増加させない（有料化前のごみ袋料金との差が比較的小さい）か，あるいはリサイクルの限界費用が急激に逓増するような条件が考えられる．後者の場合には，非線形の限界費用曲線を考慮しなければならない．ここでは，単純化のために図にあるような線形の限界費用関数のみを想定している．
20) この点は，山川他（2002 b）の「不法投棄が問題となった自治体のほとんどは有料化が実施される前から問題となっていた」という指摘と整合的である．ところで，両ケースにおいて有料化がもたらす不法投棄増大の懸念を排除させる方策の一つは，両図の 12 のように，ごみ処理手数料を累進従量制にすることであろう．この場合には，不法投棄の増大は生じにくい．このように，有料化の実施前には当該自治体がどのような費用特性を持っているかを十分考慮すべきであろう．
21) たとえば，東京都文京区「家庭ごみ有料化の検討資料」参照（http : //www.city.bunky o.lg.jp/kusei/recycle/ monoplan/siryou/050804 siryou 33.pdf）．
22) ここでは，Word 法を用いている．データは，東京都あるいは多摩市域を 1 に基準化した指数である．なお，公務員数，公民館図書館数，飲食店数，都市公園数，交通事故発生件数については人口 1 人当たりベースで算出している．
23) 形式的には，データ処理の便宜のために，被説明変数を 1 人当たりベースの家庭ごみ排出量とし，可燃ごみおよび不燃ごみを分けてそれぞれを推定している．また，説明変数に 1 人当たり所得（代理変数として住民 1 人当たり個人住民税額）を陽表的に加えている．
24) なお，データ収集の制約上，2004 年の分別数と職員数については前年度実績値を採用し，また，1998 年の分別数と職員数については次年度実績値を採用している．ここで，有料化を実施していない自治体については 45 リットル袋を一枚 5 円（ごみ袋の市場価格相当でリットル当たり 0.11 円）として推計を行っている．理論上は，昼夜間人口比率を導入すべきであるが，国勢調査年次の制約があり適

切なデータを得ることができなかった（2000年の実績値を固定的に用いる方法では多重共線性の問題が発生する）．このため分析からは除外している．
25) 形式的には，地域の格差要因を把握する固定効果モデルを採用する方法もあるが，ここでは，ハウスマン検定にしたがってランダム効果モデルを用いて推計している．なお，収集頻度については，可燃・不燃の両方の頻度を用いた推計が望ましいが，ここでは，データの制約上可燃のみを採用している．
26) たとえば，大阪府廃棄物減量化・リサイクル推進会議（2000）のまとめた先行研究の事例によれば，1％の価格上昇に対して，0.1–0.3％程度のごみ減量の可能性が示唆されており，これと比較すれば，多摩地域におけるごみ削減効果は若干高めであると言える．
27) ここでは，青梅市は対象期間にすでに有料化を実施していたために要因分解ができず載せていない．

参考文献

石川禎昭（2003），『図解　循環型社会づくりの関係法令早わかり』オーム社．
植田和弘（1992），『廃棄物とリサイクルの経済学』有斐閣．
碓井健寛（2003），「有料化によるごみの発生抑制効果とリサイクル促進効果」『会計検査研究』第27号，245–261ページ．
大阪廃棄物減量化・リサイクル推進会議（2000），『ごみ有料制に関する調査・研究報告書』（http://www.epcc.pref.osaka.jp/warec/）
落合由紀子（1996），『家庭ごみ有料化による減量化への取組み─全国533市アンケート調査結果と自治体事例の紹介─』ライフデザイン研究所．
環境省編（2001–2004），『循環型社会白書』各年度版．
環境省編（2002–2006），『環境白書』各年度版．
左巻健男・金谷健編（2004），『ごみ問題100の知識』東京書籍．
仙田徹志（2005），「一般廃棄物排出量に関するパネルデータ分析」，寺田宏洲編『環境問題の理論と政策』晃洋書房．
田中信寿・吉田英機・亀田正人・安田八十五（1996），『一般家庭における資源節約型生活に対するごみ有料化に関する研究』平成7年度科学研究費研究成果報告書．
東京市町村自治調査会（1997–2005），『多摩地域ごみ実態調査』各年度版．
東京市町村自治調査会（2006），『多摩地域データブック（平成17年版）』．
東京都（2000–2006），『東京都統計年鑑』各年度版，東京都総務局統計部．
東京都市長会（2001），『多摩地域におけるごみゼロ社会をめざして─家庭ごみの有料化について─』（http://www.tokyo-mayors.jp/katsudo/img/3-1-2.pdf）
中村匡克（2004），「ごみ減量政策の有効性と効果に関する全国および地域別の検証」『計画行政』27 (2)，52–61ページ．
廃棄物学会編（1995），『ごみ読本』中央法規．
廃棄物学会編（2003），『市民がつくるごみ読本C&G』第7号，中央法規．
日引聡（2004），「ごみ処理手数料有料制のごみ削減効果に関する実証分析」平成14年度国立環境研究所主催セミナー報告論文．

安田八十五・外川健一（2003），『循環型社会の制度と政策』岩波書店．

薮田雅弘（2004），『コモンプールの公共政策　環境保全と地域開発』，新評論．

山川肇・植田和弘（2001），「ごみ有料化研究の成果と課題：文献レビュー」『廃棄物学会誌』12（4），245–258 ページ．

山川肇・植田和弘・寺島泰（2002 a），「有料化によるごみ減量効果の持続性」『土木学会論文集』No. 713, 45–58 ページ．

山川肇・植田和弘・寺島泰（2002 b），「有料化自治体における不法投棄の状況とその影響要因」『廃棄物学会論文誌』13（6），419–427 ページ．

山谷修作（1994），「ごみ処理有料化の公共政策―湯沢市と高山市のケーススタディから」『経済研究年報』第 19 号，東洋大学経済研究所，67–93 ページ．

山谷修作（2000），「ごみ処理有料化における市民の意識と行動」『公共事業研究』52（1），31–39 ページ．

山谷修作・和田尚久（2001），「全国都市のごみ処理有料化施策の実態―全都市アンケート調査結果から―」『公益事業研究』52（3），113–123 ページ．

山谷修作編著（2002），『廃棄物とリサイクルの公共政策』中央経済社．

Ferrara, I. (2003), "Differential Provision of Solid Waste Collection Services in the Presence of Heterogeneous Households," *Environmental and Resource Economics,* 20, pp. 211–226.

Fullerton, D. and T. C. Kinnaman (1995), "Garbage, Recycling, and Illicit Burning or Dumping," *Journal of Environmental Economics and Management,* 29 (1), pp. 78–91.

Fullerton, D. and T. C. Kinnaman (1996), "Household Responses to Pricing Garbage by the Bag," *American Economic Review,* 86 (4), pp. 971–984.

Kinnaman, T. C. and D. Fullerton (1995), "How a Fee Per-Unit Garbage Affects Aggregate Recycling in a Model with Heterogeneous Households," in *Public Economics and the Environment in an Imperfect World* (A. L. Bovenberg and S. Cnossen, Eds.), Kluwer Academic Publishers, Dordrecht, The Netherlands.

Kinnaman, T. C. and D. Fullerton (2000), "Garbage and Recycling with Endogenous Local Policy," *Journal of Urban Economics,* 48, pp. 419–442.

Miranda, M. L., Everett, J. W., Daniel, B., B. A. Jr. Roy (1994), "Market-Based Incent 4 es and Residential Municipal Solid Waste," *Journal of Policy Analysis and Management,* 13–4, pp. 681–694.

Mitchell, R. and R. Carson (1989), *Using Surveys to Value Public Goods, Resources for the Future,* Washington, D. C.

付記　本稿は，中央大学院経済学研究科の公共政策（薮田）研究室における調査・研究の成果の一つである．本稿は，筆者および千葉公一郎氏（平成 16 年度修士課程修了）を中心として研究室内で行われた議論，および平成 16 年 2 月に開催された『稲城市環境シンポジウム 2004』で薮田が行った講演，ならびに公共政策研究室による平成 17 年 10 月実施の有料化事後調査資料を中心に分析したものである．なお，本研究については，他に，中村光毅（中央大

学経済研究所客員研究員,埼玉工業大学非常勤講師),伊佐良次(高崎経済大学講師),江口雅之**を中心に,田家邦明*,曲延焱**,張熙**,折原森地**(*博士後期課程,**博士前期課程),山西靖人(同客員研究員)が参加した.

第 2 部

分権化財政の制度と政策

第 6 章

地方交付税制度における基準財政需要の再検討

1. はじめに

　2006年度に，国庫補助負担金の削減，税源移譲，地方交付税の改革をセットで行う，いわゆる「三位一体改革」の第一段階が終了した．2004～2006年度における国庫補助負担金の削減総額は4兆6,661億円となり，そのうち税源移譲に結びついたものが2兆8,832億円（削減総額の約62%），交付金化分が7,943億円（同約17%），スリム化分が9,886億円（同約21%）となった[1]．なお，税源移譲については，2003年度分（2,344億円）を合わせると，合計で3兆1,176億円となる．地方交付税については，臨時財政対策債（後述）と合わせて3年間で5兆1,000億円が削減された．

　そもそも三位一体改革は，2000年度に施行された地方分権一括法以後の地方分権の流れに沿った改革であるが，それとともに，国の財政逼迫の打開策の一環として位置づけられたことでより加速されたともいえる．すなわち，地方分権と財政再建の二面性を持った改革である．しかし，一般に地方分権と財政再建という2つの目標を同時に達成するのは困難である．地方に権限と財源を大幅に移譲すれば，国の財源が不足する．反対に，国が財源を手放さず，地方に向けた移転支出を削減すれば，国の財政再建は進むが，地方は財源不足に陥

り（あるいは財源不足の状況がより悪化し），地方の裁量を働かせる余裕がなくなり，地方分権は停滞する．三位一体改革は，2つの目標達成の要請にどう折り合いを付けたのか．

税源移譲を伴う国庫補助負担金の削減および国庫補助負担金の交付金化により地方分権の促進を図り，国庫補助負担金のスリム化および地方交付税の総額抑制により財政再建を進めようとした，というのが，おそらく大方の見方であろう．地方交付税の総額抑制は，地方交付税が果たすべき2つの機能，すなわち地方の財源保障機能と地方団体間の財政調整機能のうち，財源保障機能を縮小することを意味する．地方への移転財源を削ってその見返りを与えなければ，地方の財政力は縮小する．このような措置は，さしあたり地方への権限移譲の問題とは関係ない．

しかし，財源の裏付けのない権限の移譲は，地方分権の効果を減殺する．その意味で，地方歳入の約2割を占め，地方税と並ぶ地方の重要な一般財源である地方交付税が減額されることは，地方分権の推進にとって足枷になるのではないか．すなわち，三位一体改革が目指す地方分権という目標達成の鍵を握るのが，実は，地方交付税のあり方ではないかと思われるのである．

本章では，以上のような問題意識の下，地方交付税制度を再検討する．とりわけ，地方交付税算定の過程で重要な役割を果たす基準財政需要を再点検して，その性格や特徴を明らかにする．

議論は以下の順序で行う．次の2. では，三位一体改革の中で，地方交付税改革がどのように行われてきたかを概観する．3. では地方交付税算定の際，重要な役割を果たす基準財政需要に注目し，その性格をどう捉えるかについて考察を加える．4. では具体的中身に立ち入って，構成項目，算出過程，性格づけ等について精査する．まず，標準団体の基準財政需要の中に，国が国庫補助負担金を付ける見返りとして地方に負担を求める部分（補助裏または裏負担）が一定割合含まれていることを明らかにし，その割合を実際に算出する．そして，標準団体ではない実際の地方団体の基準財政需要額の中に地方の義務的支出分がどのくらい含まれているかを推計する．そして5. で，実際に配分され

ている地方交付税総額を変化させずに，他の代替的な配分ルールを用いて配分し直した場合の各地方団体への配分額は現行と比べてどのように異なるかをみる．6．で考察のまとめを行う．

2．三位一体改革における地方交付税改革

三位一体改革は，事実上，2003年度予算からスタートした[2]．しかし，地方交付税改革については，それより前の2001年の小泉内閣発足直後から着手されている．2001年6月に閣議決定された「今後の経済財政運営及び経済社会の構造改革に関する基本方針」（いわゆる「骨太の方針」）において，地方交付税算定時の事業費補正と段階補正の見直しが提言されている．そして，実際に，この2つの補正は，2002年度予算以降縮小された．また，2003年度には道府県分の留保財源率が20%から25%に引き上げられ，市町村分と同水準になった．

三位一体改革のうち，国庫補助負担金の削減と税源移譲は2003年度予算で具体化した．義務教育共済長期，公共事業などへの国庫補助負担金約5,600億円が削減され，自動車重量譲与税約930億円が地方に移譲された．

2002年の「骨太の方針2002」では示されなかった数値目標が，「骨太の方針2003」では明示された．「骨太の方針2003」に盛り込まれた内容は，

「構造改革と経済財政の中期展望―2003年度改定」（2004年1月閣議決定．いわゆる「改革と展望」）の期間中，すなわち2004～2006年度の3年間で

① 国庫補助負担金を概ね4兆円削減する．
② 税源移譲は基幹税を中心に，削減される国庫補助負担金の8割程度の移譲を行う．
③ 地方交付税については，財源保障機能を縮小するが，地方の財政格差を是正する財政調整機能は残す．具体的措置は，
　ア）国庫補助負担金の廃止，縮減による補助事業の抑制，
　イ）地方財政計画上人員を4万人以上純減，
　ウ）投資的経費（単独）を1990～1991年度の水準を目安に抑制，

エ）一般行政経費等（単独）を現在の水準以下に抑制,
といった内容である．

2004年度予算においては，投資的経費（単独）が対前年度比1.4兆円減（9.5％減），給与関係経費が対前年度比0.4兆円減（1.9％減）等の地方歳出の抑制により，地方交付税が対前年度比1.2兆円減（6.5％減）の16.9兆円に抑制された．

「骨太の方針2004」では，三位一体改革の「全体像」を2004年秋に明らかにし，その中に，2005・2006年度で行う3兆円の国庫補助負担金の工程表，税源移譲の内容，交付税改革の方向を盛り込むことが要請された．また，税源移譲額について概ね3兆円規模を目指すことが明記された．

地方交付税に関しては，地方団体の安定的な財政運営を担保すべく，必要な一般財源の総額を確保することも記された．また，交付税の算定の見直しも指摘された．

2004年11月に政府与党合意による三位一体改革についての「全体像」が決まった．その内容は「骨太の方針2004」の提言内容を尊重するものである．地方交付税については，2005・2006年度においては地方の一般財源の総額を確保することのほかに，税源移譲によって地方歳入が増収になる部分については，それを100％基準財政収入に加える措置も取られることとなった．これは，地方間の財政力格差の拡大を防ぐための措置である．

「全体像」の方針を受けて，国庫補助負担金の削減額は2005年度予算で1.7兆円，2006年度予算で1.1兆円となる．これに2004年度の削減額1兆円を加えると，3ヵ年合計で削減額は3.8兆円となる．税源移譲額は，2005年度予算で1.1兆円，2004年度予算分を合わせると1.7兆円となる．2006年度予算での税源移譲額は6,100億円であり，それ以前の額をも合計すると，3兆90億円になる．政府の目標は概ね3兆円であったから，税源移譲の目標は達成されたことになる．

2005年度予算における地方交付税総額は，対前年度比0.1％増の16.9兆円となった．ただし，地方歳出の抑制は続いており，地方財政計画における地方

歳出は対前年度比 1.1% 減の 83.8 兆円である．その他，前述した，税源移譲に伴う増収になる部分を 100% 基準財政収入に参入する措置も取られた．さらに，2006 年度予算では，地方交付税総額は，対前年度比 5.9% 減の 15.9 兆円となった．

表 6-1 地方財政計画における地方交付税と臨時財政対策債の推移

(単位：兆円，%)

年 度	地方交付税(A)		臨時財政対策債(B)		(A)+(B)	
	金 額	増減率	金 額	増減率	金 額	増減率
1998	17.5	2.3	—	—	17.5	2.3
1999	20.9	19.1	—	—	20.9	19.1
2000	21.4	2.6	—	—	21.4	2.6
2001	20.3	−5.0	1.4	皆増	21.8	1.8
2002	19.5	−4.0	3.2	122.7	22.8	4.5
2003	18.1	−7.5	5.9	81.9	23.9	5.1
2004	16.9	−6.5	4.2	−28.6	21.1	−12.0
2005	16.9	0.1	3.2	−23.1	20.1	−4.5
2006	15.9	−5.9	2.9	−9.8	18.8	−6.5

(出所) 自治省編 (1998)～(2000)，総務省編 (2001)～(2006) により作成.

なお，地方財政対策の観点からいえば，地方交付税だけでなく，臨時財政対策債の動向にも注目すべきである (表 6-1 参照)．臨時財政対策債は，国の交付税譲与税配付金特別会計の財源不足に対応するため，従来の借入金方式に代えて 2001 年度から期間限定で臨時に導入された赤字地方債で，その元利償還額が後年度の交付税で措置される．当初 2003 年度までの 3 年間の発行予定であったが，その後 2006 年度まで 3 年間延長された．

表 6-1 によれば，2001～2003 年度は，地方交付税額の減少を臨時財政対策債が補塡して地方の財源を確保していることがわかる．しかし，三位一体改革が本格化する 2004 年度以降には，地方交付税の減少よりも臨時財政対策債の減少率の方が大きく，トータルで地方財源は大幅に減少している．

以上，三位一体改革の進行過程において，地方交付税改革がどのように進められてきたかを概観した．それらを岡本 (2006 b) に従って，項目ごとに整理したものが表 6-2 である．

表 6-2　三位一体改革における地方交付税改革の内容

(1) 総　　額
　①総額抑制
　　・交付税と臨時財政対策債の合計で 2004~2006 年度で約 5.1 兆円削減
　②計画と決算の乖離是正
　　・一般行政経費と投資的経費で生じていた計画値と決算値との乖離を是正
　　　（2005 年度で 3,500 億円，2006 年度で 1 兆円是正）
(2) 算定方法の改定―インセンティブの考慮
　①行政改革インセンティブ算定の創設
　　・歳出効率化努力に応じた算定
　　・徴収率向上努力に応じた算定
　②税収確保インセンティブ強化
　　・道府県分留保財源率を 20% から 25% に引き上げ（2003 年度）
　③アウトソーシングによる効率化を算定に反映
　④段階補正の縮小
(3) 算定方法の改定―簡素化
　①道府県分の補正係数を半減
　②事業費補正の縮減
(4) そ の 他
　①税源移譲による財政力格差拡大への対応
　　・税源移譲分を基準財政収入へ 100% 算入
　②不交付団体の増加
　　・市町村の不交付団体の人口割合が 11.5%（2000 年度から）18.4%（2005 年度）へ増加

（出所）岡本（2006 b），108-109 ページをもとに作成．

　三位一体改革における国庫補助負担金削減と税源移譲の対応関係は明白である．しかし，この 2 つの改革と地方交付税改革との関係は必ずしも明白ではない．三位一体改革において地方交付税改革として実施されてきたことは，地方のインセンティブ喚起や制度の簡素化を目指した算定方法の改定等も行われたものの，要するに交付税総額を削減することであったといっても過言ではないであろう．そしてこれは交付税の財源保障機能を縮小することにほかならない．一方で，地方交付税は，税源移譲に伴って生ずる地方団体間の財政力格差を是正するための調整弁として利用された．これは，交付税の財政調整機能は残存させるということである．しかし，こうした措置と地方分権はどう関係するのだろうか．地方交付税を削った分を税源移譲するならば，俄然，地方分権

のための三位一体改革といった色合いが濃くなるが，実際はそうならなかった．

　以上のような現状を踏まえると，地方交付税を削減することはどういう意味を持っているのか，そしてそれは地方団体の財政運営にどのような影響を及ぼすのか，が問題となる．ところで，地方交付税（普通交付税）は基準財政需要額と基準財政収入額との差額として算定される．そこで，以下では，交付税算定の際の中核的役割を果たす基準財政需要に焦点を当ててその性格や特徴を検討することとしたい．

3．基準財政需要をどう捉えるか

　地方交付税法における定義では，基準財政需要額とは，「各地方団体の財政需要を合理的に測定するため」の金額であり，次の式により算出される[3]．

　　　　基準財政需要額＝単位費用×測定単位の数値×補正係数

また，単位費用は次のように定義されている．

　「道府県又は市町村ごとに，標準的条件を備えた地方団体が合理的，かつ，妥当な水準において地方行政を行う場合又は標準的な施設を維持する場合に要する経費を基準とし，補助金，負担金，手数料，使用料，分担金その他これらに類する収入及び地方税の収入のうち基準財政収入額に相当するもの以外のものを財源とすべき部分を除いて算定した各測定単位の単位当りの費用（当該測定単位の数値につき第13条第1項の規定の適用があるものについては，当該規定を適用した後の測定単位の単位当りの費用）で，普通交付税の算定に用いる地方行政の種類ごとの経費の額を決定するために，測定単位の数値に乗ずべきものをいう．」（第2条第6号）

　上記条文中の「標準的条件を備えた地方団体が合理的，かつ，妥当な水準において地方行政を行う場合又は標準的な施設を維持する場合に要する経費」をここでは「標準的支出」と呼んでおこう．そうすると，単位費用は次の算式で表せる．

$$\text{単位費用} = \frac{\text{標準的支出} - \text{国庫補助負担金等の特定財源}}{\text{測定単位の数値}}$$

　各行政項目の単位費用の具体的金額は，測定単位とともに都道府県・市町村別に地方交付税法第12条第3項の規定に基づき同法別表に定められている．

　「標準的条件を備えた地方団体」を「標準団体」と呼び，「標準的条件」とは，人口，面積，行政規模等が平均的な条件を指す．道府県の標準団体として，人口170万人，面積6,500 km^{2}の県が，市町村の標準団体としては，人口10万人，面積160 km^{2}の市が想定されている．すなわち標準団体は実在の団体ではなく，架空の団体である．

　同様に，行政項目ごとに，「標準施設」が想定されている．たとえば，道府県の標準団体には警察本部が1本部，警察学校が1校，警察署が22署，交番が60ヵ所，駐在所が220ヵ所あり，警察官が2,950人いることが想定されている．また，市町村の標準団体の消防関係では，常備施設として消防本部が1本部，消防署が1署，非常備消防関係では，分団が14分団，団員数が563人と想定されている．その他，表6-3に示されているように，各費目に対応した施設数や定員数がきめ細かく決められている[4]．

　ところで，何が「標準的支出」を構成する行政項目であり，各行政項目について何が「合理的」かつ「妥当な水準」なのかを判断するのは，言うまでもなく国（総務省）である．すなわち標準的支出とは，標準団体の住民が享受すべき地方公共サービスの内容と水準に伴う費用のことであるが，それは，とりもなおさず，どのような地域に住んでいても，すべての国民が享受すべきだと国が考える地方公共サービスの内容と水準のメニューを表したものにほかならない．標準団体が提供するさまざまな地方公共サービスに適用される「国庫補助負担金等の特定財源」は，制度に基づいた計算により，一定の金額が算出される．また標準団体における「測定単位」の数値は決まっている．ゆえに，各行政項目の単位費用はただ1つの値に決まる．

　さて，各地方団体の実際の基準財政需要額は，道府県は道府県共通の単位費用を用いて，また市町村は市町村共通の単位費用を用いて，それに測定単位の

表 6-3 基準財政需要算定における標準団体の行政規模（2005 年度）

道府県		市町村	
主 な 項 目	規 模	主 な 項 目	規 模
人　　口	170 万人	人　　口	10 万人
65 歳以上人口	36 万人	65 歳以上人口	2 万 1,000 人
73 歳以上人口	21 万人	73 歳以上人口	1 万 3,000 人
20 歳未満人口	36 万人	20 歳未満人口	2 万 1,000 人
20 歳以上 65 歳未満人口	98 万人	20 歳以上 65 歳未満人口	5 万 8,000 人
世　帯　数	63 万世帯	世　帯　数	3 万 7,000 世帯
面　　積	6,500 km^2	面　　積	160 km^2
うち宅地・田畑面積	1,300 km^2	うち宅地面積	9 km^2
林野面積	3,460 km^2	田畑面積	24 km^2
その他面積	1,740 km^2	森林面積	73 km^2
市　　数	10	その他面積	54 km^2
道路の延長	35,810 千 m^2	道路の延長	2,700 千 m^2
道路の面積	3,900 km	道路の面積	500 km
市部人口	9 万人	農　家　数	3,500 戸
町　村　数	75	農業従事者数	1 万人
町村部人口	80 万人	商工業従事者数	3 万 8,000 人
小　学　校	414 校	林業従事者数	60 人
小学校教職員数	6,750 人	水産業従事者数	240 人
中　学　校	202 校	鉱業従事者数	30 人
中学校教職員数	3,854 人	消防本部	1 本部
高等学校	61 校	消防署	1 署
高等学校教職員数	2,909 人	消防分団数	14 分団
高等学校生徒数	4 万 300 人	分団団員数	563 人
農　家　数	7 万戸		
商工業従事者数	49 万 2,000 人		
水産業者数	3,100 人		
警察官数	2,950 人		
警察署	22 署		
保健所	11 ヵ所		

（出所）地方交付税制度研究会編（2005）により作成．

数値を掛け，さらに各自治体の持っている地域的な特性を考慮するための補正係数を掛けて算出されるが，標準団体の基準財政需要額の場合は，こういった計算は不要であり，たんに，「標準的支出」から国庫補助負担金等の特定財源を引いたものに等しい．以上の関係を，あらためて式で詳しく書くと，

各地方団体の基準財政需要額

$= 単位費用 \times 当該自治体の測定単位の数値 \times 補正係数$

$= \dfrac{標準団体の標準的支出 - 標準団体の国庫補助負担金等の特定財源}{標準団体の測定単位の値}$

$\times 当該団体の測定単位の値 \times 当該団体の補正係数$

$= 標準団体の一般財源充当支出 \times \dfrac{当該団体の測定単位の値}{標準団体の測定単位の値} \times 当該団体の補正係数$

と書ける．したがって，標準団体の場合，上式の第2項と第3項の値がいずれも1であるから，標準団体の基準財政需要は「標準的支出」から国庫補助負担金等の特定財源を引いたもの，すなわち標準団体の一般財源充当支出に等しい．一般財源を使用して支出することが望ましいと国が考える費目の合計金額が標準団体の基準財政需要額にほかならない．非常に大雑把に言えば，各地方団体の実際の基準財政需要額は，標準団体の基準財政需要額を基礎として，その何倍にするかを計算するだけである．

表6-4には，標準団体の標準的支出とそれを一般財源で賄う金額（この部分が基準財政需要にほかならない）と国庫補助負担金等特定財源で賄う金額の推移が，道府県と市町村に分けて示されている．同表によれば，道府県と市町村とで様相が異なる．たとえば道府県の場合，最近は標準団体の標準的支出は減少の一途を辿っているが，市町村の場合は2005年度を除けば，さほど減少していない．ただ，一般財源（基準財政需要）の割合は，道府県でも市町村でもここのところ増大している．その理由として，三位一体改革における国庫補助負担金の削減が特定財源を減額させていることが指摘できよう．

それでは，国は，標準団体の基準財政需要にいかなる意義を与えていると考えられるだろうか．この点に関して，標準団体の基準財政需要は，地方公共サービスの「ナショナル・スタンダード」を示しているという捉え方がある．国が標準的だとみなす地方公共サービスの種類とレベルを例示している，と考えるのである．しかし，表6-4が示しているように，基準財政需要は増減を繰り返している．そうすると，地方公共サービスの「ナショナル・スタンダー

表6-4 標準団体の標準的支出等の推移

(1) 道府県 (単位：億円，％)

	標準的支出総額			一般財源(基準財政需要)			特定財源		
	金　額	増減率	割　合	金　額	増減率	割　合	金　額	増減率	割　合
1998	4231.1	-0.4	100.0	2875.6	0.0	68.0	1355.4	-1.2	32.0
1999	4332.9	2.4	100.0	2936.6	2.1	67.8	1396.3	3.0	32.2
2000	4459.6	2.9	100.0	3001.5	2.2	67.3	1458.1	4.4	32.7
2001	4175.1	-6.4	100.0	2871.4	-4.3	68.8	1303.7	-10.6	31.2
2002	4048.8	-3.0	100.0	2717.4	-5.4	67.1	1331.4	2.1	32.9
2003	4007.9	-1.0	100.0	2808.9	3.4	70.1	1199.0	-9.9	29.9
2004	3727.9	-7.0	100.0	2647.0	-5.8	71.0	1080.9	-9.8	29.0
2005	3590.0	-3.7	100.0	2726.1	3.0	75.9	863.9	-20.1	24.1

(2) 市町村 (単位：億円，％)

	標準的支出総額			一般財源(基準財政需要)			特定財源		
	金　額	増減率	割　合	金　額	増減率	割　合	金　額	増減率	割　合
1998	143.6	1.8	100.0	109.8	1.9	76.5	33.8	1.7	23.5
1999	147.9	3.0	100.0	113.6	3.4	76.8	34.3	1.7	23.2
2000	146.0	-1.3	100.0	114.9	1.2	78.7	31.3	-9.5	21.3
2001	147.8	1.2	100.0	115.1	0.1	77.9	32.7	5.4	22.1
2002	146.0	-1.2	100.0	110.8	-3.7	75.9	35.2	7.5	24.1
2003	157.8	8.0	100.0	118.3	6.8	75.0	39.4	12.1	25.0
2004	157.9	0.1	100.0	118.9	0.5	75.3	39.0	-1.2	24.7
2005	138.5	-12.3	100.0	110.1	-7.4	79.5	28.5	-27.0	20.5

(出所) 地方交付税制度研究会編 (1997)-(2005) により作成．

ド」が年ごとに上昇したり下落したりするというのは，明らかに不都合である．

これとは別の議論に，地方交付税は，ナショナル・スタンダードの財源保障をするのではなく，「ナショナル・ミニマム」の財源保障をするべきだとする見解がある．この見解によれば，ナショナル・ミニマムを超える内容や水準の地方公共サービス提供については，国が介入するべきではなく地方団体の裁量に委ねるべきである，ということになる．この見解は，現行制度における基準財政需要はナショナル・ミニマムに該当する部分とナショナル・ミニマムを超える部分を含んでいるという判断に支えられており，ナショナル・ミニマムを

超える部分は基準財政需要から除いてもよいという見方につながるものである．地方交付税は地方に移転される一般財源であり，基準財政需要と基準財政収入の差額として算出されるのであるから，当然，基準財政需要の削減は地方交付税の削減につながる．すなわち，基準財政需要の諸項目の中に削減できる項目があるという認識を前面に出せば，三位一体改革で行われてきた地方交付税削減措置は，地方交付税はナショナル・ミニマムの財源保障をするべきだという見解と整合性を持つのである．ただし，現実の地方交付税削減は，基準財政需要の構成項目の一部をカットするという方法で行われたのではなく，単位費用の減額や補正係数の縮小という方法で行われたのであって，その意味では，依然として非ナショナル・ミニマム的行政項目が残存しているといえる[5]．

では，基準財政需要のどういう費目がカットの対象となりうるのか．節を改めて，この問題を取り上げよう．

4. 基準財政需要における義務的支出

4-1 標準団体の場合

基準財政需要の中に，ナショナル・ミニマム的支出あるいは地方の義務的支出がどれだけ含まれているかという問題を取り上げ，詳細な調査とシミュレーションを行っているのが，井堀他（2006）の研究である．この問題を取り扱うには，井堀他（2006）と同様に，まず基準財政需要算定の過程で登場する国庫補助負担金に注目しなければならない．通常，国庫補助負担金が付くということは，それに見合った地方団体側の負担が伴うことを意味する（「補助裏」とか「裏負担」と呼ばれる）．

一般に地方団体側から見た場合，国庫補助負担金と呼称される国からの補助金は3種類に分類される（地方財政法第10条～第10条の3）．

第一に，国庫負担金がある．国庫負担金は，「地方公共団体が法令に基づいて実施しなければならない事務であって，国と地方公共団体相互の利害に関係がある事務のうち」「国がその経費の全部又は一部を負担する」ものをいう．

義務教育職員給与費国庫負担金，生活保護費国庫負担金等がある．国庫負担金は国庫補助負担金全体の約7割を占めている（2002年度）．

　第二に，国庫補助金がある．国庫補助金と国庫負担金の差異は必ずしも明確ではないが，矢野（2003）によれば，両者の差異として次の2点が指摘されている．①国庫負担金の負担率や算定基準は必ず法律または政令で決めなければならないが，国庫補助金は必ずしもそうではなく，予算や補助要綱の形式で決めてよい．②国庫負担金の場合，地方も負担を負うので，地方負担分については，一部を除いて基準財政需要に算入するが，国庫補助金の場合には，重要性や普遍性の高いもののみ基準財政需要に算入する．都道府県警察費補助金，消防防災施設整備費補助金等がある．国庫補助金は国庫補助負担金全体の約3割を占めている（2002年度）．

　第三に，国庫委託金がある．国庫委託金は文字通り，国の事務事業を地方に委託する際に交付されるもので，統計調査事務委託費，外国人登録事務委託費等がある．金額は国庫補助負担金全体からみると，無視しうるほど小さい（2002年度，1%未満）．

　以上の説明からわかるように，国庫補助負担金の3種類のうち，地方団体からみて補助裏としての支出が義務的性格の強い順に並べると，国庫負担金，国庫補助金，国庫委託金の順になる．

　そこで，基準財政需要の行政項目に国庫負担金が交付される項目を入れるということは，「国と地方公共団体相互の利害に関係がある」もので，国が重要な地方公共サービスであるとの位置づけをしているとみなしてよいであろう．いま，この種の行政項目およびその水準を，国が考えている地方公共サービスにおける「ナショナル・ミニマム」とみなすことにしよう．もとより，基準財政需要の中には，国庫負担金が交付されない項目が数多くあるが，われわれはこれらを「非ナショナル・ミニマム」的支出とみなすことにする．つまり国庫負担金交付の有無により，基準財政需要をナショナル・ミニマムに含まれる行政項目と含まれない行政項目に分けようというのである．標準団体の基準財政需要額は，標準団体の一般財源充当支出額でもあったから，標準団体は国のナ

ショナル・ミニマムのサービス提供の意図に呼応して補助裏としてどのくらいの支出を義務付けられているのかを計算することにより，標準団体の基準財政需要に占めるナショナル・ミニマム分とそれ以外の分との割合を算出することができる．

同じように考えて，国庫負担金の交付対象項目だけでなく，国庫補助金の交付対象項目も加えて，地方公共サービスの第2のナショナル・ミニマム概念を作ることもできる．今度の場合には，国庫負担金の補助裏と国庫補助金の補助裏を合計した額の割合を計算することにより，標準団体の基準財政需要に占める義務的支出分と非義務的支出分の大きさを見ることになる[6]．

地方交付税制度研究会編（2005）を参照して，実際に2005年度の上記計数を求めてみよう．表6-5が各計数の集計結果をまとめたものである．2005年度における道府県の標準団体の基準財政需要額は約2,720億円である．この標準団体に交付される国庫負担金は約454億円，国庫補助金は約190億円である．補助負担率の数値を用いて国庫負担金の補助裏を推計すると，約378億円になる．同様に，国庫補助金の補助裏は約191億円となっていることがわかる．したがって，国庫補助負担金の交付に伴って，地方団体が支出を義務付けられる経費の基準財政需要額に占める割合は，国庫負担金の場合が約14％，国庫補助金の場合が約7％，両者を合わせて約20％強である．

次に，市町村についての計算結果を点検しよう．2005年度における市町村の標準団体の基準財政需要額は約121億円である．この標準団体に交付される国庫負担金は約22億円，国庫補助金は約6億円である．国庫負担金の補助裏は約21億円，国庫補助金の補助裏は約6億円となっている．これら義務的支出の基準財政需要額に占める割合は，国庫負担金の場合が約17％，国庫補助金の場合が約5％，両者を合わせると約22％になる．

なお，井堀他（2006）は，地方単独事業の中にある地方団体の支出が法令等で義務付けられている項目を抽出し，その金額を計算して基準財政需要に対する割合を計算している．その金額を国庫負担金の補助裏および国庫補助金の補助裏と足し合わせれば，最も広義の標準団体の義務的支出額を求めることとな

表 6-5 標準団体の基準財政需要において地方団体の支出が義務付けられている項目の金額（2005年度）

(1) 道府県
(金額の単位：千円)

大項目	小項目	基準財政需要額	国庫負担金	補助裏	国庫補助金	補助裏	地方の負担割合
警察費	警察費	28,794,562			299,597	299,597	1/2
土木費	道路橋りょう費	19,714,955			9,664,500	9,664,500	1/2
	河川費	3,653,677			77,500	155,000	2/3
	港湾費	251,945					
	その他の土木費	2,311,747			431,000	431,000	1/2
教育費	小学校費	41,839,348	18,747,660	18,747,660			1/2
	中学校費	23,177,495	10,377,317	10,377,317			1/2
	高等学校費	27,229,718			5,447	5,447	1/2
	特殊教育諸学校費	7,961,552	1,780,506	1,780,506	109,589	109,589	1/2
	その他の教育費	9,293,058			1,080,976	1,080,976	1/2
厚生労働費	生活保護費	5,197,481	11,526,527	3,849,441			1/4,1/2
	社会福祉費	10,361,813	2,313,269	2,313,269	584,255	584,255	1/4,1/3,1/2,2/3,3/4
	衛生費	17,349,522	433,542	433,542	1,428,666	1,428,666	1/4,1/3,1/2,2/3
	高齢者保健福祉費	29,058,515	243,589	243,589	774,219	774,219	1/2,2/3
	労働費	1,115,469			131,235	131,235	1/4,1/3,1/2
産業経済費	農業行政費	10,977,469	13,016	13,016	768,632	468,632	*1/2
	林野行政費	3,211,290			1,531,792	1,531,792	1/3,1/2,2/3
	水産行政費	842,401			20,728	20,728	1/3,1/2,2/3
	商工行政費	4,027,599			284,524	284,524	1/3,1/2
その他の行政費	企画振興費	2,945,110			1,863	1,863	*1/2
	徴税費	4,740,520					
	恩給費	705,960					
	その他の諸費	17,299,019			1,848,980	1,848,980	*1/2
合計		272,060,225	45,435,426	37,758,340	19,043,503	19,121,003	
割合(%)				13.88		7.03	

(2) 市町村
(金額の単位：千円)

大項目	小項目	基準財政需要額	国庫負担金	補助裏	国庫補助金	補助裏	地方の負担割合
消防費	消防費	1,077,940			13,330	4,796	1/2
土木費	道路橋りょう費	446,532			13,470	13,470	*1/2
	港湾費	248,009					
	都市計画費	187,820			19,600	19,600	*1/2
	公園費	106,535			1,700	1,700	*1/2
	下水道費	21,501					
	その他の土木費	202,710			23,000	23,000	1/2
教育費	小学校費	70,879			61	61	1/2
	中学校費	61,781			115	115	1/2
	高等学校費	376,122			80	80	*1/2
	その他の教育費	795,851			12,372	24,744	2/3
厚生費	生活保護費	660,888	1,427,791	476,571			1/4
	社会福祉費	1,254,145	729,872	728,437	402,804	412,242	1/4,1/3,1/2,2/3,1/2
	保健衛生費	433,412	28,563	28,563			
	高齢者保健福祉費	2,483,776	33,303	835,842	44,222	70,855	1/2,2/3,3/4
	清掃費	686,226					
産業経済費	農業行政費	322,580			18,288	18,288	*1/2
	商工行政費	122,656					
	その他の産業経済費	76,816			1,046	1,046	1/2
その他の行政費	企画振興費	555,207					
	徴税費	298,090					
	戸籍住民基本台帳費	168,984					
	その他の諸費	1,430,923					
合計		12,089,653	2,219,529	2,069,413	550,088	589,997	
割合(%)				17.12		4.88	

(注) 地方の負担割合欄の＊印は推定値。
(出所) 地方交付税制度研究会編（2005），井堀他（2006）より作成。

る．彼らの推計によれば，道府県の場合，地方単独事業中の義務的支出部分の金額は約762億円となり，市町村の場合のそれは約26億円となっている．彼らの推計額と表6-5の数値を用いて，地方単独事業中の義務的支出の基準財政需要額に占める割合を計算すると，道府県の場合が約28%，市町村の場合が約22%になる．

そこで，最広義の標準団体の義務的支出額の基準財政需要額に占める割合を計算すると，道府県の場合が約49%，市町村の場合が約44%になる[7]．

以上の結果をまとめれば，国が地方に負担のシェアを期待する支出の地方歳出全体に占める割合は，最も狭い範囲で見積もって14〜17%，やや範囲を広げて20〜22%，最も広く捉えて約50%である，ということになる．つまり基準財政需要の中に，国が地方と協力して供給するナショナル・ミニマムとしての支出が少なく見積もって約2割，多く見積もっても高々5割しかないというふうに解釈できる．基準財政需要の半分以上は非ナショナル・ミニマム的支出であり，それらは，国がとりあえず基準財政需要に含めて支出額を算定するが，地方の裁量により，支出項目の変更が可能なグループである．

4-2 実際の地方団体の場合

さて，以上の議論は，標準団体という，いわば架空の団体の基準財政需要における地方の義務的支出（ナショナル・ミニマム的支出）の割合に関するものであった．次に，実際の地方団体の基準財政需要における義務的支出の割合はどの程度なのかを推計してみよう．

すでに見たように，現行の地方交付税制度の下では，単位費用と測定単位と補正係数を用いてきわめて精緻な積み上げ計算を行って基準財政需要を算出し，それと基準財政収入との差額（＝財源不足額）を各地方団体へ地方交付税として配分している．単位費用については，道府県は道府県で，市町村は市町村で，すべての団体に共通である．測定単位は客観的に測れるものだから機械的に計算される．そして，補正係数の細かい調整により，地方団体の社会的・経済的・地理的・気候的な要因等が基準財政需要額に反映される．

第6章　地方交付税制度における基準財政需要の再検討　143

　このようにして決定される実際の各地方団体の基準財政需要額の中に含まれる地方の義務的支出を正確に算出するには，地方団体ごとに各費目に適用される補正係数の値を知らねばならないが，それは困難である．そこで，次のように考えることにする．

　実際の基準財政需要額は，各地方団体の人口と面積で回帰させるときわめて当てはまりがよいことがつとに知られている[8]．このような点も参考にして，各地方団体の基準財政需要額における義務的支出を次式で表すこととする．

$$E_i = \alpha k D^* \frac{N_i}{1700000} + (1-\alpha) k D^* \frac{M_i}{6500} \quad (1)$$

　(1)式は道府県の場合を表した式である．ここで，E_i：第 i 地方団体の義務的支出，α：人口要素のウェイト（$0<\alpha<1$），$1-\alpha$：面積要素のウェイト，k：標準団体の基準財政需要全体に占める地方の義務的支出の割合，D^*：標準団体の基準財政需要額，N_i：第 i 地方団体の人口（単位：人），M_i：第 i 地方団体の面積（単位：km^2），である．1700000 は標準団体の人口であり，6500 は標準団体の面積（単位：km^2）である．

　(1)式の意味は次のとおりである．すなわち，現実の基準財政需要中の地方の義務的支出（ナショナル・ミニマム的支出）の大きさは，当該地方団体と標準団体の行政規模の相対的比率で決まると考える．その際，行政規模の指標として利用するのが人口と面積の2つである．他の条件が同じであれば，当該地方団体の人口が多いほど，また面積が大きいほどナショナル・ミニマム的支出は大きくなる．

　ところで，(1)式には，α と k の2つのパラメーターがある．このうち，前述の補助裏の計算によって，k の値は大体 0.2（20％）から 0.5（50％）の範囲の値であることが分かっている．一方，α の大きさは不定である．

　そこで，$k=0.2$ および $k=0.5$ の場合について，α の値をさまざまに変えながら，(1)式を用いて，各都道府県の義務的支出分 E_i の値を推計し，その推計値が実際の基準財政需要額の中でどのくらいの割合を占めているかを計測してみよう．その結果をまとめたものが表6-6である．各ケースによって相当の

表6-6 基準財政需要に含まれる地方の義務的支出割合

ケース		義務的支出の割合（％）		
		最大値	最小値	平均値
$k=0.2$	$\alpha=0.9$	34.2	12.0	19.2
	0.8	30.7	13.2	19.1
	0.7	31.3	13.4	18.9
	0.6	36.1	13.0	18.8
	0.5	40.9	12.6	18.6
$k=0.5$	$\alpha=0.9$	85.6	30.0	48.1
	0.8	76.8	32.9	48.0
	0.7	78.2	33.5	47.3
	0.6	90.3	32.5	47.0
	0.5	102.3	31.5	46.6

ばらつきがあるが，平均値で見れば，$k=0.2$すなわち標準団体の基準財政需要の2割が地方の義務的支出で占められている場合，実際の基準財政需要中に占める地方の義務的支出分も2割弱であることが推測される．同様な結果は$k=0.5$の場合についても当てはまり，地方の義務的支出分は実際の基準財政需要中の5割弱を占めることが推測される．また，人口と面積を指標に用いて比例配分の方法で各地方団体の義務的支出を推計したが，人口と面積のウェイト（αと$1-\alpha$）に結果はあまり左右されていないように見える．

以上より，実際の地方団体の基準財政需要額の中の20〜50％は，地方団体の義務的支出で構成されているとみなすことにする．裏を返せば，現実の基準財政需要額の中の50〜80％は，地方の非義務的支出であるとみなせる．この部分については，国は地方団体の公共支出として望ましいとみなしているが，もとより地方団体の意向が反映されているわけではない．この部分は，本来，地方の裁量に委ねられてよい支出である．

そうすると，基準財政需要中の地方の義務的支出部分については国が自らの方針に基づいて算定し，その財源についても国が責任を持って保障するが，基準財政需要中の地方の非義務的支出部分については，国とは別の方針や方法で算定してもよいのではないか，と考えられる．次にこの点を検討しよう．

5. 基準財政需要の代替的算定方法の検討

基準財政需要における地方の非義務的支出部分については，現実の基準財政需要額算定においては，言うまでもなく，行政費目ごとの単位費用×測定単位×補正係数という算式によって積み上げ計算がなされている．しかし，いまや，この部分の算定方法としては，他にも代替的なやり方が考えられる．

たとえば，地方の非義務的支出部分を基準財政需要額から除いて基準財政需要を地方の義務的支出部分のみとし，国はその経費を交付金として地方に交付する方法である．これは地方交付税制度の解体を意味する．

ここでは，このような"過激な"方法はしばらく措き，現行の基準財政需要額（総額）を変えないということを前提として，地方の非義務的支出部分を別の配分ルールを用いて算定し直すと，各地方団体の基準財政需要額（ひいては普通交付税額）がどのように変化するか，シミュレーションを行う．

① 人口と面積を用いた配分ルール

各地方団体の基準財政需要額が人口と面積と強い相関を持つという実証結果を利用した配分ルールである．基準財政需要額における地方の非義務的支出部分の全地方団体の総合計が現行のままという条件下で，人口と面積を用いた加重平均を求める．すなわち，都道府県の場合

$$\left. \begin{array}{l} F_i = \beta \sum_{j=1}^{47} F_j \dfrac{N_i}{\sum_{j=1}^{47} N_j} + (1-\beta) \sum_{j=1}^{47} F_j \dfrac{M_i}{\sum_{j=1}^{47} M_j}, \qquad i=1,\cdots,47. \\ \\ \sum_{j=1}^{47} F_j = 一定． \end{array} \right\} \quad (2)$$

となる．ここで，F_i：第 i 地方団体の非義務的支出分，β：人口要素のウェイト（$0<\beta<1$），$1-\beta$：面積要素のウェイト，$N_i(N_j)$：第 $i(j)$ 地方団体の人口，$M_i(M_j)$：第 $i(j)$ 地方団体の面積（単位：km^2），である．

いま，人口と面積のウェイトを 8 対 2（$\beta=0.8$）として (2) 式により，各

地方団体の非義務的支出分を計算してみよう．現行制度の下で実際に算定されている非義務的支出分と比較した際の都道府県別の増減額が図6-1に示されている．

この配分ルールの下では，基準財政需要（地方の義務的支出分と非義務的支出分の合計）が現行より増加する地方団体が14団体，減少する地方団体が33団体となる．とくに北海道，神奈川県，千葉県，埼玉県の増加が著しい．この結果は，地方交付税（普通交付税）の増減に直結する．このルールの下で再配分すると，普通交付税は現行に比べ，神奈川が約2倍，愛知県が約1.2倍になるのを始めとして，北海道，千葉県，埼玉県等は50%以上増える．その一方で佐賀県，鳥取県，徳島県等6県で40%以上減少する．

②地方の非義務的支出分につき，地方住民の受益と負担の割合を等しくする配分ルール

基準財政需要の財源はすべて一般財源である．そこで，地方住民は，地方税という対価を支払って基準財政需要の非義務的支出分のサービスを"購入す

図6-1 非義務的支出を人口8，面積2の割合で比例配分した場合の基準財政需要額の増減（都道府県）（2003年度）

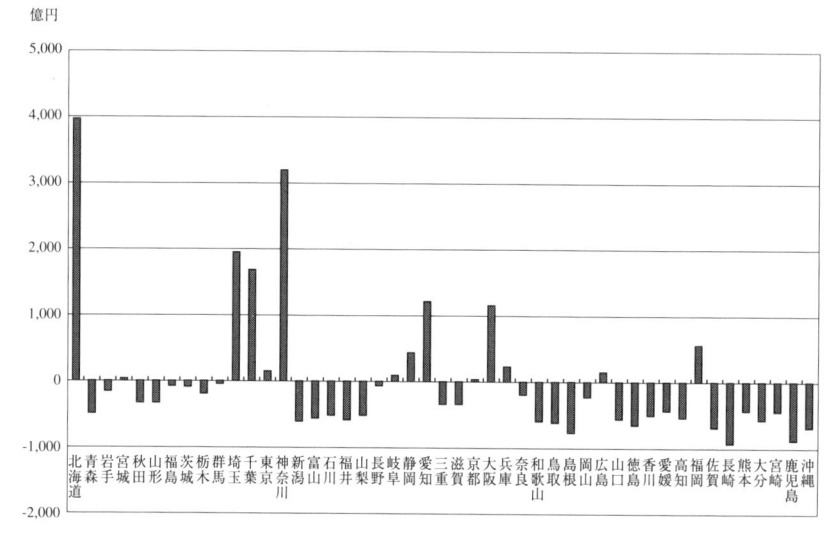

る"と考えよう．ただし，払った地方税のうち，非義務的支出分のサービスの"購入"に該当する分は，基準財政収入としてカウントされる分（すなわち地方税の75%）分になる．したがって，各地方団体の住民が基準財政収入に等しい負担をして，非義務的支出分に等しいサービスから便益を享受するという関係を考えることができる．

このとき，住民一人当たりの受益負担比率を全国的に同じ割合になるように基準財政需要（地方の非義務的支出分）を再配分する，というルールを検討しよう．すなわちすべての i, j について

$$\frac{F_i}{R_i} = \frac{F_j}{R_j} \qquad i, j = 1, \cdots, 47.$$

が成立するように，地方の非義務的支出分を再配分するのである．ここで，F_i (F_j)：第 $i(j)$ 地方団体の非義務的支出分，$R_i(R_j)$：第 $i(j)$ 地方団体の基準財政収入額，である．

この配分ルールを適用すると，基準財政需要（地方の義務的支出分と非義務的支出分の合計）[9]が現行より増加する地方団体が9団体，減少する地方団体が38団体となる（図6-2参照）．

基準財政需要が増加するのは東京都，神奈川県，愛知県，大阪府，千葉県，埼玉県，静岡県，福岡県である．とくに東京都は財源不足が発生し，地方交付税の交付団体になる．また，大都市を抱える府県は軒並み交付税額が増加し，愛知県が約7倍，神奈川県が約2倍，大阪府が約2倍に増える．この結果は，現在の基準財政需要の非義務的支出部分の受益と負担の割合が，都道府県別にみると著しい不均衡状態にあることの裏返しである．実際，現行制度の下における非義務的支出部分の推計額を基準財政収入額で除して，（住民一人当たり）受益負担比率を求めると，最大（島根県の4.33）と最小（東京都0.78）の間に，約5.6倍の違いがあることがわかる．なお，新しい配分ルールに基づいて再配分した後の各地方団体に共通の受益負担比率は1.62となる．すなわち，大雑把に言って，どの地域に住んでいようとも，すべての住民は1円の負担に対して1.62円の地方公共サービス（非義務的支出分）の便益が保障されることを意

図 6-2　非義務的支出分の受益と負担の割合が等しくなるように配分した場合の基準財政需要額の増減（都道府県）（2003 年度）

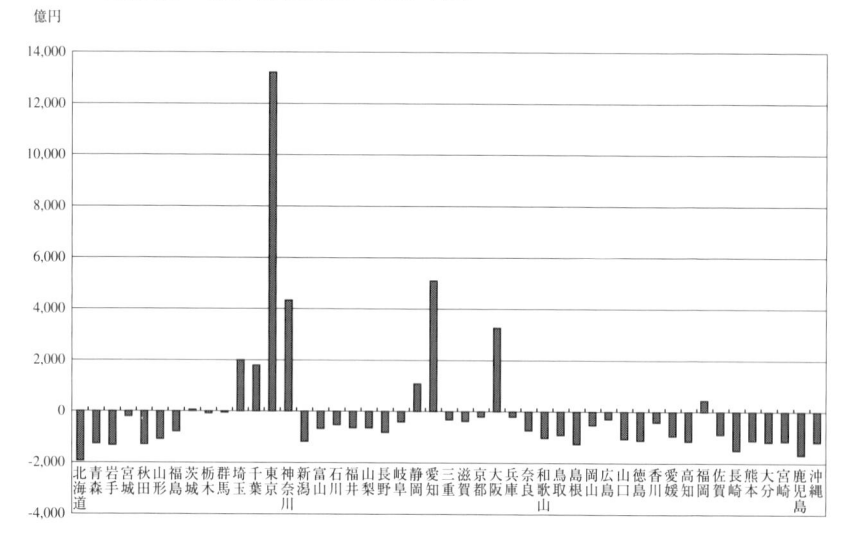

味する．

③徴税努力と少子化対策努力を考慮した配分ルール

現行の地方交付税制度に対する批判として，地方団体が徴税努力をしても，コスト削減努力をしても，それらを地方交付税制度は評価しないから，地方団体に財政収支改善のためのインセンティブが働かず，モラルハザードを引き起こす，という指摘がしばしばなされる[10]．すなわち，地方団体がコスト削減努力をして実際に歳出が削減できた場合も，コスト削減努力をしない場合も，基準財政需要の算定には影響がなく，他の条件が同じであれば，交付税額は変わらない．あるいは徴税努力が実を結び，税の増収になった場合，その 75%分が基準財政収入に上乗せされ，他の条件が同じであれば，その分交付税額が減少するので，徴税努力はあまり報われない．これでは，地方団体に財政改革の意欲は湧かず，ムダを削ろうとか，歳入を増やす方法を考えようといったインセンティブは生まれてこない，というわけである．

地方交付税制度によりモラルハザードやディスインセンティブ効果が実際に

発生しているかどうかは，詳細な検討が必要だが，ここでは，基準財政需要の非義務的支出分の配分ルールとして，各地方団体の徴税努力に応じて基準財政需要が増加するようなルールを検討してみよう．

また，最近，地方団体が少子化対策に取り組んで出生率が向上したような場合等には，その費用を交付税配分に反映させるという構想が打ち出されている[11]．そこで，基準財政需要（非義務的支出分）の配分ルールの中にこの構想も取り込んでみよう．すなわち，徴税努力と少子化対策努力を加味した配分ルールを考えるのである．

徴税努力を表す指標として，各地方団体の（地方税収／徴税費）を用いる．この値は，1円のコストを掛けて何円の地方税が徴収できるかを示すものであり，値が大きいほど徴税努力をしているとみなす．ここでは，（地方税収／徴税費）の値の都道府県平均値を求め，現行制度下で算出される基準財政需要の非義務的支出分総額を変化させないという前提の下で，都道府県平均値を上回る地方団体の基準財政需要額を増額させ，平均値を下回る地方団体の基準財政需要額を減額させるというルールを考えよう．すなわち，全国平均以上の徴税努力をしている地方団体には"ボーナス"を出し，徴税努力が全国平均以下の地方団体には"ペナルティ"を課すというルールである．

一方，少子化対策努力の指標として，各地方団体の合計特殊出生率の値を利用する．各地方団体の合計特殊出生率が国全体の合計特殊出生率を超えている地方団体には，少子化対策に努力しているとみなして"ボーナス"を出し，反対に，各地方団体の合計特殊出生率が国全体の合計特殊出生率を下回っている地方団体には，少子化対策への努力が足りないとみなして"ペナルティ"を課すのである．

さらに，基準財政需要額（非義務的支出分）のうち，これら2つの指標により再配分する額については，徴税努力に基づく額を非義務的支出分全体の1割，少子化対策努力に基づく額も同じく非義務的支出分全体の1割とする．

徴税努力指標の場合を使って，具体的な再配分方法について説明すると，徴税努力が全国平均以下（以上）の地方団体については，非義務的支出分全体の

150 第2部 分権化財政の制度と政策

1割の額を，全国平均との差に応じて比例配分して各地方団体の基準財政需要額から差し引く（に加算する）のである．少子化対策努力の指標（合計特殊出生率）の場合についても同様に処理する．

　以上の配分ルールに基づいて算定した都道府県別基準財政需要額（義務的支出分＋非義務的支出分）を元の額と比べ，その増減額を示したものが図6-3である．

　このケースの結果は，先の2つのケースに比べて，かなり異なった様相を呈している．全国13都道府県で基準財政需要額が減少するが，大都市を抱える地方が軒並み減少する点が注目される．この結果は，徴税努力の要因と少子化対策努力の要因との合成効果であるから，減少の理由によってグループ分けできる．東京，神奈川，埼玉等は，徴税努力の要因では基準財政需要を増加させる効果を持ったが，少子化対策努力の要因が基準財政需要を大幅に減少させる効果を持ち，トータルで減少となった．それに対して，北海道，千葉，京都，

図6-3　徴税努力と少子化対策努力を加味した場合の基準財政需要額の増減額（都道府県）（2003年度）

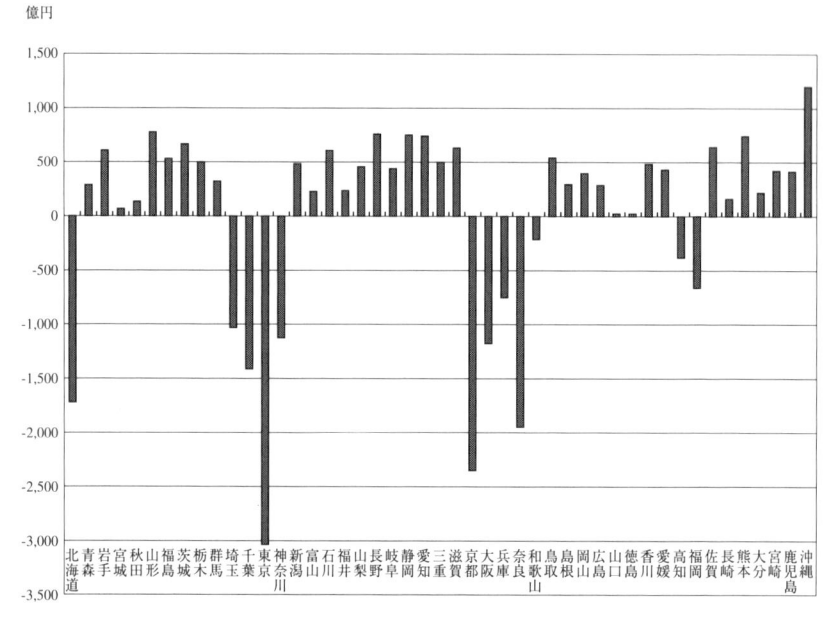

奈良，福岡等は，徴税努力の要因でも少子化対策努力の要因でもいずれも基準財政需要を減少させる効果が生じている．反対に，沖縄では，徴税努力の要因を少子化対策努力の要因が大きく作用したため，基準財政需要が大幅に増加する結果となっている．

基準財政需要に関する上記の効果は，当然，普通交付税の交付額に反映される．交付額の増減を図示すると，図6-3とほとんど同じ図となる．ただし，このケースでは，東京は不交付団体のままであるが，あらたに京都と奈良が不交付団体になる．ここでは，各指標の値の全国平均を境界線にしてそれ以上とそれ以下の2グループに分けてゼロサム的な再配分を行ったために，基準財政需要の額が大幅に減少して財源不足が"解消"してしまい，不交付団体になるという奇妙な現象が生じたのである．

以上，3つのシミュレーション結果の含意は何か．

第一に，一般的に言って，都市部への基準財政需要の配分（結果的に普通交付税の配分）が少ないということである．受益と負担の割合が都市部と地方とで圧倒的な差が生じている状況をどう考えるのか．国政選挙の"1票の格差"のように，ある程度の格差は認めるとして，どの程度まで認めるのか．この点についての検討が必要である．

第二に，基準財政需要の算定の仕方は，現行の積み上げ方式がベストなやり方とは限らないということが指摘できよう．全体として，現行方式による基準財政需要が住民のニーズや厚生（ウェルフェア）をどの程度満たしているのかをきちんと検証してみる必要があると思われる．

第三は，基準財政需要の算定に中に，国の政策的意向が反映させられる，という点である．これは市町村合併促進のために，合併特例債の発行を認め，その元利償還費の最大70%を後年度の基準財政需要額に算入するといった例が当てはまるし，われわれがここで取り上げた少子化対策促進のために基準財政需要を操作することも一例になる．しかしこれは両刃の剣である．「客観的」「合理的」が建前の基準財政需要が裁量的に算定されるのは，決して望ましくない．

6. おわりに

本章では，地方交付税算定の際に重要な役割を果たす基準財政需要について再検討を行った．国が地方にぜひ提供させたい公共サービスがある場合，そのサービス提供に国庫補助負担金を付けるであろう．そこで国庫補助負担金が付く公共サービス項目の内容と水準を，国が考えるナショナル・ミニマムだとみなすことにした．基準財政需要を算定する際には，国庫補助負担金等の特定財源充当分が控除されるので，一般財源を充当すべき分が基準財政需要額として算出される．ところが，国庫補助負担金が付くと地方の側に地方負担分（補助裏）が発生する．基準財政需要額の中には補助裏分が含まれている．この補助裏分の義務的支出合計額を基準財政需要中のナショナル・ミニマム分の額とみなした．その額は，基準財政需要額全体の約2割と推計された．そうすると，残りの部分は非ナショナル・ミニマムの部分である．基準財政需要の算定において，ナショナル・ミニマムの部分については，国の算定方法を尊重するべきであるが，非ナショナル・ミニマム部分については，代替的な算定方法もありうるとの考えに基づき，3つのケースについて簡単なシミュレーションを行い，それぞれのケースにおいて地方の基準財政需要額が現行のものとどのように違ってくるかを調べた．

そして，その結果を踏まえて，現行の基準財政需要額に地方団体間で相当偏りがあること，また，現行の基準財政需要額の算定方法がベストな方法とは限らないこと，さらに，基準財政需要の中に国の政策意図を容易に反映させられること等を指摘した．

三位一体改革の第一段階では，地方交付税制度改革は，国庫補助負担金の削減や税源移譲に比べて，本格的な改革が着手されず中途半端な状態のまま終わったように見える．地方交付税が国から地方への「交付金」ではなく，地方団体の共有財源であると位置づけるのならば，基準財政需要の算定は，行政項目の選定から金額の確定まで，国と地方が共同作業として行うべきであろう．現行の地方交付税制度が維持される限り，国の地方団体へのコントロールはい

つまでも続くのではないかと懸念される．地方分権の推進にとって最大のネックが，実は地方交付税制度かもしれない．

1) 国庫補助負担金削減の「交付金化」とは，国庫負担補助金の削減分を使途を特定しない一般補助金の形で地方に配分することを指し，「スリム化」とは，国庫負担補助金を削減ないし廃止するのみで，その分の財源手当てをしないケースを指す．
2) 以下，三位一体改革の経緯については，岡本（2004 a）（2004 b）（2006 a）（2006 b）を参照せよ．本章もこれらに負うところが大きい．なお，高木（2004）（2005）も参照せよ．
3) 基準財政需要の算定方法については，丘谷他（1999），石原（2000）を参照せよ．
4) 道府県と市町村の標準団体の行政規模を比較すると，条件に精粗の違いがあるものや相互の対応関係が曖昧なものが散見される．たとえば，道府県の標準団体の人口 170 万人のうち，市部人口が 90 万人，町村人口が 80 万人と想定されており，市数が 10 であるから，市の人口は 9 万人と想定されている．ところが，市町村の標準団体の人口規模は 10 万人と設定されている．道府県の標準団体には，市町村の標準団体がどういうふうに配置されているのか，曖昧である．また，道府県の標準団体には小学校が 414 校，中学校が 202 校設置されていることが明らかであるが，市町村の標準団体には小学校や中学校が何校あると想定されているのかが不明である．
5) ただし，2006 年 9 月，総務省は 2007 年度から基準財政需要の 1 割程度を人口と面積を基準にして算定する「新型交付税」を導入すること，基準財政需要の算定項目について，道路や港湾整備を除く投資的経費にかかわる項目を廃止すること等を主内容とする試案を公表した．同試案によれば，算定項目は，道府県分で 10 項目廃止されて 42 項目から 32 項目に，また市町村分では 17 項目廃止されて 53 項目から 36 項目に減少することになる（『朝日新聞』2006 年 9 月 26 日）．
6) さらに，井堀他（2006）によれば，標準団体の基準財政需要に算入されている項目のうち，地方単独事業の中に，「社会資本整備計画」や「土地改良長期計画」等により，地方団体の支出が義務付けられている項目がある．また，高校教員数やケースワーカー数等のように，法律で規定されている項目がある．これらを，国庫負担金と国庫補助金の補助裏に加算すると，地方公共サービスにおける第 3 のナショナル・ミニマム概念を作ることもできる．
7) われわれの計算結果と井堀他（2006）の計算結果は，微妙に異なる．その理由は，井堀他（2006）では，基準財政需要額や補助裏を積算する際にごくわずかながらカウント漏れが生じているからである．
8) 貝塚他（1986）（1987），林（1987），中井（1988），井堀他（2006）等を参照せよ．
9) この場合の基準財政需要額中の義務的支出分は，標準団体の基準財政需要額中の義務的支出分が 20%（$k=0.2$）の場合に（1）式を用いて現行の基準財政需要額

を人口 8, 面積 2 の割合で比例配分して (α=0.8) 推計した額を使用する.
10) 赤井他 (2003), 田近他 (2001 a) (2001 b) 等を参照せよ. なお, モラルハザード論への反論としては宮崎 (2004) を参照せよ.
11) 安倍晋三官房長官 (当時) の構想である.『日本経済新聞』2006 年 9 月 10 日によれば,「具体的には少子化対策に取り組んで出生率の向上に成功した場合や, 女性らの自立支援で就業率が改善すれば, 交付税配分に反映させる. 自治体が捻出した対策費を必要な経費として認め, 出生率などが全国平均を上回るか, 率の増加幅が一定水準を超えた自治体への交付税を積み増す」案である.

参 考 文 献

赤井伸郎・佐藤主光・山下耕治 (2003),『地方交付税の経済学: 理論・実証に基づく改革』有斐閣.

石原信雄 (2000),『新地方財政調整制度』ぎょうせい.

井堀利宏・岩本康志・河西康之・土居丈朗・山本健介 (2006),「基準財政需要の近年の動向等に関する実証分析—地方交付税制度の見直しに向けて—」"Keio Economic Society Discussion Paper Series", No. 06-1.

岡本全勝 (2004 a),「進む三位一体改革—その評価と課題 (1)」『地方財務』第 602 号, 169-197 ページ.

岡本全勝 (2004 b),「進む三位一体改革—その評価と課題 (2・終)」『地方財務』第 603 号, 1-53 ページ.

岡本全勝 (2006 a),「進む三位一体改革—その評価と課題 (3)」『地方財務』第 625 号, 104-161 ページ.

岡本全勝 (2006 b),「進む三位一体改革—その評価と課題 (4)」『地方財務』第 626 号, 61-143 ページ.

貝塚啓明・本間正明・高林喜久生・長峰純一・福間潔 (1986),「地方交付税の機能とその評価 PartI」『フィナンシャル・レビュー』2 号, 6-28 ページ.

貝塚啓明・本間正明・高林喜久生・長峰純一・福間潔 (1987),「地方交付税の機能とその評価 PartII」『フィナンシャル・レビュー』4 号, 9-26 ページ.

自治省編,『地方財政計画』各年度.

総務省編,『地方財政計画』各年度.

高木健二 (2004),『三位一体改革の核心——地方そして住民はどうする?』公人社.

高木健二 (2005),『三位一体改革の検証——地方財政の国・地方による「共同決定」の時代』公人社.

田近栄治・油井雄二・佐藤主光 (2001 a),「地方交付税の何が問題か—緩む地方の財政規律と阻害される財政改善努力—」『税経通信』第 56 巻第 11 号, 23-33 ページ.

田近栄治・油井雄二・佐藤主光 (2001 b),「地方交付税の改革をどう進めるか—線型移転制度の提案—」『税経通信』第 56 巻第 12 号, 25-43 ページ.

地方交付税制度研究会編,『地方交付税制度解説 (単位費用篇)』(財) 地方財務協会, 各年度.

中井英雄 (1988)，『現代財政負担の数量分析』有斐閣.
林宜嗣 (1987)，『現代財政の再分配構造』有斐閣.
宮﨑雅人 (2004)，「地方交付税はモラルハザードをもたらしたか」『地方財政』第43巻第12号，10-16ページ.
矢野浩一郎 (2003)，『地方税財政制度（第7次改訂版）』学陽書房.

第 7 章

公的介護保険の実施構造—自治体のジレンマ

1. はじめに

　公的介護保険に関しては大きな関心を集めているが，その実態を分析した研究は少ない．本論文ではいくつかの調査結果に基づき公的介護保険の実施構造を明らかにし，自治体の役割について検討する．本研究の目的は，公的介護保険の導入でサービス供給システムはどう変わったのか，という実態を分析することである．

　公的介護保険法は1997年4月に制定され，2000年4月に施行された．その制度導入の背景には介護の社会化という要請があった．高齢化が進展し，要介護者が増大していた．家族機能が低下し，高齢者の家族との同居率は低下し，国民医療費の増大は歯止めがきかなかった．家族と医療機関に依存してきた介護サービスは限界だったのである．

　この公的介護保険は自治事務として位置づけられ，地方自治体は大きな役割を担うこととなった．また，措置から契約への制度変更，要介護認定の基準設定，保険原理の導入，ケアマネジメントの実施，供給主体の多元化，利用者の拡大など従来のサービス提供システムとは大きく異なるシステムを構築しなければならない大改革であった．公的介護保険はドイツやオランダの制度を模倣

しており，ケアマネジメントという方式はイギリスの制度に学んでいる．また，供給システムの変化という現象は，イギリスのそれと比較して，よく似た部分も少なくない．

1990年代において，ケント大学，ロンドン大学，バーミンガム大学の社会政策や行政学の研究者グループたちによって，様々な調査分析がおこなわれた．それは定量的調査と定性的調査による供給システムの変化を明らかにしたものであり，コミュニティケア法の成果を分析するものであった．それらの調査研究によると，イギリスにおけるNHS及びコミュニティケア法の導入で，コミュニティケアは大きく変化した．自治体が直接サービス提供をおこなっていた提供システムが，NPOや企業によるサービス提供へと変化し，自治体と提供民間団体との間で契約文化が定着した．また，自治体の役割は「直接的なサービス提供 provider」から「条件整備 enabler」の役割へと変化し，第一線においてマネジメントの重要性が強調されたことが指摘されている[1]．

このようなイギリスの経験は，日本の研究者にとっても無視できないものである．なぜなら，ケアマネジメントの義務づけや供給主体の多元化という点で，日本における公的介護保険の導入でも，イギリスの制度改革が参考とされたからである．日本における公的介護保険の実施構造を明らかにすることは，比較政策・行政の研究から見ても，大きな意義がある．日本における介護保険導入の経験は，イギリスと同じような供給システムの変化をもたらしたのだろうか．

本章ではまず公的介護保険の実施構造を検討する．そして自治体の3つのジレンマについてミクロ的に分析し，公的介護保険がリスク分散とニーズへの対応という矛盾した目的の接合であるがゆえに制度設計上の矛盾を解決することが困難であり，その問題解決が現場レベル主導でおこなわれていることを指摘する．そして自治体の役割は条件整備という消極的なものにとどまらず，積極的な役割を果たす可能性があることを指摘する[2]．

2. 要介護認定とは何か

2-1 要介護基準の標準化

　従来の措置制度においては，供給側のサービス量が圧倒的に少なかったため，行政機関がサービスの必要量と利用者を決定する仕組みであった．公的介護保険における自治体間格差がしばしば指摘されているが，公的介護保険が導入される以前はその格差がより大きく，要介護認定の基準も自治体でバラバラであった．ある自治体では家族要件を重視したり，ある自治体は身体要件と所得要件によって，ケースワーカーないし入所判定委員会が要介護の是非とその必要量を判定していたりした．自治体によっては，在宅介護支援センターや委託先の福祉公社が，サービス提供の実質的な決定をおこなっていた例も存在したのである．

　サービス供給側の容量が需要を規定していたため，施設のベッド数やホームヘルパーの派遣時間の制約条件が変化すると，それに従って自治体の基準も変化することがしばしばだった．都市部の自治体では，特別養護老人ホーム（現在の介護老人福祉施設）へ入るのに数年の順番待ちであるのが少なくなかったし，ましてや在宅介護のサービスは低所得者と生活保護受給者が優先されるのが実態であり，中高所得者層は実質的に排除されることが少なくなかった．逆に過疎地では所得要件よりも家族要件が重視されることもあった．つまり，同居する家族がいる場合よりも独居老人の方が優先される場合もあったのである．従来のような介護認定には，明示された基準が存在せず，あったとしても自治体間で大きな格差があり，全国標準的で客観的なものとはいえなかったのである（栃本2001）．

　しかしながら，公的介護保険の導入によって，介護の必要度を判定するため一定の客観的かつ標準的な判定手法が導入された．被保険者から要介護の申請を市町村が受けると，調査員が訪問調査をおこない，全国統一の調査票によって，身体的機能，身体動作，日常生活動作，痴呆の度合い，特別な医療という79の調査項目を調べることとなった．この調査結果を組み合わせることによ

り，直接生活介助，間接生活介助，問題行動関連介助，機能訓練関連行動，医療関連行動というケア別の介護時間を推計し，時間区分によってコンピュータが要介護状態を判定する．これが第一次判定である．この第一次判定用コンピュータによる要介護認定基準時間の推計，調査員による特記事項の記述，そして主治医の意見書を総合的に検討し，厚生労働省が示す変更事例を参考にしながら介護認定審査会の委員たちが審査・判定をおこなう．これが第二次判定といわれるものである．この2つの段階を経て審査・判定の結果が被保険者へ通知される．

2-2 要介護認定の問題点

公的介護保険導入以前の基準の曖昧さを考えれば，客観的かつ標準的な基準を各自治体全部へ設定しようとした意義は大きい．しかしながら，現在の要介護認定の仕組みも十分ではない．問題点を3つ指摘しておこう．

第1の問題はコンピュータ・プログラムの問題である．第一次判定のコンピュータが時間の推計をするものであったため，痴呆性高齢者の要介護度が寝たきり高齢者など他の要介護高齢者よりも低くなる傾向が出てしまった．そのため調査員による特記事項によって実質的な修正が加えられ，特記事項がある場合は介護認定審査会での第二次判定で要介護度が上がり，特記事項がなければ要介護度が上がらないということもおこったのである．調査員が特記事項に高齢者の状態を記述したかどうか，そして介護認定審査会がそれを採りあげたかどうか，が要介護度を大きく左右した．厚生労働省が適切・不適切の事例を示していたが，実際の判定作業ではその事例にあてはまらないものも多い．介護認定審査会の作業はきわめて重要であり，もし更新期間が6カ月のままであったならば，介護認定審査会の負担も少なくなかったであろう．この問題はコンピュータ・プログラムが改善されるべきことを示しており，厚生労働省が示す事例もより多くしていくことが望まれる[3]．

第2の問題は訪問調査員の訓練度にばらつきが存在することである．同じ高齢者の状態について79項目のチェックをするにしても，調査員によって判定

が異なる場合が出てきた．とくに痴呆性高齢者を訪問調査する場合，痴呆の症状が出ているときと出ていないときの高齢者の状態の差は大きく，判定調査も困難となる．この問題は調査員に対して訓練を強化する必要性が出てきている．イギリスにおいては自治体が認定調査をおこなっているが，日本の場合，この調査員は委託することも可能であり，実際に民間団体に全部委託ないし一部委託している自治体が半数近くをしめる．もし，第一次判定をおこなう公務員ないし委託先によって認定の判断基準が大きく異なり実質的な裁量があるとするならば，そして第二次認定をおこなう介護認定審査会の判断が自治体によって大きく異なるならば，認定調査員や認定審査会委員を含めた統一的な研修事業の実施が必要ということになる．

第3の論点は標準化と自己統治との相克の問題である．地方自治体がおこなっている要介護認定の事務は自治事務であるが，その基準の解釈と運用に関しては厚生労働省の指導が細部に渡っておこなわれている点である．地方自治の観点からすれば，その解釈は地方自治体の裁量として考えるべきであり，基準はすべて法律や政令に列挙すべきであろう．もし省令・告示・担当者会議などで厚生労働省が指示・指導しているとするならば，地方自治法に違反する行為である．厚生労働省の解釈には公定力が存在しないと考えるべきであり，選択肢におけるひとつの解釈として自治体は考えるべきかもしれない．

3. 介護の実施体制と提供団体

3-1 公的介護の実施体制

紙おむつ助成事業や移送サービス事業で上乗せ事業をおこなう自治体も一部存在しているが，保険内で上乗せ・横出しのサービスをおこなっている自治体はきわめて少ない．これは全国一般的傾向とも一致している．介護予防が公的介護保険でおこなわれる以前において，むしろ一般財源で様々なサービスをおこなっていた．公的介護保険が導入される以前におこなっていた事業は全部ないし一部継続となっていることが多く，廃止されずに一般高齢者事業として実施されていた．介護手当，入浴サービス，見舞金など介護保険と重複する事業

などは廃止された自治体が少なくないが，介護保険を補完する事業，介護保険では範囲が及ばない事業については，一般会計を財源とする事業としておこなわれていた自治体が多い．

　前述したように，介護保険法が改正されて介護予防が実施されるまで，自治体独自の介護サービスとしては，保険内より保険外で自治体独自の特徴が見られた．保険内のサービスの中で各自治体の特徴がよくあらわれていたのは，むしろ低所得者対策と苦情処理・第三者評価対策である．低所得対策については減免措置を国の責任として考える自治体が多いため，各自治体独自でおこなっている自治体は少ない．逆にいえば，その是非はともかくとして，この部分に各自治体の考えや取り組みの積極性があらわれていた．生活保護世帯以下の生活水準であるにもかかわらず，利用者負担をおこなわなければならない低所得層が存在したため，その低所得層を救済するための緊急的な対策であった．

　たとえば，野田市のように，要介護1を2つに区分し，6段階方式を採用していた自治体もあるが，多くは利用者負担を軽減している自治体と保険料負担を軽減している自治体である．たとえば，訪問介護の自己負担分を3%に引き下げること，減免措置の柔軟化，利用料の助成などがそれである．低所得対策を実施している自治体の中では，減免措置による方法より利用者負担の軽減策の方が多い傾向があり，ヒアリングでもそれが確認された．ただし，政令市や大阪圏・名古屋圏の自治体には保険料自体を軽減する自治体も散見された[4]．

3-2　提供団体の多様化

　介護サービスのモニタリングは実態調査の実施や連絡調整機関の設置という対応が一般的に見られるが，人口規模の大きな都市ほど，この整備状況は高い．ケアマネージャーや事業者に対する情報提供や連絡調整にとどまらず，第三者評価機関を設置しようとする自治体やオンブズパーソンの設置を試行している自治体もある[5]．

　ヒアリングをおこなった自治体が大都市圏に存在することもあり，提供団体は公的介護保険導入以前よりも量的に増加しており，その種類も多様化してい

る．社会福祉法人，医療法人，NPO法人，ワーカーズコレクティブ，有限会社，株式会社など多元化している．在宅サービスに関しては，介護保険事業計画の整備目標には及ばないけれども，在宅サービスの状況は概ね利用水準を下回ることはなかった．2003年の段階では利用割合が予想より低かったこともあり，在宅介護サービスに関しては供給不足問題がおきている自治体は少ない．

ただし，供給量不足は潜在化しているが，もし利用割合が上昇すれば，供給量不足は顕在化していくかもしれない．また，施設サービスについては，介護老人福祉施設と介護老人保健施設に比べると，介護療養型医療施設が整備目標から見ると圧倒的に不足している傾向があり，医療型の療養病床群からの転換が進んでいないことが明らかである．

4．供給量と利用割合[6]

4-1 サービス供給量の拡大

サービス供給量は，どの自治体においても増加している．とくに訪問介護や通所介護はその伸びが著しい．通所リハビリや訪問リハビリなど医療系のサービス供給量は，自治体によって増減の違いが見られる．介護保険計画の目標量からみると，医療機関の目標達成率はどの自治体も概して他の種目に比べて低い．保健・医療系のサービス供給量が他に比べて相対的に低い理由は，そのためかもしれない．

東京都における調査によれば，介護保険制度の実施前後を比較すると，サービスの提供量は訪問通所系に限定するならば，1.27倍に増加している．また，利用割合も50%程度にとどまっている．東京都が2000年に都内3区，7市，2町を対象として在宅介護支援センターの顧客データから任意抽出して実施した「介護保険制度実施に伴うサービス供給量の調査結果」によると，訪問介護は1.35倍，通所介護は1.27倍，短期入所は1.97倍，通所リハビリテーションは1.14倍の伸びである．また要支援は60.6%，要介護1は39.7%，要介護2は47.1%，要介護3は48.9%，要介護4は51.4%，要介護5は54.8%，平均で

49.5％の利用割合なのである（東京都2000）．

それに対してヒアリング対象とした4つの市で最も福祉サービス水準の高いA市では，2000年12月末で介護サービス種目すべてを平均すると，要支援が7割弱，要介護が4割強，要介護2が5割強，要介護3が7割弱，要介護4が7割強，要介護5が8割となっていた．全体では6割強という高い数字である．他の自治体が40％前後という利用割合であるから，その水準の高さは群を抜いている．さらにA市のサービスの伸び率を見ると，訪問介護は1.93倍，通所介護は1.15倍，通所リハビリテーションは0.91倍の伸びとなっている．要介護別に見ると，要支援は制度導入以前より減少しているが，要介護3と要介護4の伸びが2倍近い[7]．

この理由は，A市の職員によると，「措置の時代では40時間までが無料（所得制限なし）であったが，ケアプランを作成する際にサービスの時間を同程度にしてほしいという住民の希望が多いこと，一般財源でおこなわれている介護保険居宅サービス利用促進事業によって自己負担が7％分軽減されて3％となっている」ことに求められている．A市においては，サービス利用限度額の約60％という利用割合であり，またホームヘルプの実績が政令市で一番高かったY市でさえ46％という利用割合であった．他の自治体が約40％程度にとどまっていることに比べると，A市やY市は他自治体よりも，利用割合がかなり高いことがわかる．他市より高い利用割合の要因は，サービス提供の水準に求めることができるかもしれない．しかし，それでも40％近い利用割合の説明にはならない．

低所得者負担や利用者負担の軽減を積極的におこなっており，大都市圏であるのでサービス供給は十分満たされている自治体においても，介護認定を受けた人の利用割合は100％にならない．公的介護保険制度を導入したにもかかわらず，自治体で利用割合が40％近くにとどまり，一般的に低調なのはなぜか．

4-2 低いサービス利用割合の理由

利用限度額自体が高い水準に設定されていると厚生労働省が説明するのに対

して，1割の費用負担が大きいのであるとか，供給量が少ないからだ，という批判がしばしばされていた．しかしながら，科学的に実証した研究は存在しない．たしかに，低所得者にとっては，1割の利用者負担や保険料負担は大きいかもしれない．過疎地での民間企業のサービス提供は少ないため，選択の自由が享受できていない場合もあるだろう．しかしながら，大都市圏を含めて日本全域で利用割合が低調な現象を説明することはできない．

公的介護保険をまったく利用していない人たちは，医療保険を利用して病院に入院しているか，自分の費用負担で有料老人ホームに入所しているか，在宅で家族の介護を受けて緊急時にショートステイを利用しているか，であろうと推測される．利用限度額がドイツの介護保険よりも高く設定されているという厚生労働省の説明もあり，利用割合を60％程度に見ていた自治体職員は多い．それが全国平均で40％程度であったことの原因は複合的なものであろう．利用割合が予想よりも低かった理由は，利用者負担の負担感が多いこと，提供団体が過少であること，利用者が制度や手続きに不慣れなこと，利用限度額が高いこと以外の要因として，次のような要因が考えられる．

第1に，家族介護を要介護者ないし家族が希望しているので，介護認定を受けても公的介護の適用されるサービスを利用していない可能性があった．とくに，過疎地や農村地域の自治体は，都市部の自治体に比べて，家族規範が強く反映している傾向があるかもしれない．もしこの要因が大きいならば，制度導入の是非は別として，ドイツのように家族に対する介護給付を導入すれば，利用割合はかなり高くなるだろう．

また，自治体の一般財源による家族給付事業の存在も無視できない．家族支援のために，家族介護を行う者（または家族介護を受ける者）へ現金給付をおこなっている自治体も少なくないので，もしその家族給付で十分であると介護をおこなっている家族が考えているならば，その自治体独自の家族給付が利用者限度額を低くしている原因かもしれない．

第2に，自治体の介護認定が緩く，または認定の変更によって，実際に必要なサービス以上の認定水準となっている可能性がある．もしこの要因があるな

らば，より認定を標準化・適正化させる必要がある．認定作業を行っている調査員の研修と訓練がより重要な課題である．公務員のみが認定作業を行っているイギリスと異なり，日本の自治体においては認定作業を外部委託中心で市職員が一部を担当する形態が半数近くを占めている．認定作業をめぐる直営委託の差異と認定作業の客観性との因果関係は，今回の調査では明らかになっているわけではなく，今後の重要な研究課題のひとつである．

第3に，療養型病床群の医療型から介護療養型への転換が進んでおらず，病院に入院している介護対象者が公的介護保険ではなく，医療保険の対象者となったままとなっている．介護認定を受けたにもかかわらず，医療型の療養型病床群，精神病院，有料老人ホームに以前のまま入っている可能性がある．介護療養型への転換が進まなかった理由は医療型の方が病院の報酬が高いからにほかならないが，もしこの転換が進んでいないという要因が大きいならば，病院の転換をすすめるように介護報酬を引き上げるか，相対的に医療保険の診療報酬を引き下げるか，検討する必要があるだろう．

5. 多元的供給と財政至上主義

5–1 棲み分けとしての日本型多元主義

公的介護保険の理念と制度は大きく乖離している．供給体制は競争を伴う多元的特質をもつものではなく，供給主体の棲み分けであり，財政至上主義が供給量を規定する可能性がある．基盤整備に関しては計画と市場との矛盾，施設の他自治体へ補助金を給付する矛盾が解決されていない．ケアマネジメントへの支援，低所得者への生活保障，情報提供と苦情・相談，政策形成の役割を基礎自治体は担っている．基盤整備や条件整備だけでなく，積極的な役割を開拓する必要性に迫られている．

ここでは，公的介護保険の理念と実態の乖離について指摘し，自治体の役割について検討することが目的である．公的介護保険は試行錯誤の制度設計であったため，理念と制度との間には大きなギャップが生じており，しかも自治事務であるために国の制度設計と自治体の制度運用とは一致しない．とくに，

自治体行政として公的介護保険がどのように実施されているかに焦点をあてることにしたい．

公的介護保険の理念のひとつは自己決定権の確立である．そして，その実施目的として在宅介護の推進や自立支援が強く強調されてきた．措置から契約へとかわり，多元的供給が実現することで被保険者の権利が確立するものと予想されていた．公的介護保険の被保険者は，65歳以上の第1号被保険者が平成13年5月の段階で2,252万人，40〜64歳の医療保険加入者である第2号被保険者は平成13年度見込みで4,286万人とされている．

たしかに介護保険導入による利用量を比較すると，訪問看護は平成11年度が355万回，平成12年11月が539万回，平成13年5月が645万回と増加している．通所介護にしても，平成11年が250万回，平成12年が340万回，平成13年度が384万回と増加傾向は変わらない．短期入所は平成11年が91万8千日，平成12年が84万9千日，平成13年が109万2千日と漸増傾向にある．痴呆性高齢者グループホームにいたっては，平成11年に266カ所しか補助されていなかった件数が，平成12年に870カ所，平成13年に1,312カ所と急増しているのである．

しかしながら，サービスの供給主体は介護老人福祉施設や介護老人保健施設に関して圧倒的に不足している．また，北海道など医療施設の供給過剰な地域を除き，療養型病床群の介護療養型医療施設への転換が進んでおらず，施設サービスはこの面でも不足気味である．居宅サービスの利用割合よりも施設サービスの利用割合の方が高く，住民のニーズは圧倒的に施設サービスにある．

むしろ居宅サービスについては，競争というよりも，供給主体の棲み分けが見られる．その原因は，初期投資と人件費が高いこと，ヘルパーの報酬単価が高くないこと，施設に関しては需要が供給を大きく上回っていること，などが考えられる．また，公的介護保険が導入される前からの制度継続という要因もある．

たとえば，通所介護事業は社会福祉法人，短期入所生活介護事業は社会福祉

法人，福祉用具貸与事業は営利企業という棲み分けである．訪問看護，訪問リハビリテーション，居宅療養管理指導といったサービスは，当然ながら医療法人が圧倒的な提供主体となっている．その例外は訪問入浴介護事業であり，そこでは社会福祉法人，社会福祉協議会，営利法人が競合している．これは多元的な供給形態の数少ない例といってよいのかもしれない．

5-2 介護保険と財政至上主義

平成13年度半ば以降，平成12年度の決算が各自治体で公表されている．各自治体で介護保険は特別会計で対応されているが，その歳入で最も多いのは第2号被保険者からの保険料（支払基金交付金）である．そのほかには国庫支出金，市町村一般会計からの繰入金，国からの繰入金，都道府県支出金がある．第1号被保険者からの保険料は平成12年度前半の半年は徴収せず，後半の半年は半額徴収であったため，その歳入にしめる割合はどの自治体でも低かったものと思われる．

結論からいえば，平成12年度は給付実績が高くなかった．療養型病床群の介護療養型医療施設への転換が進展しなかったため，医療保険財政から介護保険財政への移行が進まなかったし，何よりまして利用限度額の利用割合が40％を下回っていたことが市町村財政にとっては赤字とならなかった大きな要因であった．

平成13年度は第1号被保険者の保険料収入が増加することが見込まれるが，しかしながら障害者や40〜64歳の要介護者へ公的介護保険を適用することになれば，介護給付費は急増し，介護給付費準備基金積立金だけでは補填できなくなる．現在の保険料も大きく見直し，事業計画の策定も慎重な対応となるかもしれない．このような保険財政の安定を第一とする思考は財政至上主義であり，その結果，消極的・保守的な自治体対応となりかねない．

たとえば，自治体職員の思考としては，次のような傾向が見られる．療養型病床群と介護療養型医療施設を一本化し，医療保険で対応することを希望する．介護保険の適用も現状を維持し，障害者や40〜64歳の要介護者へ拡大し

ないことを願望する．保険料よりも税を財源とすることを希望し，国の負担拡大を希望する．施設の整備は自治体の保険料値上げとなりかねないため，施設サービスよりも居宅サービスを重視する（日本都市センター 2001）．

　もしこのような思考様式が自治体職員の一般となり，このような財政状況の悪化を恐れる思考が自治体の将来設計を強く規定することになれば，これは介護保険の自己決定原則などの理念を大きく阻害することになる．

6．自治体のジレンマ

6-1　計画と競争

　公的介護保険に関して，保険者として保険財政の安定化をはかる役割のほかに，市町村行政の重要な役割は公的介護保険の基盤整備であり，サービス提供者の条件整備をおこなうことである．しかし何をもって基盤整備というのか合意が得られていないし，計画的な基盤整備の推進自体が介護保険の理念と矛盾することになりかねない．基盤整備の意味内容を確認することが必要なのである．

　第1の矛盾は計画と市場の混在である．介護保険法では第117条で自治体が基盤整備のために介護保険事業計画を策定することを都道府県と市町村に要請している．介護保険事業計画においては，各年度における介護給付等サービス量の種類ごとの見込み，その見込み量確保のための方策，指定居宅サービスの事業または指定居宅介護支援事業の相互連絡，円滑な提供をはかるための事業などが策定されることとしている．

　しかしながら一方において市町村に，事業量を計画づけることが要請されていながら，他方でその事業主体は都道府県知事に認められたサービス事業者または市町村長に基準該当サービス事業者として認められたサービス事業者であれば，その自治体区域で事業展開を制約されない．そのため，事業量計画を予測することがきわめて困難なのである．その予測不可能であった典型的な例が介護療養型医療施設である．また，公的介護保険の理念のひとつは選択の自由であったはずであるが，多くの自治体においては施設サービスが希少サービス

となり，神戸市などにおいては利用を介護区分で制約している自治体も出てきた．

6-2　自由選択との齟齬

第2の矛盾は施設の基盤整備として各市町村が補助金を出しておきながら，実際にその施設へ入所する住民は補助金を出している市町村住民とは限らないという矛盾である．施設の集中する自治体区域には他の自治体住民が居住することになり，住民票をおいていない住民に対して補助金を間接的に給付していることになりかねない．また実質は他の自治体の居住しながら高福祉水準の自治体に住民票をおき，福祉サービスを享受する例もある．いわゆる越境住民である．このように，誰が住民で，何が基盤整備なのかという確定は，現場レベルで難しい問題となっている．つまり保険者として効率的な運営を求められている自治体の役割と住民へ有効なサービスを提供しなければならない自治体の役割が，同時に同じ自治体へ求められていることになる．

6-3　保険者と自治体

第3のジレンマは保険料や利用者負担の免除と軽減をめぐる議論である．低所得者であっても，保険の原理に従えば，介護保険料は支払わなければならない．たしかに介護保険においては所得段階別保険料制度が導入されており，低所得者については保険料の減免が規定されている．しかし，法定による対応だけでは十分でなかった．つまり，第1段階の「市町村民税世帯非課税かつ老齢福祉年金受給者」において，保険料負担の重い世帯が存在していたのである．そのため，流山市や横浜市では段階区分を変更し，武蔵野市などは一般財源からの補填をおこなう措置をとった．保険原理との矛盾が生じるが，目の前にいる低所得者を無視するわけにはいかない．自治体は保険者としての役割ではなく，国の枠組みを補完・修正する積極的な役割を果たしたのである[8]．

7. 自治体の積極的役割

7–1 都道府県の役割

　近年の分権改革の結果，国の下請け的な執行機関の役割を果たしてきた都道府県がどのように変化していくのかが重要となってきている．礒崎（2000）は府県改革に関する系譜を検討し，府県廃止論，道州制論，府県合併論の改革論争や，完全自治体論，半国家的性格論，機能的団体論，市町村連合論，成熟した主体論という多様な府県像を描いている．そして今後の府県像として，総合調整型，総合執行型，特定課題調整型，特定課題執行型の4つを理念型として分類している．今回の分権改革について，統一的事務規定や統制条例を廃止したこと，市町村への関与を法定化したことを積極的に評価し，逆に府県の基本的性格や市町村への関与について十分検討せず法技術的な記述に終わっていることを批判している．そして今後の府県のあり方として総合調整型と特定課題執行型の2つの側面をもった複合的政府が目指されている，と指摘している．市町村への関与が許されるのは，広域的機能と支援・媒介機能を果たす場合に限定され，原則として府県の自治事務として非権力的手法によっておこなうべきであり，市町村の府県政参加を保障することを条件とすべきと主張している．

　公的介護保険の場合，実際には，助言指導，事業者・施設等への指導監査が実質的に都道府県により担われている役割と考えてよい．市町村からすれば，市町村への財政支援，人材養成・研修，保健・福祉・医療の広域的連携などで役割を果たすことを期待している．逆に，東京都がおこなっていたような事業者への財政支援については，公正・中立に欠けるものとして批判された．また，介護保険の場合は，市町村が都道府県に対して介護事業者に対する監督権限の移管を要求する場合がある．東京都の多摩地域自治体や北海道空知中部広域連合などが権限移管を要求した自治体の例である．ただし，このような積極的な役割を担おうとした自治体はむしろ少数であり，ある県では県庁から権限移管を打診しても基礎自治体からも要請がなかったという事実も存在してい

る．基礎自治体は日常業務で追われているのが実状であり，多くの基礎自治体にとってはより多くの権限をもつことには消極的なのかもしれない．

7–2 基礎自治体の役割

では，基礎自治体の積極的な役割は何であろうか．自治体特別会計で処理されている自治体事業としては，国民健康保険事業，上水道事業，下水道事業，老人保健医療事業，介護保険事業が主たるものであろう．介護保険は国民健康保険とならんで大きな予算規模の特別会計事業であり，介護保険特別会計への繰入金も億単位の予算規模となっている．

一般的に，基礎自治体の役割としては，提供システムに関する計画や予算づけなどの基盤整備，公的介護保険対象外の人びとへのサービス提供，相談・苦情処理，ケアマネジメントへの支援，情報提供などがあげられる．また具体的な事業として，紙おむつ給付事業と移送サービス事業は，現在公的介護保険の法定外サービスとなっているが，法定サービスとすることを望んでいる自治体が多い．基盤整備については前述したので，ここではそのほかの役割について4点言及しよう．

第1にケアマネジメントの支援である．ケアマネージャーは本来的な役割であるケアプランの作成よりも，書類の作成と処理に時間を費やさざるをえない．報酬単価が大幅に引き上げとなるなら別であるが，そうでなければ事務的処理の面を自治体が支援することが介護保険の条件整備として必要であろう．

また，医療・保健・福祉の調整をおこなうために，各自治体では地域ケア会議が開催されていることが多い．そこでは実際に市町村事務職員や保健師が会議を主導している．ケース検討など処遇方針の共有化，サービス主体間の調整，サービス質向上のための研修などがおこなわれている．市町村の事務職員や基幹型在宅介護支援センターの保健師によるケアマネジメント支援がより要請されるところであろう．

第2に住民の生活保障である．各自治体は保険者として保険財政の健全運営をおこなう義務がある．その意味では保険料未納の住民から保険料を徴収する

ことは保険者としての務めであろう．しかしながら，自治体には保険者としての役割とは異なる側面も担っている．たとえば保険料減免や利用者負担減免が各自治体でおこなわれ，その財源として保険料財源が用いられていることに批判がおこなわれている．

もし保険料未納の住民が低所得者であったならば，強制的にとりたてるべき保険者としての役割よりも住民の生活を保障すべき自治体としての役割を優先することもありえる．本来的に所得保障は国の役割であるが，国が生活保護水準より低い所得の人びとに対して十分対策を講じていないため，自治体がそれを補完していると評価することもできる．保険の連帯原理から考えれば，すべての被保険者が保険料を払うことが理想である．しかしながら，その理想が制度と一致しない矛盾を現場レベルで解決しているともいえよう．

第3として情報提供や相談苦情処理の制度設計である．相談苦情処理は多くの自治体で市町村の本庁か基幹型在宅介護支援センターでおこなわれている．国保連や都道府県はほとんど役割を担っていないのが現状である．また，第三者評価の事業をおこなっている自治体はまだ少数であり，第三者評価の制度設計をいかにおこなうかが大きな課題となっている．自治体が住民に提供するのは，サービス事業者の事業内容に関するものが多く，サービスの利用手続きや方法，ケアマネージャーに関する情報を提供している自治体もある．しかしながら事業者に関する評価情報を提供している自治体は少ない．これは第三者評価自体をおこなっていないからであるが，この評価主体は第三者または当事者に限定するべきであり，自治体自身が評価することは望ましくない．自治体はあくまで中立的な存在であるべきであり，格付けや認証では民間企業やNPOが積極的な役割を担い，多元的な評価機構が構想されることが望ましい（武智 2001；2002）．

第4に，政策形成参加の役割を指摘しておきたい．まず，自治事務における地域の政策形成についてである．自治事務である限り，法令に反しない限りにおいて自治体の自己決定が尊重される．是非はともかくとして，低所得者対策や要介護認定の段階区分で自治体の創意工夫がされているように思える．前述

したように，それは自治の側面から考えれば，むしろ積極的に評価すべき点である．政策形成主体としての自治体の力量が問われている側面でもある．

　従来から厚生労働省の補助金事業として介護予防・生きがい推進事業の推進がおこなわれ，介護保険法の改正で介護予防が公的介護保険事業として実施されるようになった．具体的には各自治体の制度設計に委ねられているため，その内容はきわめて多様である．各自治体では，配食サービス事業，紙おむつ給付事業，住宅リフォーム補助事業，緊急通報システム設置事業，日常生活用具の給付事業，寝具乾燥サービス事業，在宅介護者激礼金支給事業（家族給付），移送サービス事業，軽度生活援助事業，介護教室開催事業などが地域の実情にあわせて実施されているところである．地域の事情にあわせた地域福祉システムの設計が介護保険事業計画の中で望まれているところである．

　つぎに国政参加の問題である．地方自治法の改正によって，地方六団体は国に対して意見具申をする権利を有するようになった．厚生労働省の主催する全国主管課長会議で発言するだけでなく，全国市長会などで積極的に政策研究がおこなわれている．公的介護保険の場合，全国幹事会が組織され，金沢市・武蔵野市・高浜市などの担当部長・課長主導の下に問題点や改善点の意見交換，情報交換が積極的におこなわれている．その場には厚生労働省の課長や課長補佐などがゲストとして呼ばれ，自治体と意見交換がおこなわれている．上下関係というより対等の立場であり，問題の所在については基礎自治体の方が情報を多くもっていることもあり，今後は国と基礎自治体とのコミュニケーションはますます大きくなるものと思われる．大きな枠組み設計の国，広域的調整の都道府県，制度運用の基礎自治体という役割分担がここに成立することになる．

　実際に，介護保険法施行前に比べて短期入所サービスが利用できる日数が少なくなる可能性があるという指摘を受け，厚生労働省は訪問通所サービスと短期入所サービスを一本化した．また，ケアマネージャーが期待されている役割を担っていないという指摘を受けて，ケアマネージャーに対する支援策として介護支援専門員支援会議の開催や研修の実施などが講じられている．

8. おわりに

本章では自治体行政としての公的介護保険に焦点をあて，その問題点を検討してきた．とくに基礎自治体の役割に焦点をあてたが，利用率を最も規定している家族要因については具体的に検討しなかった．これは決して家族や地域の役割を軽視するものではない．また，公的介護保険における理念と実態のギャップを強調してきたが，理念と制度が乖離することは他の行政分野でも見られることであるし，国の制度設計と自治体の制度運用が一致しないことは珍しいことではない．また，イギリスの例を引きながら基礎自治体は直接的なサービス供給から条件整備へと役割が転換していると指摘されるが，必ずしも消極的な役割だけが求められているわけではない．むしろ介護保険において，各自治体にはサービス提供や条件整備以外の側面で積極的な制度設計が求められているのであり，介護保険が自治事務である積極的な意義もそこにあるものと思われる．

介護保険の導入は基礎自治体にとって大きな負担を強いるものであった．財源や事務量の面で，自治体活動のあり方に大きな影響を与えたことは間違いない．しかもヒアリングの調査結果は，サービス供給量は概して拡大しており，提供団体も多様化しつつあるというものであった．ただし，もともと介護サービスを民間活動へ大きく依存していた日本においては，「直接提供から条件整備」という変化ではなく，「認定の標準化，提供システムの多様化，供給量の拡大」という変化が見られる．条件整備や基盤整備という役割については，まだ結論づけることは適切ではないのかもしれない．各サービス種類の増減率や在宅サービスと施設サービスとの選好について，今回のヒアリング調査では明らかにされたとはいえず，さらに要因を分析する必要があるだろう．とくに公的介護保険導入初年度は利用者負担が軽減されていたため，次年度以降も，継続して変化の各側面を注視していかなければならない．

本章で強調してきたことは，公的介護保険において自治体の役割とは何か，ということについて自治体の力量が問われているということである．認定業務

や直接的なサービス提供さえ，民間で実施している自治体もあれば，両方ともに自治体が担っているところもある．その意味では，日本における介護保険の供給システムは，きわめて多様なサービス提供システムとなった．問題はサービスを提供する団体への基盤整備事業である．在宅サービスをおこなっているNPO法人を基準該当サービス事業者とし，介護老人福祉施設へ助成金を支出している．しかしそのNPO法人や施設には，助成金を出している自治体の住民だけでなく，他の自治体の住民も利用しているのである．間接的に他自治体の住民へ利益を配分していることになる．また，特定の事業者に助成金や補助金を出すことは市場原理を歪め，結果として不公正な競争システムを形成してしまうことになりかねない．

従来は大都市部の自治体においては，特別養護老人ホームへの建設費補助による入所優先枠の確保がおこなわれてきた．利用者の選択の自由という原則が前提となっている介護保険の下，このような補助金による基盤整備が継続されるのか，それとも補助金という条件整備から契約文化への移行が進むのか，さらに引き続き検討すべき課題のひとつである．また，介護保険法の改正で介護予防が強調される一方で，家事援助の事業が縮小されることになった．この改正へ各自治体がどのように対応しているのか，利用者への情報提供や事業者へのモニタリング・第三者評価など，直接提供でない自治体の役割とは何か，という問題については，今後の研究課題としたい．

1) このような日英の比較の関心から調査研究をおこなったものとして，平岡（2001；2002），高橋（2003）がある．イギリスの研究については，G. Wistow et al. (1994)，G. Wistow et al. (1996)，K. Walsh et al. (1997) を参照されたい．
2) 以下，ヒアリング結果は日本都市センター，厚生科学研究費補助金政策科学推進研究事業においておこなわれたものに基づく．具体的に自治体名や職員名をあげることはできないが，ここに感謝申し上げる次第である．なお，日本都市センター（2001；2002 a；2002 b），平岡公一ほか（2001；2002），は実態調査をおこなった貴重な研究報告書である．
3) このような指摘は，岡本（2000），宮武（2001），増田（2003），鏡諭・石田光広編（2002），椋野（2002）など多くの論者によって指摘されてきた．
4) ヒアリングによる．平成18年4月より，介護保険法等の一部を改正する法律

が施行され，保険給付の区分と保険料段階の見直しがおこなわれた．従来の要支援が要支援1と要支援2に区分され，新予防給付の対象となった．また，保険料第2段階については，被保険者の負担能力に大きな開きがあったため，細分化された．
5) 武蔵野市などがその例である．
6) 利用割合とは，公的介護保険のサービス利用限度単位に対する利用単位の割合をここでは意味している．
7) ヒアリングによる．
8) この点については，小西啓文による指摘が有益である．小西（2003）を参照のこと．前述したように，介護保険法の改正によって，平成18年4月から，この矛盾は一部解消された．

参考文献

礒崎初仁（2000），「分権改革の焦点は都道府県にあり」西尾勝編『都道府県を変える』ぎょうせい．

岡本祐三（2000），『介護保険の教室』PHP新書．

鏡諭・石田光広編（2002），『介護保険なんでも質問室』ぎょうせい．

小西啓文（2003），「介護保険法における市町村の保険者自治と低所得者問題」『多摩地域の都市ガバナンス』中央大学社会科学研究所．

高橋万由美（2003），「多元的供給と選択の自由」武智秀之編『講座福祉国家のゆくえ 第3巻 福祉国家のガヴァナンス』ミネルヴァ書房．

東京都（2000），「介護保険制度実施に伴うサービス供給量の調査結果」．

栃本一三郎（2001），「介護保険」三浦文夫編『図説高齢者白書2001』全国社会福祉協議会．

日本都市センター（2001），『都市自治体における介護保険制度導入後の実態と課題』日本都市センター．

日本都市センター（2002 a），『地域に根差した介護制度の構築に向けて』日本都市センター．

日本都市センター（2002 b），『地域に根差した介護制度の構築に向けて（資料篇）』日本都市センター．

平岡公一ほか（2001），『厚生科学研究費補助金政策科学推進研究事業 介護サービス供給システムの再編成の成果に関する評価研究 平成12年度総括・分担研究報告書』．

平岡公一ほか（2002），『厚生科学研究費補助金政策科学推進研究事業 介護サービス供給システムの再編成の成果に関する評価研究 平成13年度総括・分担研究報告書』．

増田雅暢（2003），『介護保険見直しの争点』法律文化社．

宮武剛（2001），「介護保険の理念と現状の格差を問う」三浦文夫編『図説高齢者白書2001』全国社会福祉協議会．

椋野美智子（2002），「介護保険の仕組み」秋元美世ほか編『社会保障の制度と行財政』有斐閣．

Gerald Wistow, Martin Knapp, Brian Hardy and Caroline Allen (1994), *Social Care in a Mixed Economy,* Open University Press.

Gerald Wistow, Martin Knapp, Brian Hardy, Julien Forder, Jeremy Kendall and Rob Manning (1996), *Social Care Market,* Open University Press.

Kieron Walsh, Nicholas Deakin, Paula Smith, Peter Spurgeon and Neil Thomas (1997), *Contracting for Change,* Oxford University Press.

付記　本稿は『多摩地域の都市ガバナンス』中央大学社会科学研究所，2003 年 12 月の第 7 章「公的介護保険と自治体の役割」を修正・加筆したものである．公的介護保険制度の導入直後におこなったヒアリングをもとにしているため，データは最新のものではないことをおことわりしておきたい．

第 8 章

公的介護保険における高支給グループと
　　　低支給グループに関する考察

1. はじめに

　介護保険の実質的な運用が始まって7年となる．3年ごとの事業運営期間を経て，現在，第3期事業運営期間に入った．この間，介護保険におけるいくつかの成果も報告される一方で，いくつかの課題も指摘されている．このうち，特に，保険料負担とその改正については，多くの利用者及び被保険者が注視している．とりわけ小規模な保険者における高額な保険料など，介護保険の経済・財政的な側面にも注目が集まっていることも事実である．また，地方債残高の拡大や，いわゆる三位一体の改革などによる移転的な財源の抑制など，市町村財政を取り巻く環境は非常に厳しい．さらに今後，人口における高齢化の進行は，自治体において介護など高齢者に関する歳出の増加圧力になることは不可避と思われる．特に，中山間や離島などの条件不利地域の自治体においては，全国平均を上回る高齢化率の水準とともに活動人口の流出における人口の減少にすでに直面している．

　他方で，介護保険の給付について考えた場合，単に支給総額を受給者で割った1人当たりの支給額は，一定の指標とはなるものの，次の点で問題がある．

このような1人当たりの支給額では，人数の多い居宅介護受給者の影響をどうしても受けてしまい，保険者に関する正確な情報を見落とす危険性がある．そのため，人数は少ないが，1人当たり支給額が大きい施設支給額は，全体の支給額ひいては，介護保険の保険料等に大きな影響[1]があるものの，1人当たりの支給額とは大きな乖離が存在する．そこで，より正確に各保険者における給付の状況を理解するには，居宅及び施設の支給額をそれぞれあわせてみる必要がある．

そのため，本章では，厚生労働省による「介護保険事業状況報告　平成16年度」[2]をもとに，各保険者における第1号被保険者1人当たりの居宅及び施設介護サービスをそれぞれ縦軸と横軸にとり，また原点については各サービスの全国平均値を原点とした図8-1をもとに議論を進める[3]．

図8-1において特に注目するのは，図中の第1象限と第3象限である．なぜなら，第3象限に位置する保険者は，居宅及び施設サービスとも全国平均より低い保険者であり，また逆に，第1象限にある保険者は，居宅，施設サービスとも全国の平均値を上回る保険者であることからである．そこで，第1及び第3象限の保険者の特徴をみることで，その保険者が置かれている状況を理解

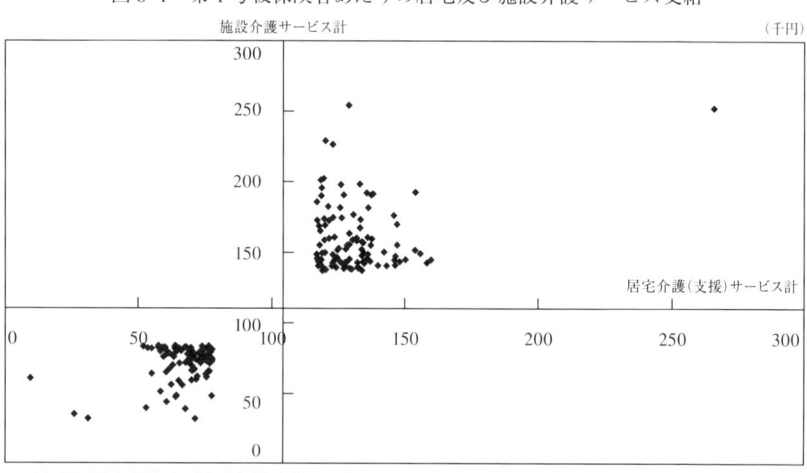

図8-1　第1号被保険者あたりの居宅及び施設介護サービス支給

(出所)　厚生労働省「介護保険事業状況報告　平成16年度」より作成．

するとともに，介護保険の給付における効率化の実現と，負担の重い団体における問題の明確化に貢献すると思われる．

2. 低支給グループ及び高支給グループの現状

2-1 低支給グループ（第3象限）に関する分析

最初に，居宅及び施設サービス双方について，全国の平均値よりも低い第3象限の状況について述べる．

平成16年当時2,249団体の保険者のうち約31.0%となる698団体の保険者が第3象限に位置している．この698団体のうち居宅及び施設各サービスについて，各サービスそれぞれ最も高い値の団体から半分の349番目となる団体の数値をもとに，各349番目の保険者の値以下を有する団体は，192団体存在する（低支給グループとする）．この192団体は，居宅及び施設サービスの支給額が特に低い団体であることから，本節では，この192団体について分析を行う（図8-1参照）．

まず，地域的な特徴であるが，表8-1でわかるとおり，特定の県に集中している傾向が見られる．上位の埼玉県，茨城県，福島県で全体の保険者数の約45%を占め，第4位の千葉県を入れると半数を超える．このように東日本，特に，関東東部，東北南部地域に集中している．また，愛知県を中心とした東海地域についても多く見られる．逆に，東京は1団体のみ，甲信越地方は山梨県のみ5団体，また特に関西以西は少なく，近畿地区（三重県を含む）で9団体，九州地区4団体，北陸地域2団体そして中国・四国地区では合わせて1団体しか存在していない．加えて，各県内でも，福島県の中部北南，茨城県南東部，埼玉県東部南部や千葉県北東部など複数の保険者が集中している地域も見られる．

ここで抽出した保険者の財政力指数と人口規模[4]の単純平均は，それぞれ0.63と3,9274.5,とやや高い傾向が見られる．表8-2は，グループ内の各保険者について，財政力指数ごとに分類したものである．財政力指数0.5以上1.0未満の保険者が半数以上を占めている．

表 8-1　低支給グループの保険者一覧

都道府県	市町村名	団体数
北海道	紋別市, 根室市, 遠別町, 音威子府村, 釧路町	5
岩手県	雫石町	1
宮城県	石巻市, 気仙沼市, 七ヶ宿町, 大和町, 松山町, 志波姫町, 登米町, 米山町, 河北町, 唐桑町	10
秋田県	雄物川町	1
山形県	村山市, 東根市	2
福島県	国見町, 川俣町, 飯野町, 安達町, 大玉村, 白沢村, 長沼町, 岩瀬村, 天栄村, 北塩原村, 猪苗代町, 表郷村, 東村, 泉崎村, 中島村, 矢吹町, 大信村, 矢祭町, 石川町, 玉川村, 浅川町, 三春町, 広野町, 川内村, 浪江町, 鹿島町, 小高町	27
茨城県	日立市, 水海道市, 取手市, ひたちなか市, 鹿嶋市, 潮来市, 坂東市, 稲敷市, 茨城町, 小川町, 大洗町, 城里町, 岩間町, 大子町, 神栖町, 波崎町, 麻生町, 北浦町, 玉造町, 河内町, 玉里村, 八千代町, 石下町, 総和町, 三和町, 境町	26
栃木県	今市市, 足尾町, 益子町, 市貝町, 壬生町, 岩舟町, 藤原町, 馬頭町, 小川町, 湯津上村, 那須町	11
群馬県	吾妻町, 嬬恋村, 草津町, 新治村	4
埼玉県	川越市, 加須市, 岩槻市, 狭山市, 鴻巣市, 上尾市, 草加市, 越谷市, 朝霞市, 志木市, 和光市, 桶川市, 久喜市, 北本市, 八潮市, 富士見市, 上福岡市, 蓮田市, 坂戸市, 幸手市, 鶴ヶ島市, 吉川市, 吹上町, 大井町, 三芳町, 毛呂山町, 吉見町, 上里町, 北川辺町, 宮代町, 白岡町, 栗橋町, 鷺宮町, 杉戸町	34
千葉県	野田市, 佐原市, 茂原市, 八千代市, 我孫子市, 鎌ヶ谷市, 四街道市, 印旛村, 下総町, 神崎町, 大栄町, 小見川町, 東庄町, 飯岡町, 野栄町, 一宮町, 御宿町, 岬町	18
東京都	東久留米市	1
神奈川県	海老名市, 座間市, 綾瀬市, 大井町, 愛川町, 津久井町	6
福井県	名田庄村, 大飯町	2
山梨県	上野原市, 道志村, 山中湖村, 富士河口湖村, 丹波山村	5
岐阜県	下呂市, 関ヶ原町, 七宗町, 八百津町	4
静岡県	島田市, 下田市, 裾野市, 川根町, 福田町, 豊岡村	6
愛知県	稲沢市, 岩倉市, 豊山町, 師勝町, 西春町, 春日町, 清洲町, 扶桑町, 七宝町, 蟹江町, 飛島村, 佐屋町, 幡豆町, 三好町, 音羽町	15
三重県	いなべ市, 木曽岬町, 南勢町	3
滋賀県	安土町	1
兵庫県	温泉町	1
奈良県	西吉野村, 上北山村, 川上村	3
和歌山県	花園村	1
高知県	十和村	1
佐賀県	七山村, 玄海町	2
宮崎県	都農町	1
鹿児島県	三島村	1

（出所）厚生労働省「介護保険事業状況報告　平成 16 年度」より作成．

表8-2　各グループにおける財政力指数別の状況

	最	低	最	高	0.25未満	0.25-0.5未満	0.5-0.75未満	0.75-1.0未満	1.0以上
低支給グループ	三島村	0.05	飛島村	2.5	16団体	59団体	50団体	50団体	17団体
	鹿児島県		愛知県		8.3%	30.7%	26.0%	26.0%	8.9%
高支給グループ	宇検村	0.1	六ヶ所村	1.95	33団体	51団体	17団体	3団体	2団体
	鹿児島県		青森県		31.1%	48.1%	16.0%	2.8%	1.9%

(出所) 総務省「市町村決算状況調　平成16年度」より作成.

図8-2　1号被保険者100人当たりの件数

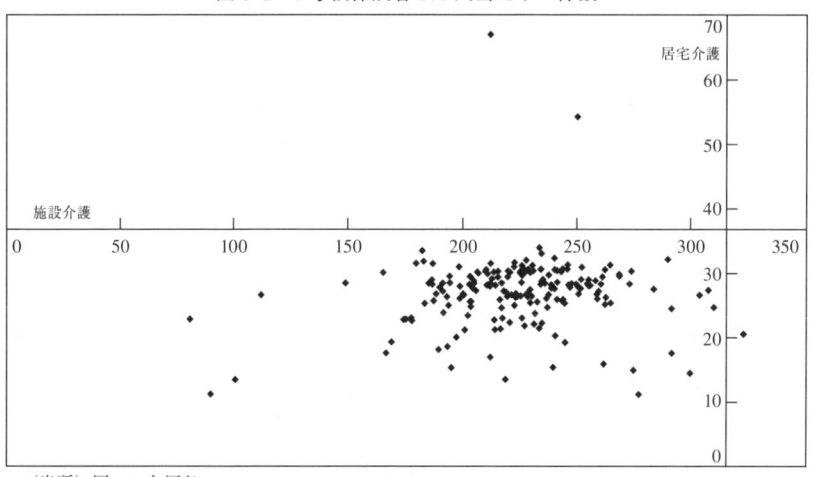

(出所) 図8-1と同じ.

　低支給グループは，政令指定都市や県庁所在地も存在しない．市政をしいている団体は，埼玉県を中心に45団体（約23%）しかなく，町村単独で実施しているもののみで，一部事務組合，広域連合により介護保険を実施している保険者も見られない．

　図8-2は，各保険者における居宅及び施設サービスの件数について，第1号被保険者数で割ったものを散布図で示したものである．3団体を除き，第3象限に位置している[5]．ただ，このような1号被保険者1人当たりの件数がどのような選択のもと，そのような結果になったのかは検討する余地があると思われる．

2-2 高支給グループ（第1象限）に関する分析

　他方で，全国平均より居宅及び施設介護支給額が双方とも高くなるのが図8-1中第1象限にある団体である．居宅及び施設介護双方とも支給額が高い地域は，給付額が高く，ひいては保険料額及び地方公共団体などの公的部門の負担額の増大につながることが懸念される．

　居宅及び施設介護支給額が高い第1象限に分類される保険者は，全国で420団体ある．この団体数は，第3象限に存在する団体に比べ，250団体以上少ない．このうち，第3象限グループと同様に，居宅及び施設介護サービス支給額のそれぞれ最も高い団体より半分の210番目にあたる保険者の値をもとに，居宅及び施設ともにその値を上回る保険者を摘出したものが表8-3である．表8-3の保険者は，特に，居宅及び施設介護支給額が高い保険者であり，その数は106団体存在する（高支給グループとする）．

　都道府県別の特徴では，12の保険者の青森県が最大となる[6]．ついで，鹿児島県の11，そして徳島県の10となっている．人口集中地域より離れた地域の保険者が多く見られる．ただ，表8-3では，広域連合，一部事務組合などが含まれているため，個別自治体数では，福岡県介護保険広域連合が含まれる福岡県の43が最大となり，ついで島原地域広域組合などを含む長崎県が27と，自治体数では2番目となる．九州地区の保険者および自治体が多いものの，所在地については全国に点在している．他方で，低支給の保険者が多く見られた福島県，茨城県，埼玉県及び千葉県の団体は摘出されなかった．加えて，青森を除く東北地区の保険者もわずかである．

　人口，財政上の特徴としては，この106団体における平均的な財政力指数は，0.371で，保険者の平均的な人口は40,187.5人と，第3象限の団体と比較して財政力指数は，低いものの，人口規模は大きい．しかし，このうち金沢市（約44.0万人）と福岡県介護保険連合（約99.2万人）を除くと，26,666.3人と人口は減少する．人口が3万人超の保険者が31あるのに対して，1万人以下の保険者は40と全体の37.3%を占めている．また，広域連合などについて個別の地方団体ごとに考えるなら，平均の人口は21,805.4人となる．

第8章 公的介護保険における高支給グループと低支給グループに関する考察　185

表8-3　高支給グループ保険者

都道府県	保険者名	
北海道	猿払村, 浦河町	2
青森県	五所川原市, 十和田市, 岩木町, 相馬村, 西目屋村, 藤崎町, 中泊町, 野辺地町, 七戸町, 東北町, 六ヶ所村, 南部町	12
岩手県	沢内村	1
秋田県	鹿角市	1
東京都	利島村, 三宅村	2
新潟県	与板町	1
石川県	金沢市, 小松市, 珠洲市	3
長野県	南牧村, 阿智村, 依田窪医療福祉事務組合	3
静岡県	引佐町	1
滋賀県	豊郷町	1
大阪府	岬町	1
兵庫県	養父市, 美方町	2
和歌山県	海南市, 田辺市, 九度山町, 白浜町, 大塔村	5
鳥取県	大栄町, 南部箕蚊屋広域連合,	2
島根県	邑智郡町村総合事務組合, 隠岐広域連合	2
岡山県	金光町, 寄島町	2
広島県	竹原市, 坂町, 湯来町, 宮島町, 安芸太田町, 大崎上島町	6
山口県	美和町	1
徳島県	徳島市, 小松島市, 阿南市, 勝浦町, 那賀川町, 日和佐町, 牟岐町, 藍住町, 板野町, 吉野町	10
香川県	坂出市, 庵治町	2
愛媛県	東温市, 砥部町	2
高知県	南国市, 赤岡町, 日高村	3
福岡県	飯塚市, 福岡県介護保険広域連合	2
長崎県	五島市, 生月町, 佐々町, 島原地域広域市町村圏組合, 北松南部広域連合	5
熊本県	荒尾市, 玉名市, 玉東町, 東陽村, 相良村, 新和町	6
大分県	臼杵市, 竹田市, 宇佐市, 豊後大野市, 安岐町, 日出町	6
宮崎県	三股町, 須木村, 南郷村, 北川町	4
鹿児島県	名瀬市, 指宿市, 加世田市, 山川町, 大隅町, 東串良町, 吾平町, 宇検村, 住用村, 徳之島町, 日置広域連合	11
沖縄県	石川市, 具志川市, 平良市, 石垣市, 名護市, 糸満市, 下地町	7

(出所) 厚生労働省「介護保険事業状況報告　平成16年度」より作成.

　また，表8-2で示したように，高支給グループにおいては，8割が財政力指数の0.5未満の保険者である[7]．このように小規模な保険者が高支給となっていることは，今後の保険者の財政及び介護保険自体の運営に十分注意すべきことと思われる．

図 8–3　1 号被保険者 100 人当たりの件数（高支給，千円）

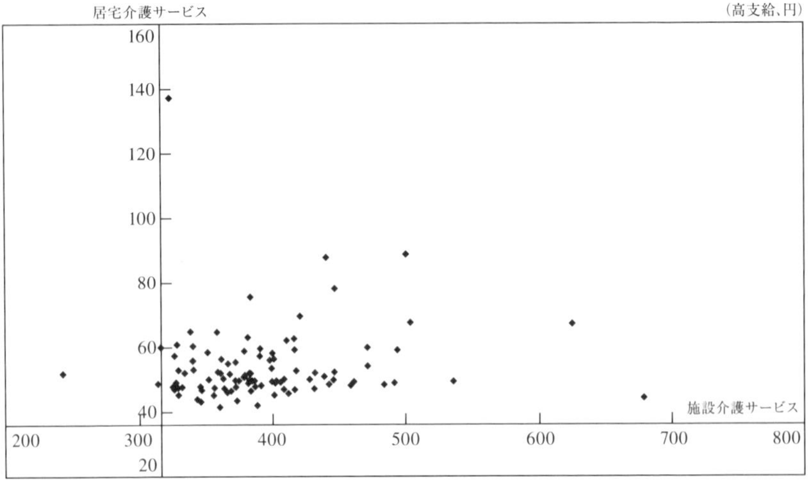

（出所）図 8–1 と同じ.

加えて，表 8–3 のうち，下線があるものは，平成 16 年度に財政安定化基金より貸付を受けている保険者である．44 団体と高支給グループのうち約 4 割強が貸付を受けている．高支給グループでは，安定化基金への返済及びそれに伴う保険料の引き上げを考えれば，今後，介護保険財政を圧迫し，住民に大きな財政上の負担をもたらす可能性がある．

さらに，第 1 象限にある団体については，財政的な危険があると同時に，小規模な団体が多く見られる．同時，利島村，隠岐，五島市や鹿児島県の離島等，離島地域などの条件不利地域の保険者も多数見られる．

図 8–3 は同じ団体について，第 1 号被保険者 100 人当たりの申請件数について縦軸に施設，横軸に居宅介護をとり，散布図にしたものである．

3. 低支給グループ及び高支給グループとの比較

ここまでの調査をふまえ，高支給グループの保険者と低支給グループの保険者では，どのような相違があるのだろうか．以下でいくつかの点について比較し，それぞれの特徴を検討してみる．

表 8-4 グループ別高齢化率の状況及び認定率等（平成 16 年度値）

	高齢化率（平均）	高齢化率20%以下 保険者数	高齢化率20%以下 グループ内の割合	高齢化率30%以上 保険者数	高齢化率30%以上 グループ内の割合	認定者数／第1号被保険者数（認定率）	75歳以上認定者数／第1号被保険者	居宅受給者／第1号被保険者	施設受給者／第1号被保険者	受給者／認定者（受給率）
低支給グループ	22.0%	83	43.2%	18	9.4%	0.118	0.098	0.794	0.262	75.0%
高支給グループ	27.1%	12	11.3%	26	24.5%	0.199	0.171	1.441	0.519	82.2%

（出所）総務省「市町村決算状況調 平成 16 年度」及び厚生労働省「介護保険事業状況報告 平成 16 年度」より作成．

3-1 人口構成及び認定率等に関する比較

各保険者における高齢化等の状況と第 1 号被保険者に占める第 1 号被保険者の認定者及び給付者の状況について比較を行いたいと思う（表 8-4 参照）．

まず，人口における高齢者の比率であるが，低支給グループの高齢化率は低く，高齢化率の 20% 以下の団体が，関東，愛知を中心に 43.2%（83 団体）を占めているものの，低支給の保険者グループにおいても高齢化率が 30% を超える保険者が約 1 割存在する．

他方で，高支給のグループの高齢化率は高く，約 25% が高齢化率が 30% を超えている．このように人口の高齢化の状況は，介護保険サービスに大きな影響を与えている．

第 1 号被保険者に占める認定者の割合（認定率）及び認定者と受給者の割合（受給率）は，それぞれ低支給のグループが低く，高支給のグループが高いが，とりわけ認定率については大きな格差が存在している．また，高支給のグループでは 75 歳以上の認定者の割合が高いことから，わが国全体においても，今後の高齢化の進展により，より高額な支給及び負担が求められる危険性がある．

居宅及び施設介護サービスの受給者と第 1 号被保険者との割合についても，高支給と低支給のグループで約 2 倍の格差が存在している．また，施設介護受給者についても同様の傾向が見られる．このなかで，特に，介護療養型医療施設の受給者の割合については，各グループの間で約 3 倍の差が存在する．この介護療養型医療施設については，1 人当たりの費用が高く，この受給者の割合

が高いことが施設介護支給全体に影響したものと考えられる．

3-2　個別介護サービスと施設整備の状況

次に各グループにおける介護サービスの内容について比較してみたい．

（1）　個別サービスのシェアの状況

表8-5は，各グループの保険者における支給額について，介護サービスごとの金額についてシェアをとったものである．その場合，総額におけるシェアでは，支給額の大きい施設介護サービスにおける支給額の影響を受けるため，居宅及び施設介護の総額については，全体からのシェアを示しているものの，居宅及び施設介護における個別の介護サービスについては，それぞれの範疇における支給額の合計額のシェアを示したものである．

居宅介護支給額と施設介護支給額と，それらが総額に占める割合を高支給グループと低支給グループとで比較すると，それぞれの支給額が低支給の保険者のグループでは，高支給の保険者のグループに対して，居宅介護支給額の割合が相対的に高く，施設介護サービスの支給額の割合が相対的に低い傾向が見られた．

次に，具体的に個別の介護サービスについて見る．最初に居宅介護サービスについては，大きな相違は見られないものの，「認知症対応型共同生活介護」の割合が，低支給グループの割合が低いことがあげられる．また施設介護については，低支給グループにおいて，介護老人福祉施設割合が，全国，高支給の

表8-5　介護サービス別件数のシェア（％）

	居宅介護（支援）サービス合計	(内)訪問通所サービス計	(内)短期入所サービス計	(内)その他単品サービス計	(内)認知症対応型共同生活介護計	(内)福祉用具購入費計	(内)住宅改修費計	施設介護サービス計	介護老人福祉施設計	介護老人保健施設計	介護療養型医療施設計
低支給グループ	48.05	68.28	12.81	17.20	5.82	0.39	1.31	51.95	51.36	36.23	12.41
全　国	48.48	68.74	9.63	19.80	7.41	0.41	1.43	51.52	43.86	34.09	22.05
高支給グループ	44.86	68.63	10.21	19.46	8.99	0.31	1.40	55.14	47.88	32.32	19.79

（出所）厚生労働省「介護保険事業状況報告　平成16年度」より作成．

グループと比較して高い割合であり，逆に介護療養型医療施設の割合が低く，施設サービスの適切な機能配分ができていない危険性がある．

（2） 第1号被保険者と件数との比率

表8-6は，各介護サービスの件数を第1号被保険者数100人当たりでみたものである．全体の件数については，低支給グループの保険者が，全国平均，高支給グループの保険者の順となっている．個別介護サービスについても，低支給グループの値は，高支給グループの約6割弱の値となっている．しかし，グループホームなどの認知症対応型共同生活介護や介護療養型医療施設の件数については，低支給グループの値が高支給グループに比べて低いことが特徴としてあげられる．双方のサービスとも経費が高いことから，認知症対応型共同生活介護や介護療養型医療施設の抑制は，介護費用の効率化に有効と思われる．

表8-7は，第1号被保険者100人当たりの件数の値を財政力指数ごとに分類したものである．

まず，低支給グループにおいて注目すべきは，財政力指数1.0以上の保険者における件数の少なさである．認定率，受給者の割合とも他の範疇に比べ若干低いものの，特に居宅介護サービスの件数が低いという特徴が見られる．

また，財政力指数の低い地域は，1号被保険者に対する件数は，高い傾向が見られる（高支給グループについても同様の傾向が見られる）．財政力指数の低い保険者における施設介護サービスの状況としては，介護療養型医療施設の件数が低いことと，介護老人福祉施設の値が高いという特徴が見られる．確かに，

表8-6 第1号被保険者100人当たりの件数

	全体総計	居宅介護（支援）サービス計	(内)訪問通所サービス計	(内)短期入所サービス計	(内)その他単品サービス計	(内)認知症対応型共同生活介護計	(内)福祉用具購入費計	(内)住宅改修費計	施設介護サービス計	介護老人福祉施設計	介護老人保健施設計	介護療養型医療施設計
低支給グループ	2.497	2.229	1.252	0.105	0.851	0.019	0.012	0.008	0.268	0.142	0.100	0.026
全国	3.306	2.895	1.628	0.127	1.112	0.032	0.015	0.012	0.411	0.217	0.135	0.059
高支給グループ	4.459	3.919	2.225	0.122	1.538	0.058	0.018	0.017	0.540	0.274	0.187	0.079

（出所）厚生労働省「介護保険事業状況報告 平成16年度」より作成．

190 第2部 分権化財政の制度と政策

表 8-7 財政力指数別の第1号被保険者100人当たりの件数

	財政力指数	全体総計	居宅介護(支援)サービス計	(内)訪問通所サービス	(内)短期入所サービス計	(内)その他単品サービス計	(内)認知症対応型共同生活介護	(内)福祉用具購入費計	(内)住宅改修費計
低支給グループ	0.5 未満	2.517	2.249	1.246	0.104	0.880	0.017	0.012	0.008
	0.5 以上 1.0 未満	2.508	2.235	1.266	0.107	0.843	0.022	0.012	0.008
	1.0 超	2.345	2.096	1.202	0.106	0.768	0.012	0.011	0.009
高支給グループ	0.5 未満	4.470	3.921	2.214	0.122	1.550	0.062	0.017	0.017
	内) 0.25 以下	4.651	4.067	2.287	0.143	1.603	0.060	0.017	0.017
	0.5 以上 1.0 未満	4.423	3.922	2.278	0.124	1.482	0.044	0.020	0.018
	1.0 超	4.384	3.844	2.137	0.081	1.594	0.060	0.015	0.018

	財政力指数	施設介護サービス計	介護老人福祉施設計	介護老人保健施設計	介護療養型医療施設計	保険者別第1号被保険者数住所地特例被保険者	施設定員/人口	施設定員/第1号被保険者	施設定員/認定者人数	施設/施設受給者数
低支給グループ	0.5 未満	0.268	0.152	0.095	0.021	0.007	0.484	1.795	15.005	7.281
	0.5 以上 1.0 未満	0.272	0.135	0.108	0.030	0.004	0.445	2.402	21.116	9.232
	1.0 超	0.249	0.138	0.082	0.028	0.005	0.556	3.320	29.763	14.697
高支給グループ	0.5 未満	0.549	0.292	0.184	0.073	0.006	1.262	4.541	22.818	8.854
	内) 0.25 以下	0.584	0.378	0.148	0.058	0.006	1.556	4.905	23.491	8.636
	0.5 以上 1.0 未満	0.501	0.194	0.202	0.104	0.004	1.051	4.527	23.328	9.371
	1.0 超	0.540	0.289	0.169	0.083	0.005	0.816	3.565	18.312	6.523

(出所) 厚生労働省「介護保険事業状況報告　平成16年度」より作成．

介護療養型医療施設は，一人当たりの介護費用が高いので，その件数が少ないことは低コスト化といえるものの，他方で，介護老人福祉施設の件数も大きくないことから，このような保険者では，施設介護の多様性が確保されていない危険性がある．事実，財政力指数の低いグループにおける施設の定員数[8]は，人口比を除き，第1号被保険者，認定者，受給者全体及び施設受給者との比率で，財政力が高いグループに比べ低く，30の保険者では当該の保険者域内で介護施設を持っていない．また，そのような状況から，第1号被保険者に対する保険者別第1号被保険者数住所地特例被保険者[9]の割合は，他のグループと比較して高い傾向が見られる．

次に高支給グループでは，財政力指数が低い地域がサービス全体を通じて高い．また施設についていえば，低支給グループとは，反対に，財政力指数が高い地域については，人口等と施設定員の割合は低く，財政力の低いグループが高い傾向が見られる．さらに，高支給グループでは財政力指数0.5以下団体が全体の約8割を占めるため，財政力指数が0.25以下の保険者（地方公共団体）について同じ値を求めた場合，人口，第1号被保険者，認定者など施設受給者に対する比率で若干低いものの，他の分類に比べ高い傾向が考えられる．そのような保険者では，相対的に施設が充実している傾向が見られる．そして，0.25以下の33保険者のうち11の保険者が16年度に安定化基金より借入れを受けている．

（3） 介護度別申請件数

要支援，介護度1及び介護2の軽度介護と介護度4と介護度5の重度介護と，介護度別の申請件数を分け，それぞれについて全体の申請件数との割合を各グループ及び財政力別に見たのが表8-8である．居宅介護における軽度の申請件数の割合は，高支給にくらべ低支給の方が低く，低支給地域では財政力

表8-8 財政力指数別の軽度介護及び重度介護の割合（％）

財政力指数		全体合計		居宅介護		施設介護	
		軽介護（支援，要介護1,2）	重介護（要介護4,5）	軽介護（支援，要介護1,2）	重介護（要介護4,5）	軽介護（支援，要介護1,2）	重介護（要介護4,5）
低支給グループ	0.5未満	58.76	27.29	62.43	24.11	19.48	59.79
	0.5以上1.0未満	56.47	27.57	61.00	23.55	19.45	60.35
	1.0超	58.56	25.66	63.11	21.86	20.28	57.67
高支給グループ	0.5未満	66.62	21.01	73.32	15.22	18.51	62.49
	内）0.25以下	66.10	21.20	73.02	15.35	17.70	62.20
	0.5以上1.0未満	65.01	22.17	70.87	16.96	20.09	62.11
	1.0超	68.51	21.35	75.46	15.12	19.13	65.79

（出所）厚生労働省「介護保険事業状況報告 平成16年度」及び総務省 「市町村決算状況調 平成16年度」より作成．

表 8-9　軽度及び軽度の居宅介護と相関関係

	居宅介護 軽介護（支援，要介護1,2）	居宅介護 重介護（要介護4,5）	
第1号被保険者1人当たり施設介護サービス	0.4863*	−0.4973*	N=2,248
条例上の保険料基準額（月額，第2期）	0.4423*	−0.4339*	N=2,248
第1号被保険者1人当たり保険給付額	0.4093*	−0.4087*	N=2,248

＊：有意水準1％
(出所) 厚生労働省「介護保険事業状況報告　平成16年度」及び厚生労働省「全国の地域別介護保険料額と給付水準を公表します」より作成．

指数の低い地域が高く，高支給地域は，財政力が高いほど高い傾向が見られる（また，居宅介護における重度の件数の割合では逆のことが見られる）．

この居宅介護の申請件数の割合は，表8-9にあるように，第1号被保険者1人当たりの施設介護支給額，保険料及び第1号被保険者1人当たりの給付と高い相関が見られている．

3-3　保険料等に関する比較

まず，それぞれの保険料の状況について低支給グループの保険者と高支給グループの保険者について，その違いを明らかにしたい．

表8-10では，各グループの保険者について第1号被保険者に関する基準保険料[10]の月額の平均を示している．また，全国は，すべての保険者の平均を出したものである．各グループの平均的な保険料は，低支給グループが最も低く，全国，そして高支給グループの順で保険料は高くなっており，それぞれに明確な格差が存在している．同時に，第1号被保険者1人当たりの給付額[11]についても，高支給グループの保険者と低支給グループの保険者では，約2倍近い給付の格差が存在している．このように，高支給グループの保険者では，相対的に高い保険料負担を求められるのと同時に，個人への給付水準は高いこととなる．同時に，高支給グループの保険者では，財政安定基金より貸付を受

表 8-10　保険料及び給付額の比較

	条例上の保険料基準額（年額）①	①÷12（月額相当）	基準保険料（第1号被保険者分）／介護保険特別会計（%）	国庫支出金／介護保険特別会計（%）	（基準保険料（年額）×第1号被保険者）／介護保険特別会計（予算額）
低支給グループ	30,643.4	2,553.64	17.02%	22.48%	19.70%
全　　　国	38,177.8	3,181.50	15.34%	24.82%	17.30%
高支給グループ	49,169.3	4,097.44	14.07%	26.35%	16.48%

（出所）厚生労働省「全国の地域別介護保険料額と給付水準を公表します」及び厚生労働省「介護保険事業状況報告　平成16年度」より作成．

けている保険者が多いことから，第3期以降におけるさらなる保険料の引き上げが予想される．

　介護保険特別会計における保険事業勘定[12]の歳入のうち保険料の占める割合も同時に掲載した．介護保険の保険料財政について，若干の説明を行うと次のようなしくみになっている．公的介護保険の費用については，1割の自己負担を除くと，社会保険として保険料で負担を行う部分と，国や地方公共体などによる公費負担の部分があり，その割合はそれぞれ50%である．このうち保険料については，第1号被保険者と第2号被保険者では納入方法が異なる．具体的には，第1号保険者については年金払いなどを通して直接保険者に徴収される．また第2号被保険者については，医療保険料とともに徴収され，社会保険診療報酬支払基金より，高齢化の状況や介護保険の運用状況によって，各保険者に交付を受けることとなる．そこで，介護保険財政の安定を考えるならば各地方団体で徴収が行われる保険料の割合が高い方が安定的と考えられる．

　あわせて，特別会計に占める保険料額の割合についても表記した．前者は，平成16年度全国の平均が15.3であるが，第3象限の団体における割合が17.0と高く，第1象限の団体の割合は14.1と低い．また後者については，「介護給付費負担金」，「介護給付費財政調整交付金」などを含む国庫支出の特別会計（歳入）に占める割合もあわせて掲載した．国庫支出金については，その割合

は保険料とは逆の傾向が見られた．このように高支給グループでは，相対的に大きな割合を移転的な財源に依存している．

また，この第1号被保険者の基準保険料の総額における割合については，介護保険導入時にマクロの予想では給付の17%であり，第2期運営期間では18%程度と考えらえていた．そのため，基準保険料（年額）を第1号被保険者人数で掛けた額と給付総額との割合が17～18%程度になった場合，当該の保険における保険料水準は適正なものと考えられる．そこで，給付と保険料の総額が，17%以下の場合，給付と比較して保険料は相対的に低く，保険料の引き上げの余地があるとともに，保険者の財政上の負担が増大する危険性がある．また，17%以上の場合は，財政上十分な保険料を確保でき，今後保険料の引き下げの余地が発生するものと考えられる[13]．そこで，全国平均の17.3%を基準に各グループの状況を見た場合，低支給グループでは，162団体（87.0%）の保険者が17.3%を上回っており，保険料における財政負担上の問題はない[14]．しかし，高支給グループでは，72団体（67.9%）も17.3%を下回っており，そのような保険者では，給付に対して相対的に低い保険料であるとともに，保険者に過度な財政負担が発生する危険性がある．

3-4　1人当たり支給額及び保険料の変化

2004（平成16）年度の値と2001（平成13）年度において　第1号被保険者1人あたりの支給額について，低支給グループと高支給グループで比較を行ったのが，表8-11である．第1号被保険者1人あたりの施設介護費用額の変化及

表8-11　平成13年度と平成16年度における支給額の変化（円）

	平成13年度第1号被保険者1人当たり平均支給額		平成16年度第1号被保険者1人当たり平均支給額		13年度比増加率の平均値	
	居宅介護	施設介護	居宅介護	施設介護	居宅介護	施設介護
低支給グループ	4,590.0	7,341.5	7,117.0	7,688.8	59.6	8.4
高支給グループ	8,593.4	15,731.2	13,074.3	16,007.3	65.2	3.1

（出所）厚生労働省「介護保険事業状況報告　平成16年度」及び「介護保険事業状況報告　平成13年度」より作成．

表 8-12 基準保険料（月額）平均額の変化

	基準保険料（月額）		金　額 円	前期比 (％)
	第2期	第3期		
低支給グループ	2,551.8	3,120.7	568.9	15.0
高支給グループ	4,073.8	4,856.3	782.6	24.4

（出所）厚生労働省「全国の地域別介護保険料額と給付水準を公表します」及び第3期の保険料については各保険者及び各都道府県の担当課に確認した．

び13年度対比による増加率については，若干低支給グループが高いものの大きな格差は存在しない．居宅介護の支給額については，増加割合は低支給グループが若干大きいものの明確な差は存在しない．また，保険料の金額については，高支給グループの額が高い．今後，高支給グループは，一層の支給額の拡大が続けば，保険者，被保険者はさらなる負担がのしかかる危険性がある．

また表8-12で保険料について，第2事業運営期（2004〜2006），第3事業運営期（2007〜2009）の値について比較を行った[15]．高支給グループは，保険料及びその変化の割合が低支給グループに比べ高いことがわかる．また，高支給グループでは，後期高齢者の割合が高いことから今後の介護保険に支給額の一層の増大が懸念される．事実，第3期（2007年度以降）と第2期（2004〜2006）とを比較した場合，沖縄県や青森県の保険者は保険料の高い傾向が見られ，逆に茨城県や福島県などでは低い傾向が見られた[16]．また高支給地域の団体で高額の保険料が発生しているケースがある（表8-13）．

加えて，高支給グループでは，安定化基金より借り入れている保険者が40％程度あるので，今後さらなる保険料負担の増加は一層高額な保険料への改定につながる危険性をはらんでる．

また，全体として，小規模自治体の変化が激しく，保険料の引き上げの場合は，小規模自治体の被保険者，保険者及び自治体には切迫した問題となるであろう．

表 8-13　都道府県別基準保険料の変化（第 2 期，第 3 期）と最高額と最低額

都道府県	平均額	変化率	最高 金額	最高 保険者名	最低 金額	最低 保険者名
北海道	¥3,910	11.30%	¥5,333	壮瞥町	¥2,600	紋別市，根室市
青森県	¥4,781	18.70%	¥5,950	東北町	¥3,500	今別町，大間町
岩手県	¥3,686	22.10%	¥4,250	矢巾町	¥2,883	奥州市（旧前沢町）
宮城県	¥3,648	21.30%	¥4,117	仙台市	¥2,684	七ヶ宿町
秋田県	¥3,988	19.60%	¥4,598	鹿角市	¥2,998	横手市
山形県	¥3,799	22.30%	¥4,320	酒田市（合併前の旧八幡町を除く）	¥2,944	尾花沢市
福島県	¥3,496	32.40%	¥4,276	いわき市	¥2,397	棚倉町
茨城県	¥3,461	32.50%	¥4,517	守谷市	¥2,300	坂東市
栃木県	¥3,549	26.40%	¥3,843	佐野市	¥2,537	市貝町
群馬県	¥3,980	32.20%	¥4,500	大泉町，上野村	¥2,517	東吾妻町
埼玉県	¥3,581	25.30%	¥4,250	鳩ヶ谷市	¥2,842	志木市
千葉県	¥3,590	25.00%	¥3,984	君津市	¥2,369	多古町
東京都	¥4,107	25.50%	¥5,900	利島村	¥3,300	桧原村
神奈川県	¥3,977	27.30%	¥4,260	寒川町	¥2,700	藤野町
新潟県	¥4,047	20.90%	¥5,500	粟嶋浦村	¥3,200	津南町
富山県	¥4,461	17.70%	¥4,970	魚津市	¥3,700	砺波地方介護保険組合
石川県	¥4,548	21.20%	¥4,980	能登町	¥2,500	川北町
福井県	¥4,128	19.00%	¥4,500	南越前町	¥2,720	おおい町
山梨県	¥3,616	27.50%	¥4,700	鰍沢町	¥3,000	山中湖村
長野県	¥3,900	25.80%	¥4,800	阿南町	¥2,400	栄村
岐阜県	¥3,819	28.90%	¥5,180	岐南町	¥2,200	七宗町
静岡県	¥3,590	22.20%	¥4,660	岡部町	¥3,000	川根町，新居町
愛知県	¥3,993	35.50%	¥4,580	日進市	¥2,900	音羽町，飛島村
三重県	¥4,089	32.30%	¥4,761	津市	¥2,800	木曽岬町
滋賀県	¥3,837	21.90%	¥4,700	豊郷町	¥2,840	安土町
京都府	¥4,427	24.30%	¥4,760	京都市	¥3,000	南山城村
大阪府	¥4,585	35.00%	¥5,529	岬町	¥3,698	豊能町
兵庫県	¥4,300	30.30%	¥5,000	稲美町	¥2,880	新温泉町
奈良県	¥3,957	25.50%	¥4,680	下市町	¥2,300	山添村，上北山村
和歌山県	¥4,513	28.00%	¥5,842	白浜町	¥3,023	太地町
鳥取県	¥4,321	18.90%	¥4,761	米子市	¥2,920	智頭町
島根県	¥4,267	28.30%	¥4,900	邑地郡総合事務組合，隠岐広域連合	¥3,640	斐川町
岡山県	¥4,449	21.60%	¥4,920	浅口市	¥3,407	瀬戸町
広島県	¥4,445	24.50%	¥4,853	熊野町	¥3,405	庄原市
山口県	¥4,088	13.00%	¥4,395	下松市	¥3,300	長門市，阿武町
徳島県	¥4,861	14.60%	¥5,750	板野町	¥3,600	海陽町
香川県	¥3,812	15.90%	¥4,950	宇多津町	¥2,700	土庄町
愛媛県	¥4,529	27.70%	¥5,208	東温市	¥2,974	上島町
高知県	¥4,453	15.20%	¥5,400	南国市	¥3,400	大豊町
福岡県	¥4,584	23.10%	¥5,570	嘉麻市	¥3,660	宗像市
佐賀県	¥4,514	23.10%	¥5,123	杵藤地区広域市町村圏組合	¥3,789	有田町
長崎県	¥4,765	33.40%	¥5,850	江迎町	¥3,300	波佐見町
熊本県	¥4,412	16.10%	¥5,200	南阿蘇村，相良村	¥3,100	水上村
大分県	¥4,217	22.80%	¥4,760	宇佐市（旧宇佐市）	¥3,500	姫島村
宮崎県	¥4,136	13.70%	¥5,175	清武町	¥3,000	都農町
鹿児島県	¥4,122	8.10%	¥5,800	大和村，宇検村	¥2,800	三島村
沖縄県	¥4,875	-1.70%	¥6,100	与那国町	¥3,500	多良間村

（出所）『シルバー新聞』2006 年 6 月 16 日分（一部加筆）．

4. むすびにかえて

以上のように介護保険における高支給グループと低支給グループについて，それぞれの現状を見てきた．

居宅介護サービス及び施設介護サービスのそれぞれ高いケースと低いケースについては，次のような要因であるように考えられる．当然のことながら，それぞれの支給額は申請件数と強い相関が見られる．またそれは，それぞれのサービスだけではなく，第1号被保険者1人当たりの給付額についても相関が見られ，特に施設介護サービスについては，費用が高いことから強い相関が見られている．

そこで，居宅介護サービスについて，支給額または件数が高い理由としては，軽度の介護者の利用が高く，相対的に居宅介護のうち軽度介護の割合を高めていることが，全体として申請件数を高めていると考えられる．そのため，居宅介護の適正化，効率化のためには，軽度の居宅介護の受給者に対する対応が必要となると思われる．このような適正化の手段としては，介護予防が，有効であると想像できるが，有効性の判断については，制度導入後の推移を見守る必要があろうと思われる．

また，要支援や介護1の介護保険利用者については，一般に介護に要する時間は少ない[17]．そのため，一般のボランティアなど介護有資格者でなくても，一定の介護ができるように，現行の介護保険にNPOやボランティアなどを融合させるしくみが必要である．地域福祉などを，一層，広範にかつ積極的に推進するしくみを構築する必要があると思われる[18]．

サービス利用者が狭い範囲に集中して居住していること，営利，非営利の団体が積極的にサービスを展開していることから，都市部では，効率的な介護サービスの提供が実施されていると思われる．また，本章では，低支給の都市部では，件数が少ない傾向が見られた．申請件数が少ないことは，今後，詳細な分析が必要だと思われるが，家族内の介護等が影響しているとも考えられる．

次に，施設介護サービスであるが，これは介護施設の整備状況が，支給額の大きさに影響を与えていると思われる．そのため適切な介護施設の定員管理は十分な配慮が必要だと思われる．とりわけ，財政，経済的に小規模な保険者では，施設介護サービスが，支給額，介護特別会計の予算規模そして保険料に大きな影響を与えるため，適正化への配慮が十分求められる．他方で，当該の保険者地域内に介護施設がない，または施設介護における利用者のニーズとの大幅な乖離が生じている保険者もあると思われる．介護施設が少ないことで，支給額及び保険料などが低いものの，施設介護を利用するために他の保険者地域まで行かなくてはならないケースも見られる．

　最後に，小規模保険者において介護保険の運用ついては，十分な配慮が必要だと思われる．事実，高支給グループのうち，80％以上は財政力指数が0.5以下であり，さらに財政力が0.25以下の保険者は全体の約3分の1を占めている．また，このような団体は財政安定化基金より貸付を受けているケースが多く見られるため，保険者及び被保険者とも，このままで行けば大きな負担に直面することとなると危険性が存在する．そのようなリスクの回避には，施設介護定員管理の他に，広域化が必要だと思われる．広域化と効率化についてはさらなる調査が必要だと思われるが，少なくとも，被保険者の拡大は，リスクの負担を軽減させると思われる．

1)　後述の表8-6などでわかるが，保険料や給付額の決定には，施設介護費用が強く影響を与えている．
2)　厚生労働省 H.P.（http://wwwdbtk.mhlw.go.jp/toukei/kouhyo/indexkk_7_5.html）平成16年度（平成16年3月サービス分から平成17年2月サービス分まで）を利用した．
3)　ここで第1号被保険者を利用したのは，綱辰幸（2006）を参考とした．
4)　住民基本台帳登載人口（平成17年3月31日）を利用した．人口については以降についても同じである．
5)　図中福島県東村については，居宅介護の件数がマイナスとなるため，図には入っていない．
6)　青森県の保険者事例については，田近・油井・菊池（2005 a）（2005 b）を参照のこと．
7)　一部事務組合，広域連合の財政力指数は自治体間の単純平均を利用した．以降

についても同じ取り扱いを行った.
 8) 施設定員については,厚生労働省 H. P. の「介護サービス施設・事業所調査」(平成 15 年度)を利用した.
 9) 住所地区特例とは,「介護保険施設に入所することにより,その施設の所在地に住所を変更したと認められる被保険者については,住所変更以前の住所地の市町村とする措置.」(京極高宣(2002))である.
 10) 厚生労働省 H. P. の「全国の地域別介護保険料額と給付水準を公表します」の数値を利用した.
 11) 厚生労働省 H. P. の「平成 16 年度保険事業会計予算(歳出)」より作定した.
 12) 注 8) と同じ.
 13) 田近・油井・菊池(2005 b) 60-61 ページ.
 14) 七山村,玄海町,三島村は,特異な数値となるため表 8-10 では除いた.この 3 保険者を含めた平均値は 20.49% である.
 15) 第 3 期に市町村合併が行われた保険者について,平均一負担でない場合,合併前の保険者の人口が,合併後団体における人口の 30% 以下となる団体については計算から排除した.
 16) 『シルバー新聞』2006 年 6 月 16 日.
 17) 服部万里子(2004) 37 ページ.
 18) 綱(2005).

参 考 文 献

京極高宣(2002),『介護保険事典』中央法規出版.
健康保険組合連合会編(2004),『社会保障年鑑 2004 年版』東洋経済新報社.
健康保険組合連合会編(2005),『社会保障年鑑 2005 年版』東洋経済新報社.
小林雅彦・田村幸子編著(2002),『住民参加型の福祉活動』ぎょうせい.
坂本忠次・住居広士編著(2006),『介護保険の経済と財政』勁草書房.
田近栄治・油井雄二・菊池潤(2005 a),「時論!介護保険における都道府県の役割——青森県のケース・スタディ(前編)」『健康保険』第 59 巻第 10 号,52-56 ページ.
田近栄治・油井雄二・菊池潤(2005 b),「時論!介護保険における都道府県の役割——青森県のケース・スタディ(後編)」『健康保険』第 59 巻第 11 号,60-67 ページ.
綱辰幸(2006),「介護保険者としての経済と財政」坂本忠次・住居広士編著『介護保険の経済と財政』勁草書房,159-173 ページ.
綱辰幸(2005),「高齢者福祉と住民参加に関する現状とその課題——介護保険を中心として——」『長崎県立大学論集』,第 39 巻第 1 号,121-150 ページ.
豊田謙二・高橋信行(2002),『地域福祉と介護保険』ナカニシヤ出版.
服部万里子(2004),「NPO 法人とこれからの介護保険」『月刊自治フォーラム』(財)自治研修協会(編集),34-39 ページ.
油井雄二(2005),「介護保険改革——何が問題なのか」『租税研究』第 668 号,57-65 ページ.

油井雄二（2006），「保険者データによる介護保険の分析：青森県のケース」『フィナンシャル・レビュー』第80号，187-203ページ．

横山純一（2005），『高齢者福祉と地方自治体』同文舘出版．

第3部

諸外国の分権化財政

第 9 章

アメリカ州・地方税構造の脆弱性と連邦租税政策の州・地方財政への影響予測

1. はじめに

　ここでは，分権時代の税財政をアメリカについて考察する．確かにアメリカでも，1980年代以降福祉分野を中心に州・地方への事務の分権化が進む．それに合せて州・地方は，自主財源を強化せざるをえなくなる．州・地方は連邦から独立した課税権を持つために，日本の三位一体改革のように税源移譲を求める必要はなく，増税に訴えればよいように思われるが，反税感情の強いアメリカでは，それは容易ではなく，結局利用者課徴金・保険料・雑収入等税外収入に訴えることになる．

　とはいえ，州・地方は，税外収入に依存し続けるのも限界があり，ブッシュ政権が巨額の財政赤字を再び抱え込んでいて財政再建が再び大きな政治課題となっている中で，連邦補助金の拡大は望むべくもなく，税財源強化の在り方を真剣に問わなければならない時期に来ている．

　確かに，全政府歳出に占める連邦対州・地方の割合及び全政府自主財源に占める連邦対州・地方の割合を見ると，いずれにおいても依然連邦が50％以上を占めているものの，その割合が減少傾向を示し，逆に州・地方の割合が増加傾向を示しており，財政統計で見る限り，州・地方への分権化が進んでいると

いえるだろう．しかしながら，1980年代以降今日まで福祉国家財政再編過程において，政府間関係が単純に分権化していると理解してはならない．

この点は，拙著『アメリカ財政の構造転換—連邦・州・地方財政関係の再編—』（東洋経済新報社，2005年）で明らかにしたところであるが，ここで再度確認しておこう．アメリカでは，1980年代以降連邦政府の巨額の財政赤字を背景に福祉国家財政の再編が進められるが，それは同時に連邦・州・地方財政関係の再編を伴って推進された．すなわちアメリカ福祉国家財政の再編過程で政府部門のすべての会計にアカウンタビリティが求められ，それが政府間財政関係を強制的連邦主義と競争的連邦主義の世界に変え，この環境の中で，上級政府に依存してきた州・地方は自活の道を歩まざるをえなくなった．

連邦マンデイトと州・地方への実施権限の委譲（ウェイバー，ブロック補助金化等）により競争を促進し行政を効率化させようとする，強制的連邦主義と競争的連邦主義が相克・併存する中で，州・地方は福祉分野を中心とした事務の分権化に応え，自主財源を強化することでもって自活型連邦主義を展開せざるをえなくなったのである．

ところで，州・地方は自主財源の強化を，主に税外収入の増徴に求めてきたことは既に述べた．この税外収入の拡大に依存し続けるのが限界だとすれば，税収増の方向に切り替えざるをえないのであるが，州・地方税はいかなる問題に直面しているのか，特に州税を中心に検討するのが本章での課題である．

以下2．では，高齢者対策費と無財源連邦マンデイトがいかに州・地方財政にとって大きなコスト圧力になっているかについて述べる．3．では，そのコスト圧力に耐えるべき州・地方税の構造がいかに脆弱であるかについて述べる．4．では，今後州の課税権を大きく侵害する恐れのある主な連邦租税政策を取り上げて検討する．5．では，今後の展望を込めて一定のまとめを行う．

2. 州・地方へのコスト圧力
——高齢者対策費と無財源連邦マンデイト・コスト

2–1 高齢者対策費就中メディケイド費の膨張圧力

州・地方は，2000年代初頭不況下の財政難を全般的には脱したとはいえ，歳出・歳入の両面での構造的財政赤字要因を抱えている．歳出面での構造的財政赤字要因の1つは，高齢者対策費就中メディケイドを中心とする医療費の膨張であり，もう1つは，連邦政府の財政赤字を背景とする無財源連邦マンデイト・コストの州・地方への転嫁である．ここでは，前者について述べ，後者は次の2–2で述べる．

2011年からベビーブーマー世代が退職し始め，2030年には5人に1人が65歳以上の高齢者となる見通しである．州・地方は，高齢者向けのメディケイド等の医療費，社会サービス費，輸送費，退職州・地方公務員に年金給付費・医療費等をこれまで以上に負担せざるをえなくなる．

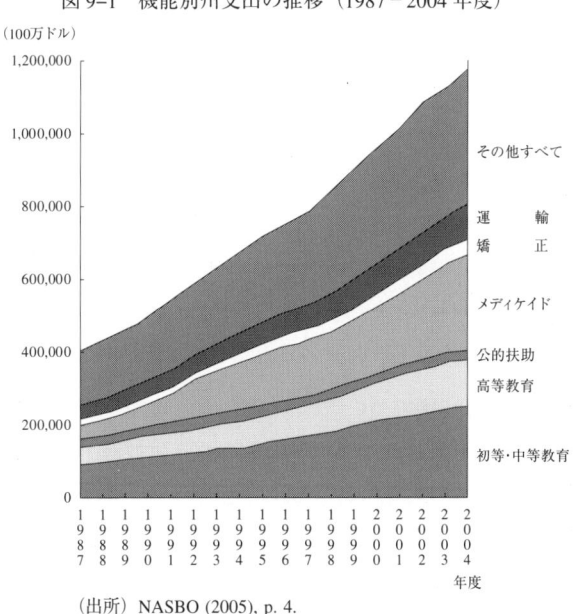

図9–1　機能別州支出の推移（1987–2004年度）

（出所）NASBO (2005), p. 4.

図 9-1 は，1987〜2004 年度期の州の全支出の機能別推移を示したものであるが，今や（2004 年度）単独の費目としては，メディケイドが全体の 22.3% を占め筆頭の位置に立ち，初等・中等教育費が 21.4%，高等教育費が 10.9% とそれに続いている[1]．メディケイドは，2006 年度でも全州支出の約 22% であるが，それを含めた全医療関係費は 32% にもなる．2000 年代初頭不況に入って以来，州は，医療供給者への支払いの凍結や削減等コスト削減戦略を進めてきたが，それでもメディケイドの伸びは，2005 年度 7.5%，2006 年度 6.1% と相当大きい[2]．

2-2 無財源連邦マンデイトの州・地方へのコスト圧力

連邦政府の発する無財源マンデイトは，1990 年代初頭において，不況で財政難に陥っていた州・地方政府に大きなコスト負担を強いることになり，州・地方 7 団体は大きな抗議行動を起こし，1995 年に無財源マンデイト改革法（UMRA）を成立させることに一応は成功した．

しかし，UMRA のマンデイトの定義域が狭く，2000 年代初頭において，不況で財政難に陥った州・地方政府に再び無財源連邦マンデイトのコストが重くのしかかった．予算政策優先研究所の推計では，連邦政府の財政行動（強制的連邦主義を具現）が 2002〜2005 年度期の 4 年間に 1755 億ドルのコストを州・地方に負担させることになった．連邦政府の財政行動には，① 2001〜2003 年のブッシュ大型減税，② インターネット売上課税，③ インターネット接続課税，④ 特別教育，⑤ 落伍児童一掃法，⑥ 選挙投票設備改善，⑦ メディケア処方薬関連といった項目が含まれている．これらのマンデイトコストを合せると，全州プラスワシントン DC の対一般会計歳出割合で 8.4% にもなり，その割合が 11% 以上 15% 未満の州の数は 11 州にも上っている[3]．

2005 年度の日本の税源移譲 3 兆円を同年度の地方財政計画歳出額と対比すると 3.6% 程度に過ぎず，それでもあれほどの大問題になったのであるから，上記 8.4% という数値は，いかに州財政にとって大きな負担となるものかは推測されよう．しかも，上記の連邦財政行動には，メディケアからメディケイド

へのコスト転嫁等がカウントされていないので，それらを入れると，連邦の財政行動による州・地方の負担の数値はもっと増加する．

強制的連邦主義は，この研究の第一人者 J. キンケイドの見立てでは，国防（Defense），高齢化の人口問題（Demography），長期財政赤字（Deficit），多くの国内プログラムにおける連邦の財政的役割の解体（Deconstruction）という4つのDと関連したコスト圧力で，一層進展するという[4]．

国防及び国土安全保障に絡むコストは，2001年9月11日のテロ以来急増し，2006年度には連邦支出の約4分の1を占めるようになっているが，それらの費用を含む裁量的支出の約3分の1を占める補助金は，割を食って削減の圧力に曝される．そればかりでなくアフガンやイラクでの戦争に多くの州兵部隊が動員され，州は自然災害のような緊急時に十分対応できない事態になっており，それに対応できる準備をしておこうとすると州・地方に大きな自己負担を強いることになる．

人口の高齢化に伴って，社会保障，メディケア，メディケイド等経費は増大しており，2006年度連邦予算の約46％を占めるようになっている．新たに加わったメディケア処方薬の給付には，今後10年間に7000億ドルの費用がかかる見通しである．これは連邦財政のみならず，州財政にとっても最大の経費膨張要因である．しかも，州・地方の場合，連邦補助が制約されてくる上，高齢者の増税への抵抗も大きいので，財政的困難は増すことになる．

国防費や福祉エンタイトルメント支出の増嵩は，減税と並んで巨額の赤字を生み出し，裁量的国内プログラム特に州・地方への補助金に削減圧力を強めてきている．

連邦政府は歳出削減や様々な国内プログラムからの撤退を行っているが，州・地方への政府間規制を止めようとはしていない．このため，州・地方政府は，国内公共サービスの費用の多くを肩代わりし，また多くの場合政府間規制に応えざるをえない．全国州議会協議会（NCSL）は「マンデイト・モニター」の中で，連邦マンデイトプログラムを実施するためのコストは州にとって2004年度で290億ドル，2005年度で350億ドルかかるといっている．

3. 州・地方税構造の脆弱性

3-1 州・地方一般歳入構成の推移

図9-2は，州・地方歳入構成の推移を示したものである．利用者課徴金が1980年代前半から，連邦補助金が1980年代後半から顕著な伸びを示している．ただ，連邦補助金の伸びを主導しているのは，メディケイド目的の補助金であって，他の補助金は伸びていない．メディケイド補助金は，連邦政府が州へメディケイドコストを転嫁しようとする行動に対し，メディケイドがオープンエンド型の定率補助金であることを利用して，州政府が補助金最大化行動を取ることによって拡大してきたものであって，今日連邦政府がそれへの対策を講じるようになっているので，今後州がメディケイド補助金を最大化できる保証はない．

州・地方の基幹税である，売上税，個人所得税，財産税は総じて1980年代以降安定的であるが，分権化に伴う州・地方の経費膨張に対応できていない．州・地方は，2000年代初頭の不況による深刻な財政難から全般的には脱却し

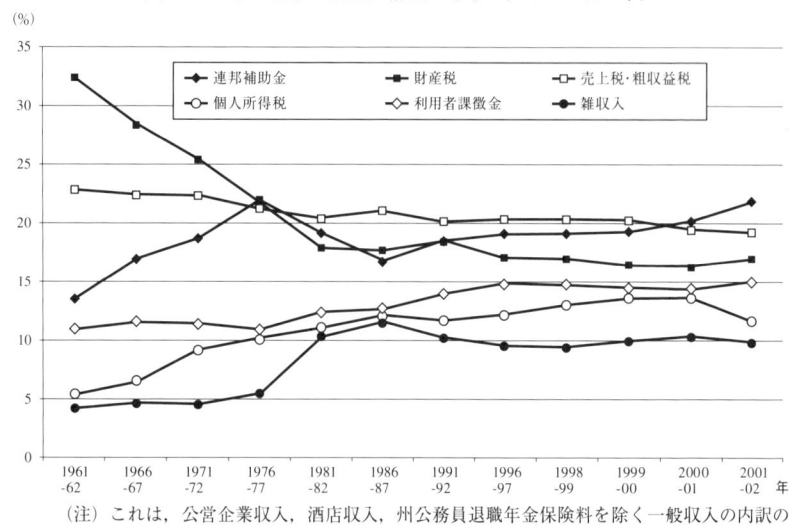

図9-2 州・地方一般歳入構成の推移（1961－2002年）

(注) これは，公営企業収入，酒店収入，州公務員退職年金保険料を除く一般収入の内訳の推移を示している．
(出所) Fisher (2006), p. 13.

たとはいえ，依然構造的な財政赤字要因を抱えているといわねばならない．

3-2 州・地方の主な構造的財政赤字要因

州・地方は，次のような主な財政赤字要因を抱えている[5]．

第1に，州・地方は所得税，売上税，財産税に数多くの福祉関連（特に高齢者向け）の租税支出を設けており，それらは州・地方段階で「隠れた福祉国家」を形成している[6]．ベビーブーマー世代が2011年から65歳を迎えるだけに，彼らを支えるべき州税基盤が皮肉にも「隠れた福祉国家」によって掘り崩されてくる．

28州が完全に社会保障所得について，所得税を免除している．年金所得は33州で完全にあるいは部分的に免税扱いとなっている．10州のうち9州は高齢者に対して，所得控除，概算控除，税額控除等で優遇措置を講じている．

また，売上税は逆進的なので，広く低・中所得層に，食料，処方薬，公共料金（電気・水道等）等の負担軽減措置を講じている．その他高齢者には，売上税額控除，売上税払戻し等がある．さらに高齢者は，若い人と比べて，家具，衣類，車，ガソリンといった課税財貨に支出することが少ないので，州売上税の徴収は，人口の高齢化が進むにつれて侵食されていく．

多くの州は，高齢者向け財産税軽減プログラムのコストを地方政府に援助している．26州が高齢者向けの住宅控除，税額控除を実施している．

第2に，合衆国経済は，財貨からサービスにシフトしている．サービスの生産と消費の重要性が高まってきているのに，多くの州では，売上税が大部分有形財貨にかかって，サービスにはかからないために，州・地方売上税収の伸びが鈍化してきている[7]．また，それは，サービス産業が同規模の製造業と比べて課税すべき財産を余り持っていないために，財産税収入の伸びを制約している．

第3に，インターネット販売やオンライン販売が急速に伸びていて，それが売上税収入を著しく減らし出している．インターネットによる商取引は，州所得税を回避するための機会を切り開いていくかもしれない[8]．

第4に，州法人税が侵食されている．運輸・通信の進歩で法人はアメリカ国内あるいは世界中でどこでも活動できるようになった．そのために，多くの州が法人税を課す方法が古くさいものになってしまい，また州が課税利益を確定するのを非常に難しくしている．さらに，法人は特定の地域に立地を維持したり確立したりする条件として，州に特別減税措置を要求することで，移動性をますます利用するようになっている．それは翻って，州法人税を侵食することになる[9]．

　第5に，州所得税が侵食されている．州所得税の構造は，多くの州がこの半世紀以上に亘ってその最も基本的な法律を変えることができなかったので，連邦所得税よりフラット化（すなわち累進性が低下）してきている[10]．

　また，多くの州は，最高所得税率を引き下げ，さらに経済成長と比べて所得税徴収の伸びを下げてしまった．

　第6に，州が課税・支出制限や絶対多数決ルールを採用したことである．多くの州は，課税及び支出に対する憲法上の制限や，あるいは増税についての絶対多数決ルールのような，州・地方財政における厳格な条件を要求している．これらの制限は，政策立案者たち（議員たち）が租税法を改正し，予算要求の変化に合せることを困難にしている．

　第7に，州・地方税収入を阻害する連邦政策がある．多くの連邦法は，州が一定の活動に課税することを禁止している．例えば，インターネット課税停止法は，州がインターネット接続に消費者が支払う手数料に対して課税することを禁止している．インターネットが通信に使われる方途が拡大するにつれ，そうした禁止条項は州がその税制度を近代化しようとする能力をますます掘り崩している．さらに，連邦政府はやろうと思えばできるのに，電子商取引の州売上課税問題に取り組むのを拒絶してきた．

　だが，これ以外にも，現に州・地方政府が直面している，連邦租税政策による州・地方の課税権の侵害問題がある．その中の主要なものを次の4．で検討する．

3-3 各州の構造的財政赤字要因の該当度

ここで，各構造的財政赤字要因の該当する州の数を確認し，さらに各州が幾つの構造的財政赤字要因を抱えていて，全州の中でどういう位置にあるのかを見ることにしよう。

表9-1は，上記の8項目の州の構造的財政赤字要因をベースとして，州の

表9-1 各構造的州財政赤字要因の該当する州の数

	要素	尺度（サブ要素）	構造的財政赤字リスク増加の目安	該当州数
1	売上税下のサービス課税	売上税課税ベースの幅の変化	売上税課税ベースの幅の平均より大きな下落	24
		売上税課税ベース中の家庭用サービスの数	課税される家庭用サービスの数が平均より少ない場合	22
2	州法人所得課税	全税収に占める法人所得税のシェアの変化	全税収に占める法人所得税のシェアの下落が平均より大きい場合，または法人所得税がない場合	26
		ループホールの数	2つ以上のループホールが存在するか，または法人所得税がない場合	25
3	電子商取引課税	電子商取引のために喪失した売上税収額	税収入の喪失が平均より大きい場合	27
4	高齢者優遇措置	高齢者のための所得税優遇措置	ウォレス＝エドワードの研究で測って，高齢者優遇税制を平均より大きく適用している場合	21
		高齢者のための財産税優遇措置	高齢者向けのミーンズテストのない住宅税控除・免除	12
5	州所得税構造	個人所得税の累進性の程度	累進性の弱い（フラット税率ないしトップブラケットが低税率）所得税，または個人所得税がない場合	28
6	州住民の支出要求	メディケイドの一般会計予算に占めるシェア	メディケイドの一般会計予算に占めるシェアが平均より大きい場合	20
		一般人口と比較しての高齢人口の伸びの相違	一般人口の伸びと高齢者人口の伸びとの差が平均より大きい場合	17
		SSI受給非高齢者のシェア	SSI受給人口のシェアが平均より大きい場合	26
		特別な扱いの必要な生徒のシェア	特別な扱いの必要な生徒のシェアが平均より大きい場合	32
		一般人口と比較してのK-12年齢人口の伸びの相違	一般人口と比較して，K-12年齢人口の伸びの方が大きい場合	6
		一般人口と比較しての高卒者の伸びの相違	一般人口と比較して，高卒者の伸びの方が大きい場合	12
7	租税政策の選択	累進税の削減と逆進税の引上げ	景気の上昇期の累進税削減と景気の下降期の逆進税の引上げ，または両方	42
8	課税執行上の障害物	州の課税制限・支出制限の存在	州の課税ないし支出が制限を受けている場合	29
		絶対多数決要件	増税に絶対多数決が要求される場合	33
		財産税課税制限の存在	財産税ないしその評価が制限を受けている場合	16
9	州税に対する連邦税の影響	連邦税の変更とのリンケージ	2001年の連邦税制改革の1つないしそれ以上の改正点とリンクしている場合	38
10	他の研究からの要約的尺度	ホヴェイ，ボイド，あるいはベーカー／ベッセンドルフ／コトリコフの研究結果	2つ以上の研究が1％かあるいはそれ以上の構造的赤字を見い出している。	37

（出所）Lav, McNichol and Zahradnik (2005), p. 83, Table 17, pp. 85-90, Table 18 より作成。

表 9-2　構造的財政赤字に寄与する要因の数で見た各州の位置

10 ないし 9	8	7	6	5	4 ないし 3
アラスカ	アラバマ	アリゾナ	コネチカット	カンザス	ミネソタ
アーカンソー	ジョージア	カリフォルニア	デラウェア	ルイジアナ	ネブラスカ
コロラド	ケンタッキー	ハワイ	イリノイ	メイン	ニュージャージー
フロリダ	ミズーリ	アイダホ	アイオワ	メリーランド	ノースダコタ
ネヴァダ	ロードアイランド	インディアナ	マサチューセッツ	ニューヨーク	ヴァーモント
ニューメキシコ	サウスダコタ	ミシガン	モンタナ		ウィスコンシン
ペンシルヴェニア	ワシントン	ミシシッピー	ニューハンプシャー		
サウスカロライナ		オクラホマ	ノースカロライナ		
テネシー		ヴァージニア	オハイオ		
テキサス			オレゴン		
ワイオミング			ユタ		
			ウェストヴァージニア		

リスクが最も大きい　←――――――――――――――――――――――→　リスクが最も小さい

（出所）Lav, McNichol and Zahradnik (2005), p. 45, Figure 1.

構造的財政赤字原因になりそうな要素を 10 個選び，さらにそれぞれの要素が構造的財政赤字の原因になる際のそれを測る尺度を選び，最後にそれぞれの尺度について構造的財政赤字のリスクを増加させる目安を設けて，その目安に該当する州の数を集計して示したものである．サブ要素で見て 20 項目のうち，11 項目が全米 50 州中半分以上の州の構造的財政赤字要因となっている．

表 9-2 は，全米の各州が表 9-1 の 10 個の要素のうち，幾つ構造的財政赤字となる要素を抱えているのかを総括的に示している．最も少ない州でも 3〜4 個の要素を抱えている．最も多い州では 9〜10 個の要素を抱えている．アラスカ，アーカンソー，コロラド，フロリダ，ネヴァダ，ニューメキシコ，ペンシルヴェニア，サウスカロライナ，テネシー，テキサス，ワイオミングの 11 州は最も財政赤字のリスクの高い州である．

4．連邦租税政策（租税マンデイト）の州・地方財政への影響予測

4-1　4 つの連邦租税政策

ここでは，2004 年以降に出された連邦租税政策（租税マンデイト）のうち，

今後の州・地方財政に影響の出る可能性のある次の4つを取り上げる．第1は，2004年に成立した連邦適格生産活動所得（QPAI）優遇税制である．第2は，2005年の第109議会に，2003年のものを再度提案した企業活動税簡素化法である．この法案は，2006年6月28日に下院司法委員会で承認されている．第3は，2005年11月1日に，大統領の連邦税制改革諮問委員会が提出した，連邦税制改革案である．第4は，(1) 既に実施された2001年，2002年，2003年のブッシュ減税，(2) 2006年2月6日に大統領が提案した，新たな減税を含む2007年度予算案，(3) 議会における相続税の恒久的廃止案等の連邦租税政策である．以下順に，これらの法律（案）の州・地方財政への影響予測について検討する．

4-2 連邦適格生産活動所得（QPAI）税制の導入と州の否認の広がり

（1） 連邦適格生産活動所得（QPAI）税制の導入とそれに伴う州の税収喪失

2004年に内国歳入法セクション199として制定されたQPAI優遇税制は，近年ではアメリカの法人にとって最大の新規優遇税制である．これについて，以下E. マックニコルとN. ジョンソンの解説を参考に説明する[11]．

QPAI優遇税制は，適格生産活動という食料生産，ソフトウェア開発，映画製作，公益事業（電力／天然ガス）といった様々な活動を含む，製造活動を超えた幅の広い部門から生じる利潤をベースに，企業が減税を請求することを認めるものである．2つの連邦機関の推計では，連邦政府は2006年度に36億ドル〜54億ドル税収を喪失し，この規定が完全実施となる2010年度には120億ドル〜160億ドル税収を喪失する見通しである．これらの推計は，もし州税法が連邦のその規定に合致したものであれば，州は法人税収の5％と個人所得税収の幾許かを喪失する可能性があることを示している．

（2） 連邦QPAI優遇税制の州の否認

州がそのような税収の喪失を甘受しなければならないわけではないので，18州とワシントンDCは，連邦QPAI優遇税制の否認を選択した．これらの州は，この否認によって2005年度で大体3億ドル〜4億ドルの税収を保全でき，

その新税制が完全実施に入る5年後には年間8.5億ドル〜12億ドルの税収を保全できる．この金額はすべての州が連邦QPAI優遇税制を州税制において否認しなかった場合に受ける税収喪失予測額の約半分になる．換言すれば，QPAI優遇税制をまだ否認していない29州には年間8.5億ドル〜12億ドルの税収喪失のリスクがあるということである．

また，18州が連邦QPAI優遇税制の州税制への適用を否認したのは，それによる州税収の喪失を回避するためであったのは違いないが，それ以外に次のような考慮も働いていた．企業は，州内活動に対してそうするのと同様に州外の「生産」活動に対しても控除を要求できるために，州内の職を保護したり創出したりしそうにないことである．控除で喪失する税収がそうならずに手元に残っていれば，何ほどかの数のより良い州内投資に支出した方がずっとよいからである．

なお，連邦QPAI優遇税制を州税制に適用しないことは，税務行政上簡単にできることである．ただ，企業に控除額を課税所得に戻して加算することを，要求すればよいだけである．

4-3　2005年企業活動税簡素化法の州・地方財政への影響予測

2005年4月28日に，2005年企業活動税簡素化法案（H. R. 1956）が，ヴァージニア州選出のR．ボウチャー及びB．グッドラッテ両下院議員によって議会に提出された．この法案は，2003年10月1日に同じく両下院議員によって導入された2003年企業活動税簡素化法案（H. R. 3220）と著しくよく似ている[12]．

H. R. 1956法案の提案者であるグッドラッテは，この法案の目的について次のように説明している[13]．

第1に，これは州外の企業体から企業活動税を徴収する州・地方の権限を明らかにするような明確な指針を提供すること．

第2に，企業が企業活動税をどういう時に支払う義務が生じるのかを決める特別の基準を設けること．特にその法律は，州がフランチャイズ税や企業免許

税，その他企業活動税を課す前に，州外の企業が州内に物理的実体を持たねばならないとするような「物理的実体」テストを設けている．

　第3に，公正さを保証し，訴訟を最小化し，企業が投資をし，州際通商特に電子商取引を拡大し，経済を成長させ，新しい職を創出するのを促すような法的に確かで安定した企業環境のようなものを創り出すこと．

　第4に，州・地方が州内に物理的実体を持つ企業にサービスを提供する時に，かなり州・地方がそれに対して償いを受けられるように保証すること．

　要するに，H. R. 1956法案は，州・地方の企業活動税（BATS）について連邦が要求するネクサス基準を置こうとするものである．

　しかし，ネクサス基準はまずは州法で定められている．もし企業が州内で何らかの営業活動に従事していて，州にネクサスがあるとされた場合には，企業活動税を支払わねばならない．最も広く課されている企業活動税としては，45州とコロンビア特別区が課税している州法人所得税がある．また，それ以外にも幾種類もの企業活動税がある．州法のネクサス基準に従って，これらの企業活動税が課せられるが，それは絶対的なものではなく，連邦法はそれに取って代わることができる．H. R. 1956法案は4つの点でそうすることを提案している[14]．

　第1に，H. R. 1956法案は管轄州が企業に企業活動税を支払わせるには，その前提として企業が州内で物理的実体を有していなければならないことを明らかにしている．この規定は，州内に物理的実体を有していない企業が，州内の住民ないし他企業に経済的に意味のある販売行為をしている場合には，その州とネクサスを確立していると主張する多くの州法を無効にすることになる．

　第2に，H. R. 1956法案が成立すれば，企業の中には，ネクサスを創り出すことなしに州内に物理的実体を持つことが可能となる企業も出てくる．この法案は，多数のネクサスの安全な港を創ることになる．この安全な港というのは，法人やその他の企業が州内に持っているが，それにも拘らずもはや企業に対する課税ネクサスを構成するのには十分でないと見なされる様々の明らかな物理的実体を指している．例えば，H. R. 1956法案は，1年間に21日以上州

内に不在である限り，法人がネクサスを創り出すことなしに州内に無条件で従業員と財産を有することを認めている．

　第3に，H. R. 1956法案は，実質的に現在のネクサスの安全な港を拡大している．連邦公法86-272号は，法人はもしその州内の唯一の活動が有形財の注文の勧誘であり，その後州外の事業（場）所からその財貨が配達される場合，州法人所得税が課せられないと規定している．その法的に護られた勧誘はただ宣伝するだけの行為かもしれないし，巡回販売員を使って行われるかもしれない．H. R. 1956法案は，公法86-272号の適用範囲を経済のすべてのサービス部門に拡大し，それをすべてのタイプの企業活動税に当てはめようとしている．

　第4に，H. R. 1956法案は，州外企業のために活動している，非従業員又は他の企業によって州内で行われた活動を根拠にして州外法人に対するネクサスを主張する州の権能に新たに制限を加えることになる．

　結局まとめていえば，H. R. 1956法案は，法人所得税やその他企業活動税を課税するためのネクサス基準を実質的に引き上げることを狙っているのである．そうすることによって，州がこれらの税を州外の法人に課税するのを困難にしようとしているのである．

　さて，対象となるのは州法人所得税とその他企業活動税であるが，その他企業活動税にはどのような税が含まれるのであろうか．それには，粗収益・粗所得・粗利潤にかかる税，営業免許税，事業税・職業税，フランチャイズ税，単一事業税・資本ストック税，州内で行われる営業・営業関連活動の総数ないし経済的結果で測られるその他の税や，州内で営業をする権利に対して州が課すその他の税等が含まれる．

　州が課しているこのような企業活動税と同様の税を課している地方政府は，同じくこれらの税を課すことを禁止されることになる．この法案に含まれている企業活動税の定義を使うと，2004年では州・地方企業活動税は898億ドルで，州・地方税収入総額9,255億ドルの9.7％になった．また2003年では州・地方企業活動税は9,980億ドルの水準で，州・地方税収入総額9,642億ドルの

10.4％になった[15]．

2005年企業活動税簡素化法案（H. R. 1956）は2005年4月28日に議会に提案され，2006年6月28日に下院司法委員会で承認を受けた．その後下院本会議に上程された．この企業活動税簡素化についての上院案（S.2721）は，2006年5月4日に上院議員C．シュマーによって上院に提出されている．本稿執筆時点ではそれらの提案の最終的結論はまだ出ていない[16]．

4-4　2005年連邦税制改革案の州・地方財政への影響予測

2005年11月1日に，ブッシュ大統領の連邦税制改革諮問委員会は，2つの連邦税制改革案を報告書にして提出した．ここでは，この報告書を詳細に検討したアーネスト・ヤングLLPの租税専門家によるガイドを参考に，2つの税制改革案の概要と特にそれらの案が実施された場合の州・地方財政への影響について考える[17]．

（1）2つの連邦税制改革案の概要

ブッシュ政権が税制改革を迫られているのは，次のような理由による．第1に，ベビーブーマーの第一波が退職し始め，これまで本当の財政赤字の規模をぼかしてきた社会保障積立金を取り崩すことになってくる．第2に，2001年と2003年に制定された減税法が2008年から期限切れになっていく．第3に，代替ミニマム税を納めている人は2004年に300万人であったが，2006年には2,100万人と7倍にもなり，2008年までに3,000万人に近づく見通しである．

連邦税制改革諮問委員会は，2つの税制改革案を提案したが，1つは簡素な所得税制案であり，もう1つは成長・投資税制案である．両案と現行税制との違いは表9-3に示されている．所得税制に関しては，税率と資本所得課税以外は，両案は基本的に同じであって両案の違いは主に法人税制に見られる．両案の概要を説明しよう．

① 簡素な所得税制案

この案は，現行内国歳入法典を出発点として使っており，納税申告手続きを簡素化し，将来計画を立てる時に税の帰結を予想するのを容易にすることを目

表 9-3 現行連邦租税法と 2005 年連邦税制改革案との対比

規　定	現行連邦租税法	簡素な所得税制案	成長・投資税制案
家計と家族			
税　率	6段階：10, 15, 25, 28, 33, 35%	4段階：15, 25, 30, 33%	3段階：15, 25, 30%
代替ミニマム税	2006年　2,100万人の納税者 2015年　5,200万人の納税者	廃止	
人的控除	1人当たり3,200ドルの所得控除（消失控除型）	すべての納税者に適用される家族税額控除に一本化 夫婦3,300ドル、子供のいる未婚者2,800ドル、単身者1,650ドル、扶養納税者1,150ドル、子供1人につき1,500ドル、その他の扶養親族1人につき500ドルの税額控除	
概算控除	項目別控除との選択制 夫婦合算申告　10,000ドル所得控除 単身者　　　　5,000ドル所得控除 世帯主　　　　7,300ドル所得控除		
児童税額控除	児童1人当たり1,000ドルの税額控除		
勤労所得税額控除	就労奨励目的の低所得者向け税額控除（還付あり）、子供1人の勤労家族の最大控除2,747ドル、子供2人以上の勤労家族の最大控除4,536ドル	就労税額控除に組み替え 子供1人の勤労家族の最大税額控除3,570ドル 子供2人以上の勤労家族の最大税額控除5,800ドル	
結婚ペナルティ	同じ所得額を得ている未婚者2人と比較して共稼ぎ夫婦の税負担を引き上げ	夫婦の租税ブラケットやその他ほとんどの租税規定は個人のそれの2倍とする。	
その他の所得控除と税額控除			
住宅ローン利子控除	項目別控除者にのみ、ローン110万ドルまでの利子の所得控除	全納税者に適用される、住宅ローン利子の15%の税額控除制度に組み替え	
慈善寄付金控除	項目別控除者にのみ、慈善寄付金の全額所得控除（上限あり）	所得の1%以上を寄付するすべての納税者に適用する、所得の1%を超える部分の所得控除制度に組み替え	
医療保険控除	事業主または自営業者が支払った保険料は無制限に非課税	すべての納税者は平均保険料（個人で5,000ドル、家族で1,150ドル）の金額まで医療保険を購入することができる。 事業主はその金額まで非課税で被用者に医療保険を提供できる。	
州・地方税控除	項目別控除者にのみ、州・地方政府の所得税等の全額を所得控除	廃止	
教育控除	HOPE税額控除、生涯教育費税額控除、授業料等税額控除	一定の正規の学生には家族税額控除制度を適用	
個人貯蓄・退職優遇			
確定拠出プラン	401(k), 403(b), 457, その他事業主プランを通して利用可	単純な規制と現行の401(k)拠出限度を有する被用者貯蓄プランに統合	
確定給付プラン	事業主の年金拠出金は非課税	変更なし	
退職貯蓄プラン	IRAs, Roth IRAs, 結婚IRAs—拠出と収入に制限	すべての納税者に適用される、退職貯蓄勘定に組み替え（年10,000ドルの制限）	
教育貯蓄プラン	セクション529とカバーデル勘定	すべての納税者に適用される、家族貯蓄勘定に組み替え（年10,000ドルの制限）	
医療貯蓄プラン	MSAs, HSAs, 弾力的支出取決め		
受取配当	15%以下の税率で課税（2008年以降通常税率）	非課税（内国法人の国内収益から支払われる配当のみ）	15%の税率で課税
キャピタル・ゲイン	15%以下の税率で課税（2008年以降より高い税率）	内国法人の株式に係るキャピタル・ゲインの75%が非課税（課税される25%部分については3.75~8.25%の税率適用）	15%の税率で課税
受取利子（免税地方債を除く）	通常税率で課税	通常税率で課税	15%の税率で課税
社会保障給付	社会保障給付以外の所得も勘案して、3つのケースに分けて課税、結婚ペナルティ適用	3つのケースに分ける課税制度を単純な控除制度に組み替える、年収44,000ドル未満の既婚納税者（単身者なら22,000ドル未満）は社会保障給付所得に課税されない。	
小企業			
税　率	典型的には個人所得税率で課税	個人所得税率で課税（最高税率を33%に引下げ）	個人事業主は個人所得税率で課税（最高税率30%に引下げ） その他小企業には30%の税率で課税
記録保存	所得項目や控除についての数多くの特別税務会計規則	簡素な現金主義会計	企業キャッシュフロー税
投　資	加速度減価償却：特別小企業費用化規則は2005年に102,000ドルの償却を認めている（しかし、2008年には3/4減される）	即時償却（簡素な所得税案では土地と建物を除く）	
大企業			
税　率	8つのブラケット：15, 25, 34, 39, 34, 35, 38, 35%	31.5%	30%
投　資	加速度減価償却（複雑な規則に基づく）	簡素な加速度減価償却	すべての新規投資の即時償却
支払利子	損金算入	変更なし	損金不算入（金融機関向けは除く）
受取利子	課税（免税債以外）	課税	非課税（金融機関向けは除く）
国際課税	全世界所得課税方式（企業利潤繰り延べ制度や外国税額控除有り）	国外所得免除方式	仕向地課税方式
代替ミニマム税	税率：20% 基礎控除：40,000ドル	廃止	

（出所）Ernst & Young (2005), pp. 1258-1259.

的としている．この税制改革案を選択すれば，様々な定義，限度，資格ルールのある免税，所得控除，税外控除といった現行法の多くの主要な特徴が統合され，簡素化される．

この税制改革案は，100万ドル未満の収入しか得ていない小企業が現金主義会計を使うのを認めることによって，一般的に小規模企業のために税制を簡素化することになる．つまり，企業収入－企業現金支出＝企業課税所得である．

粗収益100万ドル以上1,000万ドル未満の中規模企業は，小規模企業と同じ現金ベースで申告するが，新しい資産購入を即時償却するよりも減価償却すること等が要求されるようになる．

粗収益1,000万ドル以上の大規模企業は，法人形態を取っていようがパートナーシップ形態を取っていようが，最大31.5％の税率で課税される．多くの企業特別優遇税制が廃止されるので，国内及び国際両方の課税規則が簡素化され，国際課税制度は，居住地国課税制度から源泉地国課税制度に組み替えられる．

② 成長・投資税制案

この案は，所得課税の幾つかの要素を残しながら，現行税制を消費課税に移行させるよう混合型の租税構造を取っている．この案は，労働所得にかかる累進税と利子，配当，キャピタル・ゲインにかかる比例税を併せ持った構造になっており，また企業のキャッシュ・フローに単一税率で課税することになっている．この案では企業は，キャッシュ・フローに30％の単一税率をかけて納税するが，この場合キャッシュ・フローは，全国内売上高－合衆国の他の企業からの財貨・サービス購入額－賃金及び労働者に対するその他の報酬，として定義される．

③ 検討されたその他の選択肢

同諮問委員会は，純粋な累進消費税案（これは資本に対する課税を除外している）や付加価値税案（これは個人所得税と法人所得税の両者の一部に代替する）を検討しているが，実施勧告をしたわけではない．また同諮問委員会は，連邦所得税を連邦売上税に代える案も退けている．そうした新しい税の導入を断念し

た理由は，中・低所得者に対する税負担を軽減するメカニズムがなければ，そのような新しい税制度は適度に累進的にはならないし，もし累進性を確保するために現金補助プログラムのようなものを制度化すれば，それはまた不適切なほど大きな新たなエンタイトルメント・プログラムを要求することになってしまうからである．

（２）　両改革案の州・地方財政への経済的影響予測

両改革案は，州・地方財政に幾つかの点で影響を与えることになる．州は，州・地方債利子の連邦税免除から便益を受け続けることになる．もっとも課税債と免税債の利子率の差は，貯蓄誘因の拡大，利子率の低下，個人投資家に対する制限等のために狭まっている．その差は，資本所得に対し15％の税率を適用する成長・投資税制案では一層狭まることになる．

両改革案は，州・地方税の控除を廃止することにしている．項目別控除者にとっては，それは州所得税及び地方財産税の税引後コストを増やすことになる．項目別控除者は全納税者の3分の1に過ぎないが，総じて中・高所得世帯であるために，累進的所得税や財産税が高いので減らせという圧力が強まることになろう．

おそらくもっと重要なのは，連邦政府の個人・法人両所得税に付加税を課している州は，連邦税の課税ベースの変更によって，州税の課税ベースも影響を受けることになる．もし，成長・投資税制案が制定されるならば，そして連邦税法が100％初年度償却を定めていれば，各州は現在の減価償却制度を続行するのは困難となると考えられる．

同諮問委員会は，売上税簡素化，遠隔業者のネクサス，企業活動税ネクサスルール，連邦法による州課税権の先占（例えばインターネット接続業務に対する州課税を制限するインターネット課税停止法）を含めて，連邦レベルで議論になっている州に関わる多くの問題に取り組まなかった．同諮問委員会が連邦売上税や付加価値税を提案しなかったので，州・地方は消費課税ベースを相対的に独占し続けることになった．

4-5　連邦減税政策の州・地方財政への影響予測

この課題については，(1) 既に実施された2001年，2002年，2003年のブッシュ減税，(2) 大型減税を含む2007年度大統領予算案，(3) 議会における相続税の恒久的廃止案の州・地方財政への影響について，順に検討する．

（1）　2001～2003年ブッシュ大型減税の州・地方財政への影響予測

① 州所得税への影響予測

ブッシュ政権の2001，2002，2003年の大型減税では，連邦個人所得税の減税に伴う州所得税の減収よりも，連邦相続税の段階的廃止の州相続税への影響，及び連邦法人所得税の「ボーナス減価償却」による州法人所得税への影響が大きな問題となっている．

2001年の経済成長・租税負担軽減調整法（EGTRRA）では，個人所得税の課税ベースの変更よりも，10%の最低税率の創設及び既存の4つの税率の6年かけての段階的引下げ等，税率変更の方が影響が大きかった．確かに連邦所得税率の変更によって，州所得税の課税ベースに連邦所得税納税額を採用している州は影響を受けた．しかし，そのような州の数はわずかである．連邦所得税の課税ベースの変更に伴って，大方の州所得税は連邦調整総所得ないしは連邦課税所得を課税ベースに採用しているので，影響はないわけではないが，予算・政策優先研究所は，それによる州所得税収入の損失額を計測するのは困難としている[18]．

2003年の雇用・成長租税負担軽減調整法（JGTRRA）では，連邦所得税の概算控除が引き上げられており，これについては2004年に1億ドル，2005年に1億ドル，2003～2012年期に7億ドルの州所得税の減収が見込まれている[19]．

② 州法人税への影響予測

ブッシュ減税の第1弾である2001年経済成長・租税負担軽減調整法（EGTRRA）は，従来法の下で数年かけて漸次新規設備費を完全に減価償却していたのとは違って，新規設備費の30%までを，請求すれば直ちに連邦税から控除できる「ボーナス減価償却」を認めた．認められた期間は2001年9月10日から2004年9月10日までである．予算・政策優先研究所は，ほとんどの州の

法人税の課税ベースが連邦法人税にリンクしているために，この連邦のボーナス減価償却規定がそのまま自動的に州法人税に適用された場合，その3年間に累計140億ドルに上る税収の喪失が発生するとの予測を発表している[20]．

しかし，大多数の州は，不況で収入が落ち込みかつ均衡予算が義務づけられている中で，連邦政府のこの臨時減税に州法人税も合せて減税することを嫌った．そして，実際に31州が，州法人税を連邦法人税の新規定から切り離し，EGTRRA以前の古い減価償却規定を維持し続けた[21]．

ブッシュ政権は，2002年に減税の第2弾として，「ボーナス減価償却」を含む雇用創出・労働者援助法（JCWAA）を成立させている．さらに2003年には，減税の第3弾として，雇用・成長租税負担軽減調整法（JGTRRA）を成立させている．JGTRRAでは，連邦法人税の「ボーナス減価償却」規定をさらに寛大なものにして，企業には購入設備の50％を直ちに控除できるようにし，この減税措置を2004年12月まで延長した．

予算・政策優先研究所は，2003年に，多数の州が州法人税を連邦法人税の「ボーナス減価償却」規定から切り離したが，なお13州がそうしておらず，4州が部分的にしかそうしていない状態が今後も続くと仮定した上で，その17州が2004年度には110億ドル，2005年度末までにさらに6億ドルを喪失してしまうことになるとの予測を出している[22]．

（2） 2007年度政府予算案減税の州・地方財政への影響予測

ブッシュ大統領が2006年2月6日に提出した2007年度予算案には，新たな大型減税案が含まれている．これは，2001年と2003年に制定された上述の大型減税を恒久化しようとするものである．しかし，この新減税案では，大統領の税制改革諮問委員会が提出した税制改革案について何も触れていない．この新減税案では，2007年度280億ドル，それ以後5年間で2850億ドル，10年間で2.6兆ドルの減税を要求している[23]．

この減税案を精査した予算・政策優先研究所の報告書は，次のように述べている[24]．

「予算書に含まれる少なくとも16の減税規定は州の収入に大きな影響を与え

る恐れがある．すなわち，今後10年間に州に380億ドルほどの収入喪失を生じさせると予測される．正確に言うと，その16の減税規定のうち3つは少しばかり州収入の増加を生じさせるが，残り13の規定は収入喪失を惹き起こす見通しである.」

州の収入を減らす恐れのある規定の中には，次のようなものがある．医療貯蓄勘定（HSAs）の減税枠の拡大，小企業のための経費の恒久的拡大，2001年に制定された個人退職勘定（IRAs）と401(K)sのための最高拠出限度枠の恒久的拡大，事業主ベースの退職勘定の統合，慈善目的の寄付金をIRAsから免税で引き出すことを認めたこと，機会特区拡大等である．別の規定すなわち，Roth IRAs（名称変更した退職貯蓄勘定）の拡大と生涯貯蓄勘定の拡大は，ともに毎年納税者に5000ドルまで預託を認めるものである．ただこれらは，短期的には連邦及び州の収入を増加させるであろうが，時間が経てば連邦と州に大きな収入喪失を生じさせることになる．同様に，単一事業主年金プランの積立て要件の変更は短期的な収入増を生み出すことを企図しているが，長期的に収入喪失を招くことになる．

表9-4は，2007年度大統領予算案が成立した場合に予想される，減税による連邦の税収喪失額とその内訳，及び州の税収喪失額を2007～2011年度期，2012～2016年度期，2007～2016年度期に分けて示している．2007～2011年度期の5年間には，連邦が590.7億ドル，州が81.6億ドルの税収喪失を被る見通しである．2012～2016年度期の5年間には，連邦が1,525.8億ドル，州が354.6億ドルの税収喪失を被る見通しである．2007～2016年度期の10年間では，連邦が2,116.5億ドル，州が436.2億ドルの税収喪失を被る見通しである．連邦及び州の税収喪失に大きく影響する連邦の減税項目としては，個人減税では医療貯蓄勘定の減税，事業主ベースの貯蓄プランの統合，企業減税では小企業のための経費の引上げ等が挙げられる．

（3）　連邦相続税（遺産税）の恒久的廃止案の州・地方財政への影響予測

2001年経済成長・租税軽減調整法（EGTRRA）は，連邦相続税（遺産税）の段階的廃止を決めた．それは2010年に完全に廃止されるが，サンセット条項

表 9-4 2007 年度大統領予算案減税の影響による連邦税収喪失額及び州税収喪失額の予測値

単位：100 万ドル

		2007-2011 年度	2012-2016 年度
連邦税収喪失額合計	−59,069	−152,579	−211,648
個　人			
退職貯蓄勘定／生涯貯蓄勘定	26,297	−26,419	−122
事業主ベースの貯蓄プランの統合	−3,565	−19,010	−22,575
医療貯蓄勘定：大きな控除が可能な保険の保険料支払額控除の新設	−15,382	−18,043	−33,425
医療貯蓄勘定：拠出金限度額の引上げ	−27,276	−54,706	−81,982
慈善目的の寄付金を IRAS から免税で引き出すこと	−2,122	−2,584	−4,706
資産価値の上昇に寄与した S 法人の株式についての基礎的調整	92	−209	−301
資金不足の教室の諸経費についての一定水準以上の控除	−897	−970	−1,867
機会特区の創設	−2,004	−2,956	−4,960
一括年金支払いに市場利子率を反映させること	−53	−221	−274
企業			
小企業のための経費の増額（セクション 179）	−32,258	−19,075	−51,333
食料在庫品の寄付についての慈善目的控除の拡大	−489	−856	−1,345
単一事業主年金プランの積立て強化	−1,274	−7,906	−9,180
積極的取引ないしビジネステストの変更	38	51	89
再開発待ち商業地域の売却ないし交換の際に生じる利得／損失の除外の削除	130	71	201
利害関係者利子控除の制限	689	946	1,635
再開発待ち商工業地域の改善の恒久的費用化の拡大	−811	−692	−1,503
州税収喪失額合計	−8,155	−35,462	−43,618

（出所）Lav (2006), p. 312, Table 1, p. 318, Appendix より作成．

により，2011 年に復活することになっている．このことが州相続税にどう影響するのか．D．ブルノリ（2005）によりながら説明しよう[25]．

　州は遺産税と遺産取得税を課税している．しかし，州遺産取得税は，連邦遺産税とは独立して課税されていて，連邦遺産税の税額控除を受ける対象にはなっていない．一方州遺産税の方は，連邦遺産税から税額控除することが認められている．連邦遺産税を課税される人は，一定の金額まで州遺産税について税額控除を受けることができる．ほとんどの州は，その一定金額すべてが連邦遺産税の支払いから控除できるのを保証するように州相続税の税率を設定して

いる．確かにほとんどの州（2001 年現在 35 州）が，州遺産税を連邦の遺産税額控除と等しくなるようにしている．実際これは，連邦遺産税支払合計額を増やさないまま，連邦遺産税収入の一部を州に送金しているのと同じことである．

　言い換えれば，連邦遺産税の州遺産税税額控除は，州に対する連邦政府の政府間援助プログラムでもあった．しかし，この州遺産税税額控除は 2002～2004 年の 3 年間に毎年順次減らされ，2005～2010 年期に完全に廃止となった．もし州が何の行動も起こさないと，ほとんどの州の遺産税は，連邦の規定によって終りとなってしまう．そうなると州に相当の税収喪失が発生する．そうならないようにするには，州は連邦遺産税法と州遺産税法の関連を切断し，連邦遺産税から独立した独自の州遺産税を課税すればよい．2005 年度現在，17 州とコロンビア特別区が連邦遺産税法の改正から州遺産税法との関係を断ち切った．連邦遺産税法から州遺産税法との関係を切断していない州は，2003 年から 2007 年の間に約 150 億ドル税収を喪失することになると予測されている．

　ところで，既述のように 2001 年 EGTRRA の規定により連邦相続税（遺産税）は 2010 年に一旦廃止されることになっているが，それが時限立法のため，同法の恒久化措置が取られないと，2001 年以前の連邦相続税法が復活する．このため，ブッシュ政権は 2010 年以降恒久的に連邦相続税を廃止することを求めている．

　2005 年に下院は，連邦相続税の恒久的廃止を可決したが，上院ではこの法案の採決の時期にニューオーリンズがハリケーン・カトリーナの被害に見舞われ，多くの人々が苦しんでいる時に連邦相続税廃止を決めるのは不適切だとして採決は延期された．

　2006 年になって，ハリケーン被災地の復旧費とイラク戦費が嵩み，連邦政府が巨額の赤字を抱える中で，もし連邦相続税を恒久的に廃止した場合，それだけで 2012 年から 2021 年までの期間に約 1 兆ドルの財源不足を惹き起こすことが予測されるだけに，連邦相続税廃止の完全恒久化は難しい情勢となった．そして上院は 6 月 8 日に，連邦相続税を恒久的に廃止しようとする動議を 57 対 41 で否決した．これを受けて，上・下両院でも連邦相続税の完全廃止では

なしに，妥協案（大幅減税案）を模索するようになる．

下院では，歳入委員長 W．トーマスが提出した相続税法案（H. R. 5638）が6月22日に可決された．その内容は，夫婦で1000万ドル（個人で500万ドル）を免税しようというものである．相続税率は現行15%のキャピタル・ゲイン税率にリンクし，2010年以降は20%になる．この法律では，2500万ドル未満の財産はキャピタル・ゲインと同じ税率で課税され，2500万ドル以上の財産はキャピタル・ゲイン税率の2倍の税率で課税されることになっている．

このH. R. 5638法案だと，例えば2016年を例に取った場合，完全に相続税を廃止とすると820億ドルのコストがかかるのに対し，620億ドルのコストとなる．H. R. 5638法案の方がコストは完全廃止の76%で済むが，大幅な減税となることには違いない[26]．

しかし，下院はH. R. 5638法案なら上院でも可決に必要な60票が得られると考え，それを可決したのであるが，連邦相続税の完全廃止あるいはほとんどの廃止に反対する上院議員は，H. R. 5638法案は，財政的コストが大きすぎるとして，それを採択しなかった．

そこで下院は一計を案じ，中間選挙を睨んで，民主党が望む低所得層対策としての最低賃金引上げ法案と，共和党が望む富裕層対策としての連邦相続税大幅減税法案（H. R. 5970）を抱き合わせで7月29日に成立させた．最低賃金法案の方は，1997年以来据え置かれてきた最低賃金時給5.15ドルを7.25ドルに引き上げようというものである．H. R. 5970法案の方は，先に可決したH. R. 5638法案とほとんど内容は同じである．H. R. 5638法案は，2016年では622億ドルのコストで，完全廃止の場合の76%のコストなのに対し，H. R. 5970法案では，同年で617億ドルのコストで，完全廃止の場合の75%のコストと1ポイントだけ低くなっている．そしてH. R. 5970法案の相続税免税は，2010年から徐々に始まり，2015年までに夫婦で1000万ドル（個人で500万ドル）となり，最高税率は2010年から徐々に下がって2015年までに30%になる[27]．

本稿執筆時点では，下院でだけ連邦相続税大幅減税法案が成立していて，この先上院がこれを受け入れるか，これに近い法案を成立させるか判然としない

が，仮にそうした状態になった場合，連邦相続税の完全廃止にかなり近い大幅減税であり，かつ連邦相続税からの州相続税控除の廃止規定を含んでいるだけに，州相続税への悪影響は避けられない．

5. おわりに

1980年代以降今日に到るまで，福祉国家財政の再編は，連邦主義の在り方を従来の協調的連邦主義から強制的連邦主義と競争的連邦主義の相克・併存する状態に変えながら進められていく．この過程において，なるほど福祉を中心とした事務の分権化は進むが，そのコストを負担すべき州・地方は，連邦とは独立した課税権を認められているとはいえ，3．で述べたように税基盤が脆弱で，構造的財政赤字要因を幾つも抱えている．

その上，州・地方政府は，2．で述べたような連邦政府からの経費面での無財源連邦マンデイトによるコスト・シフティングに見舞われているばかりでなく，4．で述べたような幾種類もの連邦租税政策で，今後州・地方の課税権が侵害される恐れが出てきている．また，連邦政府は巨額の財政赤字を抱え，今後財政再建を目指して州・地方への補助金を抑制してくるであろう．

とすれば，州・地方政府としては自主財源を強化する自活型連邦主義の道を歩まざるをえない．では，これまでのように，利用者課徴金に対する依存度を絶えず上げていくことができるであろうか．2002年度現在利用者課徴金は，州・地方収入の19.5%を占めている．その内訳は，教育28.6%，病院25.9%，下水道・衛生15.1%，航空輸送4.9%，ハイウェイ3.3%，公園・娯楽2.8%，その他14.9%となっている[28]．主要なものは，前からの三者である．利用者課徴金は低所得者には負担が重く，逆進的である．こうした収入源を全収入の2割以上，さらには3割に近づけていくのには，相当の抵抗が生まれるのではないか．

結局，州・地方はそうした税外収入に頼らずに，税収入を増やす努力をするしか方法がないのではないか．しかし，税基盤が脆弱である．ならば，税基盤を強化するしか手がないのではないか．そのためには，主要税目について次の

ような強化策が必要であろう．

第1に，州・地方の売上税の課税ベースを拡大することである．それには，売上税の課税ベースにサービスを多く含めるようにすることである．州外との電子商取引から売上税（使用税）をもっと多く徴収できるようにすることである．また，州間で売上税の課税ベースが異なるので，できる限り一致した課税ベースが形成できるように，自州の売上税を簡素化する努力をすべきである．

第2に，法人税のループホールが非常に大きいのでこれを塞ぐ努力をすべきである．

第3に，所得税，売上税，財産税といった基幹税に高齢者対策として租税支出が多く利用され，「隠れた福祉国家」を形成しているが，これを合理的水準に整理すべきである．

第4に，新たな課税制限・支出制限の動きを抑え，既存の課税制限・支出制限は行き過ぎもあるので合理的水準まで見直すべきである．

以上のような点にできるだけ手を打っておかないと，次の不況期が来た時に，構造的財政赤字要因は一気に顕在化し，不況の程度にもよるが，2000年代初頭不況期の時より，多くの州・地方が財政難に陥る可能性がある．

1) NASBO (2005), p. 4.
2) NGA and NABO (2006), pp. 4-6.
3) 片桐（2005），133ページ，表3-2参照．
4) Kincaid (2005), pp.25-30.
5) Lav, McNichol and Zahradnik (2005), pp. 43-44 ; Russo (2006), pp. 467-472.
6) McNichol (2006), p. 961；片桐（2005），159ページ，165ページ，183ページ．
7) 片桐（2005），166ページ，187ページ．
8) 片桐（2005），166-167ページ．
9) 片桐（2005），174-177ページ．
10) 片桐（2005），157ページ．
11) McNichol and Johnson (2005).
12) H. R. 3220法案についての詳細は，片桐（2005），231-233ページ参照．
13) NGA (2005), p. 3.
14) Mazerov (2005), pp. 1-2.
15) NGA (2005), p. 4.
16) Mazerov (2006).

17) Ernst & Yong LLP (2005), pp. 1255-1337.
18) Lav (2003 a), p. 547.
19) *Ibid.*, p. 547.
20) Lav, McNichol and Johnson (2002), pp. 1-3.
21) Lav (2003 b), p. 7.
22) Johnson (2003), pp. 2-3.
23) Shafroth (2006), p. 661.
24) Lav (2006), p. 311.
25) Brunori (2005), pp. 109-110.
26) Friedman and Aron-Dine (2006).
27) Friedman and Aron-Dine (2006); Friedman (2006).
28) Fisher (2007), p. 172.

参 考 文 献

片桐正俊 (2005), 『アメリカ財政の構造転換―連邦・州・地方財政関係の再編―』東洋経済新報社.

Brunori, D. (2005), *State Tax Policy : A Political Perspective,* Second Edition, The Urban Institute Press.

Ernst & Young LLP (2005), "Guide to Tax Reform Panel Report," *Tax Notes,* Vol. 109, No. 10, December 5, pp. 1255-1309.

Fisher, R. C. (2007), *State and Local Public Finance*, Third ed., Thomson South-Western.

Friedman, J. (2006), *Latest Date on Minimum Wage Workers And Taxable Estates, By State,* Center on Budget and Policy Priorities, Revised, August 4.

Friedman, J. and A. Aron-Dine (2006 a), *Thomas Estate Tax Proposal Still "Near Repeal" Instead of Compromising Proposal Tries to House It Both Ways,* Center on Budget and Policy Priorities, Revised, June 23.

Friedman, J. and A. Aron-Dine (2006 b), *House Estate Tax Proposal Has Essentially The Same Large Long-Term Cost As Earlier Version Phase-Ins Mask Costs, But Underlying Policy Remains Unchanged,* Center on Budget and Policy Priorities, July 28.

Johnson, N. (2003), *Federal Tax Changes Likely to Cost States Billions of Dollars in Coming Years 'Decoupling' May Protect Some Revenue,* Center on Budget and Policy Priorities, Revised, June 5.

Kincaid, J. (2005), "State-Federal Relations : Defense, Demography, Debt, and Deconstruction as Destiny," *The Book of the States,* Vol. 37, The Council of State Governments, pp. 25-30.

Lav, I. J. (2003 a), "Piling of Problems : How Federal Policies Affect State Fiscal Conditions," *National Tax Journal,* Vol. LXI, No. 3, pp. 535-554.

Lav. I. J. (2003 b), *Federal Policies Contribute to the Severity of the State Fiscal Crisis,* Center on Budget and Policy Priorities, Revised, October 22.

Lav, I. J. (2006), "Tax Cuts Proposed in President's Budget Would Ultimately Cause

Large State Revenue Losses," *State Tax Notes,* Vol. 40, No. 4, April 24, pp. 311-318.

Lav, I. J., E. McNichol and N. Johnson (2002), *Preserving State Revenue from the Effect of Recent Federal Legislation : States Can Decouple from Federal Tax Change,* Center on Budget and Policy Priorities, May 1.

Lav, I. J., E. C. McNichol, and R. Zahradnik (2005), "Faulty Foundations : State Structural Budget Problems and How to Fix Them," *State Tax Notes,* July 4, pp. 43-90 ; Russo, B. (2006), "State Tax Reform : Evidence, Logic, And Lessons From Trenches," *State Tax Notes,* Vol. 39, No. 6, February 13, pp. 467-507.

Mazerov, M. (2005), *Federal "Business Activity Tax Nexus" Legislation : Half of A Two-Pronged Strategy to Get State Corporate Income Taxes,* Center on Budget and Policy Priorities, November 30.

Mazerov, M. (2006), *Proposed "Business Activity Tax Nexus" Legislation Would Seriously Undermine State Taxes on Corporate Profits and Harm the Economy,* Center on Budget and Policy Priorities, July 20.

McNichol, E. C. (2006), "Revisiting State Tax Preferences For Seniors," *State Tax Notes,* Vol. 39, No. 12, March 27, pp. 961-979.

McNichol, E. and N. Johnson (2005), *States Are Decoupling From The Federal "Qualified Production Activities Income" Deduction,* Center on Budget and Policy Priorities, September 14.

National Association of State Budget Office (NASBO) (2005), *2004 State Expenditure Report.*

National Governors Association (NGA) (2005), *Impact of H. R. 1956, Business Activity Tax Simplification Act of 2005, on States,* September 26.

National Governors Association (NGA) and National Association of State Budget Office (NASBO) (2006), *The Fiscal Survey of States.*

Shafroth, F. (2006), "The Effects of the Administration's Tax Budget on State and Local Taxes," *State Tax Notes,* Vol. 39, No. 8, February 27, pp. 661-664.

第 10 章

ドイツ財政における中央集権化と分権化
――ワグナー法則とポーピッツ法則――

1. はじめに

　現代国家の財政が基本的に中央政府と地方政府によって担われている以上は，財政制度において中央政府と地方政府がいかなる関係にあるのか，またその財政活動が中央集権的に遂行されるのか分権的に遂行されるかは重要な問題である．そして財政における中央集権化と分権化という問題がとくに注目されるようになったのは，国家の財政活動が多様化し大規模化する第1次大戦前後以降のことと言ってよい．なかでもドイツではその国家構造が，第1次大戦前のやや分立主義的国家構造から，第1次大戦から第2次大戦まで（ワイマール共和国およびナチス国家）の中央（ライヒ）中心の国家構造へ，さらに第2次大戦後の連邦主義的国家構造へと，歴史的に大きく変遷してきたこともあって，第2次大戦後から今日まで財政における中央集権化と分権化をめぐる議論が活発に行なわれてきた．その際，主要な判断基準となったのはワグナー法則（「経費膨張法則」）とポーピッツ法則（「中央国家吸引力の法則」）をいかに評価するかであり，とりわけ時代が近くより明示的に中央集権化傾向を論じたポーピッツ法則の現代的評価は重要な課題とされてきた．

　そこで本稿では，ドイツ財政の歴史的発展を基盤に展開されたワグナー法則

およびポーピッツ法則における財政の中央集権化の議論と論拠を整理した上で，第2次大戦後ドイツにおけるポーピッツ法則の評価を検討することで，ドイツ財政における中央集権化と分権化の推移とその根拠を整理していくことにしよう．

2．ワグナーの「経費膨張法則」と中央集権化

2-1　ワグナーの「経費膨張法則」

19世紀末から第1次大戦の時期においてドイツ財政学をリードしていた一人はアドルフ・ワグナー（Adolph Wagner）であった．ワグナーが提唱した「経費膨張法則」は財政学の中では著名な命題の一つであるが，実はこの「法則」においてワグナーは中央集権化傾向についても着目し強調していたのである．それではワグナーにおいては，経費膨張傾向と中央集権化傾向はどのような関連で理解されていたのであろうか．まず周知の「経費膨張法則」そのものを改めて確認しておこう．

ワグナーはその著書『経済学原理』（1893年）[1]の第3章「公的ないし国家活動の拡張法則」において「国家活動拡張の一般的認識」と題して次のように述べている．「歴史的（時間的）に，そして地域的に異なる国々を全体的に比較すると，次のことが判明する．つまり，我々がここで取り上げねばならない進歩した文化国民においては，国家活動の，そして国家と並んで自治行政団体によって遂行される公的活動の拡張が規則的に生じている．この拡張は外延的な観点からも内包的な観点からも現われている．国家とこれらの団体はますます多くの活動を引き受け，そして古い活動や新しい活動をより豊かにより完全に遂行するようになる．このようにして住民の経済的需要，とりわけ共同需要がますます多く，そして同時により良く，国家や自治行政団体によって充足される．このことは国家および自治体の財政需要の上昇によって，数字的には明白に実証されている[2]．」

その上でワグナーは言う．「このような認識から我々は，（国民経済的意味での）公的とくに国家活動の拡大の法則について語ることができるだろうし，そして

この法則は財政的意味では国家と自治行政団体の公的財政需要の増大の法則として定式化することができるのである[3]．」

このようにワグナーは，近代国家においては国家や自治行政団体つまり地方自治体による公的活動＝財政需要が膨張していくことを一般的傾向ないし法則として理解していた．そしてワグナーによれば，国家（自治体も含む）活動とくに「法律・権力目的」の活動と「文化・福祉目的」の活動が，近代国民経済においてその重要性を増してくるのである．

「法律・権力目的」の国家活動が拡大していくのは次のような理由による．近代の国民経済の発展，つまり国内的および国際的な分業の一層の進展や自由競争のシステムによって，交易関係や法律関係（信用制度など）がますます複雑になってくる．それとともに法律上の争いや法律違反，さらに諸個人や社会集団，階級間の利害対立が多くなる．さらに人口の増加や人口密度の増加によって社会内の摩擦も増大する．かくして法律目的を実現するための国家による抑制的・予防的活動の必要性が増加してくるのである．ワグナーは言う．「法律・権力目的の領域での国家活動の外延的・内包的拡大は，文化国民においては当然であり，必然的である[4]」，と．そして，「法律・権力目的」の活動は国家の財政需要としては，司法，内務，警察，陸軍，海軍，外交などの分野において現われるとされている[5]．

一方，「文化・福祉目的」においても国家活動の外延的・内包的拡大の傾向が現われている．国家活動が外延的に拡大するにあたっては，従来民間経済や他の共同経済（協同組合など）が担っていた活動を国家が引き受けるか，全く新しい需要を国家が引き受けるかという二つの方向がある．前者による国家活動拡大の背景には，民間経済や他の共同経済が供給しうるよりも，より高度で洗練されたサービスへの需要や，当該活動において営利主義的観点よりもサービスの質や活動の一般的文化的意義を優先する必要性が生じたことがある．後者による国家活動拡大の背景には，近代交通事業のように，当該サービスを開始するにあたって巨大な資本投資を必要とすることや，経営の技術上の理由から通常の個別民間経済による運営が多かれ少なかれ排除されてしまうこと，な

どがある．そうしたサービスでは，国家や県，郡，市町村が引き受けることになる．また民間資本による投機的活動は，資源を浪費し安定的な生産をおびやかすが故に，それらを抑制するために国公有企業の重要性も高まるという[6]．

「文化・福祉目的」での国家活動の内包的拡大は，外延的拡大に比べると，より多くは従来からの活動が必然的に発展したものである．というのも，文明化の過程は共同・文化需要の充足への要求をますます高めるからである．これらの課題は，より一般的に，より豊かに，より完全に充足されねばならず，またたとえ無償でないにしても，諸個人にはより安く利用できるようにされねばならない，と．そしてこれらに相当する分野としては，学校，交通事業，郵便・電信事業，住民とくに下層住民のための保健，大衆への文化の普及などがあげられていた[7]．

2-2 ワグナー法則と中央集権化論

ワグナーの「経費膨張法則」は第一義的には，近代の資本主義的発展とともに国家（自治体も含めた）の活動が拡大し，国民経済における財政活動の比重が絶対的にも相対的にも膨張していく傾向を「法則」として主張したものである．その意味ではワグナー法則では，財政の中央集権と分権という問題を直接的に論じているわけではない．とはいえ，ワグナーは国家活動の目的に応じて中央政府（国家）と地方政府（自治体）の位置づけを区別して論じており，そこでは公共的活動の中央政府（国家）への集中化傾向も論じているのである．ところでこの点については，ワグナーは先の『経済学原理』よりも「経済的観点よりみた国家」『国家学事典』第3版（1911年）という論文[8]において，より明示的に論じているので，以下，同論文を参照していこう．

まず，「法律・権力目的」の活動は国家つまり中央政府に集中していく傾向にある．ワグナーによれば，国家の法律目的は人間的ないし国民的な共同活動におけるすべての共同需要の最上位に置かれるものであり，それは対内的には国家，国民，国民経済の中での法秩序を，対外的には他国家，他国民，他国民経済に対する法秩序を用意することである．この両側面とくに対外的側面に向

けては，法律目的は国民的な権力目的，つまり独立の保持や，国家や国民の固有の主権として現われる．このような目的が正当に充足されることが，国家領域に結びついた国民経済におけるすべての経済活動と交通の前提であり，またそれを最も促進することにもなる[9]．その上でワグナーは次のように言う．「最近の歴史的発展が示すところによれば，これらに属する個々の課題つまり立法，（予防的ないし抑制的な）平和守護，司法，警察，国防はますます国家自身の下に集中し，その大半がもっぱら国家に委ねられるようになり，他の自治公共団体（市町村など；グルントヘルシャフトも）は，国家の側から代表派遣された場合を除けば，それらを取り上げられてきた．これらは部分的にはまさに国民経済的利害によって規定され助長されてきたのであり，重要な国民経済的・財政的結果（現在の職業官吏制度，国家司法，軍制，それらの土台としての財政組織）をもたらしたのである[10]．」

そして，「法律・権力目的」の活動が国家に集中する根拠としてワグナーが指摘するのは，上記活動に関する公的施設や公的サービスの質・内容において全国にわたってできる限り均等性（Gleichmässigkeit）が保たれる必要があることであった[11]．

それでは，「文化・福祉目的」の活動についてはどうであろうか．ワグナーによれば「文化・福祉目的」の公的施設や公的機能においては統一性，集中，集権は一般的には必要とされていない．それ故，「文化・福祉目的」では国家以外の公共団体が国家と並んで，あるいは国家に替わって公的活動に強く参与したり，また地域的な事情に応じてより多様に参与することになる．その意味では「文化・福祉目的」の活動は分権的に遂行される余地は大きい．しかしながら，他面ではワグナーは社会経済の発展とともに国家や自治体が担う「文化・福祉目的」の活動が，教育，学校，社会扶助，救貧事業，福祉活動等を中心に一層拡大してきた状況に注目する．そこでは文化界の支配的考えに従えば，共同福祉の重大な要件，社会経済的弱者に対する社会の義務，全国民の一般的利害，当該事業のより確実でより豊かな配分，そのための巨大な費用負担，国民の全階層・全階級にとっての最大限の利用可能性，国民福祉をより向

上させ危険を予防し災厄を排除するために様々な生活分野での科学進歩の成果とその利用が，問題になっている．

　このような事情を踏まえると「文化・福祉目的」においても国家は，立法や行政手段を使って，あるいは財政援助手段を使って，他の小さな公共団体と並んで，あるいはそれに先立って，あるいはそれに替わって，再び登場するようになる．その根拠としてワグナーは次の三点を指摘している．第一に，効果の観点からすれば施設や給付のより良い均等性が保障されねばならないこと．第二に，国家は必要な業務を最も確実に，最も完全に，またおそらく最も安価に遂行できること．第三に，国家は費用を最も安価に，最も合目的的に調達し，国民への負担配分も最も正当に（課税，料金徴収）遂行できること．このような理由をあげてワグナーは「文化・福祉目的」においても，とくに福祉需要を中心に中央政府たる国家の役割がますます大きくなることを予想していたのである[12]．

　あるいはワグナーは同じ趣旨のことを次のようにも表現している．近代の国民経済の発展とともに住民の社会的差異化が進み，住民の財産，所得，教育，慣習，地位，生活上の位置，等での多様性が激しくなる．そうした中では「文化・福祉目的」の活動においては，とりわけ社会扶助や社会経済的弱者への対策がますます重要になってくる．そしてこの分野においては，「法律・権力目的」の場合ほど独占的ではないにせよ，国家が他の公共団体と並んでもしくはそれに替わって活動するようになる．その理由は，一つには他の公共団体（市町村など）は強さや効率において十分でないからであり，いま一つには当該事業では施設や措置の均等性や統一性が必要とされるからである[13]．

　このようにワグナーにあっては，「法律・権力目的」の活動は当然ながら国家に集中すること，そして「文化・福祉目的」の活動においてもその程度は「法律・権力目的」にはやや劣るかもしれないが，福祉分野を中心に国家の役割が大きくならざるをえないことを論じていた．そのような意味ではワグナーのいわゆる「経費膨張法則」は，財政の中央集権化論と不可分の形で論じられていたと考えてよいであろう．

3. ポーピッツの「中央国家吸引力の法則」

3-1 「中央国家吸引力の法則」

　第1次大戦前に活躍したワグナーの議論にあっては政府の全体の経費膨張が主要なテーマであり，財政の中央集権化はどちらかといえば第二義的であり副産物としての位置づけにあった．これに対して第1次大戦後とくに1920年代から1930年代においてドイツの財政官僚として活躍したヨハネス・ポーピッツ (Johaness Popitz)[14]は，第1次大戦後のドイツ財政の状況を念頭に置いて，財政の中央集権化こそが現代財政の特徴的法則として論じたのである．ポーピッツはこれを「中央国家吸引力の法則」(das Gesetz der Anziehungskraft des Staates) と称していたが，以下では主要には『財政学全書』第1版（1927年）に所収されている彼の論文「財政調整」[15]に基づいてその主張の内容を検討していくことにしよう．

　ポーピッツは第1次大戦後ドイツの中央国家・ライヒ (Zentralstaat)，州・支分国 (Gliedstaaten)，市町村 (Gemeinden) という3層の地域団体 (Gebietskörperschaften) を念頭に置いて，まず中央国家の役割の重大性を次のように強調する．「連邦国家においては，中央国家の任務が無条件に第一義に置かれる．なぜなら中央国家には，中央国家設立の目的と意義でもある，国家に統合された国民の国内外に対する自己主張が義務づけられているからである．それ故この目的に使われる支出は，まず第一に充足されねばならない．この任務が保障されてはじめて，それ以外の任務についても収入の残余が配分され，州および市町村を考慮に入れることができるようになる[16]．」

　それでは，中央国家に義務づけられた国民の国内外に対する自己主張とは何であろうか．ポーピッツによれば，それは大きく二つに分けられる．一つは，中央国家に従来から存在している本来的な権限であり，外交や防衛（陸海軍），さらには戦争と戦後処理に関した任務である．なかでも国内外での戦争負担は，ドイツやオーストリアという敗戦国では当然であるが，戦勝国や中立国においても相当程度に法外な負担になっており，中央国家の財政需要はとりわけ

強調されるようになる．いま一つは，従来は州や市町村の権限の下にあった一般国内行政とくに経済政策，社会政策，教育政策等において，中央国家の権限や役割が新たに強まってきたことである[17]．

そして，ポーピッツは中央国家による吸引力としてとくに後者の側面を重視しているのであり，これに関しては次のように述べている．「外交政策とも関連するが故に，経済政策の統一的遂行という問題も中央国家の権限を不可避的に拡大する．ドイツ・ライヒの発展は，すでにビスマルク体制の下にあっても，貿易政策や関税政策にとどまらず，法律や産業振興の領域においても統一的経済や少なくとも共通の立法が前提になること，そして工業の発展とともに社会的業務の規制を見過ごせないことを示している．……中略……中央国家の影響が増加して，一般国内行政，学校，文化政策，社会福祉という各州に留保されている分野でも，原則的問題については中央の法律によって秩序づけられている[18]．」

またドイツの第1次大戦中の経験と第1次大戦後の社会経済状況をふまえて次のようにも述べている．「まさにドイツにおいてはこの最大予算の吸引力がとりわけ自明である．戦争前においては各州は弾力的な財政状況を備えた団体であり，それ故緊急手段においては各州が単独で対処するという原則で定評があった．戦争中にすでにいわゆる戦時福祉と呼ばれたように，ライヒの関与が不可避となり，戦争後においては洪水被害やその他の自然災害，とくに失業者扶助の問題について各州は機能不全となり，ライヒへの殺到が起きたのである．しかしまさにそのような緊急援助を通じてライヒは，一般的な国内文化や社会福祉の領域において，各州の権限の中に図らずも入り込んでいったのである[19]．」

3-2　中央集権化の論拠

以上みたようにポーピッツは第1次大戦後のドイツ財政の状況の中から「中央国家の吸引力」に注目した．それではポーピッツは中央国家の吸引力ないし財政の中央集権化という傾向をいかなる論拠から説明していたのであろうか．

ここでは大きく分けて三つの論拠を指摘しておこう[20].

　第一の論拠は，経済政策や社会政策などの分野において全国で統一的な行政の遂行が求められるようになったことである．経済立法が各州で様々に異なっていたら，国民経済における統一的な経済空間は損なわれてしまう[21]．かくして「経済政策の統一的遂行」が不可欠になる．一方，社会福祉のあり方も大きく変わってきた．ポーピッツは言う．「政治的観察によれば，従来は地方的に解決されてきた多くの問題が大衆的要求（Massenforderungen）となった．つまり地方的な社会福祉は法律によって規制された社会福祉権（Versorgungsrecht）に転換したのである[22]」，と．言い換えれば，いまやナショナルミニマムになった福祉給付に関しては中央国家の責任ないし関与が求められるようになったのである．

　第二の論拠は，中央国家に比べて州の財政力は不十分であり，また各州の財政力が不均衡であるという問題である．ポーピッツは州の財政力不足を次のように言う．「戦後当然のごとく財政需要は大きくなっているが，中央国家以外の地域団体にある財政資金では不足している．その資金は行政の通常の進行には十分である．しかし予期せぬ事件に出会うと，巨額の財政資金が必要になる．けれども州では資金を調達したり，その目的のために他の部分で節約するという弾力性に欠けている．かくしてここでも中央国家に向かう以外の道は残されていない[23]．」

　さらに，ポーピッツは中央国家の権限拡大に関しては，州の規模や財政力における均質性（Homogenität）の欠如もあげている．「プロイセンのような大きな州では今でも自助が可能であろうが，小さな州ではそれは不可能であり，ここでもライヒを求める声が起きてくる．……中略……小規模州のみへの補助金は大きな州がそれを断念する限りにおいてのみ可能であろう．しかし最強の威信動機でさえもお金を問題にしないということはまずありえない[24]．」

　つまり，中央国家は大規模州からの補助金要求も拒否することができず，結果的に中央国家の財政規模はますます大きくなってしまうのである．

　第三の論拠は，いわば財政心理的なものであり，中央国家の政治的優位が公

共的任務を自分に引き付けてしまうという考えである[25]．ポーピッツは言う．「ドイツではすでに戦争前においてライヒ議会はその重要性において卓越しており，それと並んでプロイセン州議会も本質的役割を果たしていた．戦争の後では，経済界や国民の諸階級・諸集団から発するすべての要求にとって，ライヒ議会が広範で最大の反響をともなう決定の場になったことはもはや疑いがない．その結果，ライヒとその政府については，以前と同様に業務での救済が大規模に期待されまた要求されて，やがては国内行政の一般的利害がライヒに存在するようになる[26]．」と同時に，ポーピッツはこうした中央国家の吸引力が，中央国家自身ではなく州の主導性によるものと考えていた．彼は言う．「中央国家の権限の強化，もしくは中央国家自身とは縁のない目的のための財政需要の強化は，中央国家の主導性からではなく，まさに州の主導性によって生じた[27]」，と．

3-3 市町村の位置づけ

以上みてきたことからわかるように，ポーピッツが「中央国家吸引力の法則」において主要に着目していたのは，従来各州が担っていた経済政策や社会政策など国内行政の権限や財政責任の多くが中央国家に移ってきたという事実である．つまりそこでは，財政の中央集権化はもっぱら中央国家と州の関係の中で論じられていたのである．それではポーピッツにおいては，市町村はどのように位置づけられていたのであろうか．

まず，ポーピッツは市町村行政の独自の重要性ないし不可欠さについては十分に認識していた．彼は言う．「国民の自己主張という抜きん出た目的は別にして，もし任務の重要性のカタログを作りたいと思うならば，すぐ次のことがわかる．権限は対応した順序で割り当てられているのでは全くなく，むしろ最重要の任務が市町村の手中にあることもたびたびである．例えば，市町村によって運営される警察，学校や道路事業の分野での市町村の権限，などである．任務は相互に関連しており，国家と並んで市町村の不可欠さは，単一国家の一層制であれ，連邦国家の二層制であれ，疑いの余地がない[28]．」

このようにポーピッツは市町村行政の重要性や独自性を認識しつつも，他面では同時に市町村の自治行政とくに財政的自治に関しては悲観的である．彼は言う．「ここで問題になるのは，もし連邦国家がその逼迫した財政事情ゆえに収入可能性の大部分を自分のものとせねばならず，それによって市町村にとっては収入可動性が制限されるとすれば，財政調整の規則は自治行政原理の完全な作用を妨げることである．自治行政は，その担い手つまり市町村が活動の範囲を固定されていない時にのみ，完全に作用しうるものである．けれども，市町村がその収入可能性を，最も不可欠な支出の充足に強く利用し尽くさねばならず，比較的大きな活動のための資金はもはや作れなくなってしまうならば，市町村は多かれ少なかれ動けなくなってしまう[29]」，と．

ポーピッツが市町村自治に関してこのように悲観的になる背景には，第1次大戦後の1920年代・ワイマール期において実施されたエルツベルガー財政改革の結果としてのドイツ財政の実態がある．つまり所得税，法人税，売上税などの主要税収は中央国家（ライヒ）の権限の下で中央国家・州の共通税源とされた．市町村は第1次大戦前においては所得税（付加税）や収益税（物税）において自律的課税が可能であったが，第1次大戦後には主要税での自律的課税が不可能になり，中央国家からの分与税など中央集権的な財政調整に大きく依存するようになってしまったのである[30]．こうした当時の市町村財政の実状からポーピッツは1932年の著作では，「自治行政は今日すでに国民の中での強固な基盤を失う重大な危険にある」こと，また「民主主義的に統治された国家では，とりわけ苦難の時代には，中央集権主義の侵入がたえず起こる[31]」，と述べていたのである．

このようにポーピッツの「中央国家吸引力の法則」は，第一義的には中央国家と州の関係から説明されている．と同時に彼にあっては，市町村に関しても租税自治の喪失と財政調整制度の導入によって中央集権主義が強まっていくことを必然的傾向とみなしていたのも事実なのである．

4. ドイツ財政の中央集権化

財政の中央集権化傾向に関してはワグナーよりもポーピッツがより明示的に述べていたこともあって，第2次大戦後のドイツにおいてはこの「中央国家吸引力の法則」というポーピッツ法則の検証および妥当性の評価がかなり活発に行なわれてきた．ポーピッツ法則を肯定的に評価した代表的なものとしてはアルベルスの論文（1964年）がある[32]．そこで以下ではアルベルスによる検証と解釈に注目してみよう．

ところでアルベルスは，財政の中央集権化傾向をもっぱら財政全体に占める市町村の比重から検証しようとする．しかし前節でみたように，ポーピッツの「中央国家吸引力の法則」では中央国家による州の権限の吸収を強調していたのであり，ポーピッツ法則に忠実であるならば，本来検証すべきは中央国家（連邦）と州の関係であるはずである．この点についてアルベルスは，もっぱら市町村財政に注目する理由として二つの点をあげている．一つは，中央集権主義と連邦主義の利害の闘いは一義的には中央政府と州の間で行なわれるが，両者の間での長期的および経済的に条件づけられた変化を検証するのが困難であること．いま一つは，市町村と上位団体の間での任務の境界については，政治的考慮とりわけ市町村自治の評価が関与するが，そうでなくても行政的観点つまりある任務を遂行するにはどの政府レベルが最適かという考慮が決定的なことである[33]．

さて，アルベルスはまず第1次大戦から1950年代までのドイツ，イギリス，フランス，アメリカの財政の推移をみる．表10-1は政府財政支出に占める市町村財政の比重の推移を示している．フランスがもともと20％台で低いことを除けば，ドイツ，イギリス，アメリカともに第1次大戦前，両大戦間期，第2次大戦後（1950年代）という順に市町村財政の比重が低下していることがわかる．さらに表10-2は租税収入全体に占める市町村税の比重の推移を示している．ここでもフランスがもともと20％前後で低いことを除けば，ドイツ，イギリス，アメリカともに市町村税の比重が傾向的に低下していることがわか

表 10-1　政府財政支出に占める市町村支出の比重（%）

年　度	ドイツ	イギリス	フランス	アメリカ
1913	40	53	25	63
1925	38	42	24	55
1938	27	43	25	33
1958	24	29	21	25

（注）1925年については，フランスは1920年，アメリカは1927年の数値．
1938年については，ドイツは1936年の数値．
（出所）Albers (1964), S. 845.

表 10-2　租税収入に占める市町村税の比重（%）

年　度	ドイツ	イギリス	フランス	アメリカ
1913	37	34	18	58
1925	31	20	—	47
1938	25	19	22	35
1960	14	12	15	16

（注）1925年については，アメリカは1927年の数値．1938年については，ドイツは1937年，の数値．
（出所）Albers (1964), S. 847.

る．さしあたりこのことからアルベルスは，「ポーピッツ法則は過去50年間の公共財政の発展によって確認されているのであり，それは財政規模の変化においても財政自治の変化においても計ることができるのである[34]」，と述べていた．

続いてアルベルスはドイツ財政を例に具体的な検証を進める．表10-3によればドイツ政府部門の財政支出総額に占める市町村の比重は，1913年の40%から1958年には24%に低下している．逆に同時期において中央政府（連邦）は32%から44%へ，州は28%から32%へ上昇している．アルベルスは1950年代までのドイツ財政では，連邦と州を合わせた上位団体への財政の集中が進んでいることに注目したのである．そしてここで問題になるのが，市町村財政の比重がなぜ低下していったかである．表10-4は主な国内行政支出における市町村の比重の推移を示しているが，アルベルスは三つの主な行政分野での市町村の比重の低下とその要因を次のように説明している．

表 10-3 ドイツの財政支出に占める中央・州・市町村の比重

年　度	支出総額 （100 万マルク）	支出の比重（％）		
		中央政府	州	市町村
1913	7,185	32	28	40
1925	14,484	35	27	38
1958	72,147	44	32	24

（出所）Albers (1964), S. 851.

　第一は，経済振興に関わる支出での市町村の比重の低下である．交通や住宅での公共投資も含めた広義の経済振興費の全財政支出に占める比重は，1913年の15％から1958年には22％に上昇している．ところが同支出に占める市町村の比重は1913年の60％から1958年には25％へと大きく低下しているのである．この要因をアルベルスは次のように解釈している．つまり，国家活動の拡大と結びついて強まった経済的作用は明らかに公共サービスの統一化傾向を表に出すが，それは中央政府への委任によって最もよく保障される．なぜなら公共資金を使った経済振興の分権的責任は，国民にとっては公共団体による不均等なサービスか，もしくは地域間の租税力格差に直面して不均等な負担をもたらすにちがいないからである．そしてそれは，課税の平等性（Gleichmässigkeit）の原則にも反するし，生産立地や住民居住の望ましくない移動をもたらしかねないのである．この問題は現代の国民経済における効率的な交通ネットワークにとってはとくに重大なのである．

　また，アルベルスは中央集権主義と分権主義に関しては政治と経済の利害の対立に注目する．彼によれば，ドイツの政治レベルでは歴史的伝統的に連邦主義的傾向が強いが，経済全体の利害は中央集権化を求めている．つまりドイツ財政の展開からは，国家の原則と経済の原則の対立においては，経済原則が貫徹するという命題が確認されるのである[35]．

　第二に，社会給付における市町村の比重の低下である．全財政支出に占める社会給付の比重は1913年の10％から1958年には21％に上昇しており，社会給付は第2次大戦後の経費膨張の主要な要因であった．ところが同支出に占める市町村の比重は，1913年の75％から1958年には28％へと大きく低下して

表 10-4 ドイツの分野別財政支出額と市町村の比重

	年度	中央・州・市町村の支出総額（100万マルク）	市町村の比重（%）
社会給付	1913	695（10）	75
	1925	2,464（17）	66
	1958	15,327（21）	28
教育事業	1913	1,392（19）	64
	1925	2,360（16）	47
	1958	8,492（12）	31
経済振興	1913	165（ 2）	29
	1925	313（ 2）	19
	1958	4,954（ 7）	8
交通事業	1913	856（12）	65
	1925	1,167（ 8）	65
	1958	4,855（ 7）	47
住宅事業	1913	31（ 1）	64
	1925	1,070（ 7）	67
	1958	5,636（ 8）	21

（注）カッコ内は全財政支出に占める比重（%）．
（出所）Albers (1964), S. 850–851.

いるのである．これに関してアルベルスは政治的心理的要因に着目する．第1次大戦前には人々から当然とみなされていた格差が，第2次大戦後の現在では人々に簡単には受け入れられなくなっている．つまり人々は既存の不平等をより明白に認識するようになったのである．統一化や平準化への傾向が国民の基本的態度によって規定されるならば，観測される中央集権化傾向をより一層規定する理由になる[36]．

　第三は，教育事業における市町村の比重の低下である．教育事業の全財政支出に占める比重は1913年の19%から1958年の12%へとやや低下しているが，主要行政の一つであることに変わりはない．そしてここでの市町村の比重は1913年の64%から1958年の31%に低下しているのである．アルベルスはこれを次のように解釈している．平等で可能な限り良好な教育条件は政治的に

も経済的にも重要であるという認識が，こうした変化に寄与してきた．この変化は一つには，その多くが中央予算によって財政負担される専門学校や高等教育に進学する生徒の割合が増えたことによるが，いま一つには上位団体の予算が教育財政負担により一層関与するようになったことである[37]．

以上のような検証からアルベルスは，中央国家（連邦）と州を合わせて上位団体とすれば，第1次大戦から1950年代までのドイツ財政の展開においては上位団体への集中つまり財政の中央集権化傾向が確認できるとする．ただ，アルベルスはこの傾向が1960年代以降にどうなるかについては結論を出せないとしていた[38]．

ところでこのアルベルス論文に関連しては，ハンスマイヤーが1967年の論文[39]で批判的に検討した上でポーピッツ法則の妥当性にも言及している．そこで以下，ハンスマイヤー論文についても簡単に触れておこう．まず，ハンスマイヤーはアルベルスの検証の方法について二つの疑問を呈している．一つは，アルベルスにあってはポーピッツのテーゼを経済化（ökonomisierung）しすぎていることである．本来のポーピッツの考えには行政権限の内容やあり方など広い問題意識があったはずだが，アルベルスの検証ではもっぱら上位団体への財政の集中のみに論点がしぼられていることである．いま一つは，アルベルスが財政支出における市町村の比重のみを問題にしていることである．前述のようにポーピッツ法則の主要な問題意識は中央国家と州の関係にあった．その意味ではアルベルスの検証は，ポーピッツの本来の意図に正確に対応したものとは言えないのではないか，というものである[40]．

その上でハンスマイヤー自身はポーピッツ法則に関しては，次の二つの点を指摘している．第一に，先の表10-3のような状況をふまえれば長期的には財政における中央予算の拡大が確認できる．しかしそれはポーピッツの想定したように州の犠牲によってではなく，市町村の犠牲によって実現している．この点ではポーピッツの予想はまちがっていたことになる．第二に，ポーピッツは行政における明確な境界基準が消えて，国家の任務達成に際して中央国家・州・市町村の交差が増加することを論じていたが，この点は疑いもなく確認で

きる．例えば，政府財政支出規模は 1913 年から 1958 年までで 16 倍の増加だが，政府間の交付金や貸付金の規模は同時期に 55 倍に増加しており，政府間の財政的結合は強化されてきているのである[41]．なお，ハンスマイヤーの指摘するように政府間の財政的結合は次第に重要性を増してくるが，これは次節でみるように 1960 年代以降になってドイツ財政支出面の中央集権化傾向から分権化傾向への転換の重要な背景になるのである．

5. ドイツ財政における分権化

1970 年代以降になると現実のドイツ財政の進展や変化をふまえて，ポーピッツの法則や財政の中央集権化傾向を否定するような主張が登場するようになった．その代表としてここではレクテンワルトとケスターの研究に注目しておこう．

レクテンワルト（H. C. Recktenwald）は『財政学全書』第 3 版（1976 年）に所収の論文[42]において，1870 年代から 1970 年代までのドイツ財政の展開をライヒ（連邦），州，市町村の規模と構造の変化を中心に検証している．彼は 1913 年から 1973 年までの全財政支出に占めるライヒ（連邦），州，市町村の純支出の比重の推移を示す総括的資料として図 10-1 を提示した．レクテンワルトは同図をもとに次の点を強調する．第一に，ドイツの連邦的構造は三つの地域団体の支出に現われている限りでは，この 1 世紀の間に著しく異なって発展してきた．第二に，その激しい変動の原因は本質的には偶然的要素にあり，そこにはドイツ国家同盟からヴィルヘルム帝国（第二帝政）へ，ワイマール共和国から第三帝国へ，そして最後にドイツ連邦共和国（西ドイツ）へという国家構造の変化があった．そしてその際に，ある時は任務の集権化（Konzentration）が，ある時は任務の分権化（Dezentralization）が進行した．第三に，こうした外的要因による構造変化は，その多くはその規模に刻印されている．つまり，財政政策上では当初は州権限の空洞化が，その後に市町村権限の空洞化が（とくにナチス期，部分的にはすでにエルツベルガー改革によって）起きたが，第 2 次大戦後の連邦共和国（西ドイツ）設立にともなう国家形態の新編成に際して国家上位

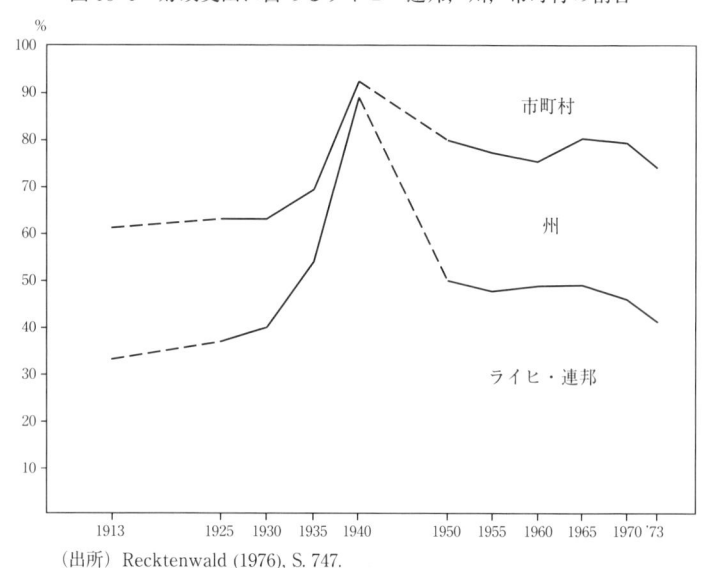

図 10-1 財政支出に占めるライヒ・連邦，州，市町村の割合

(出所) Recktenwald (1976), S. 747.

団体の権限縮小が起きたのである[43]．

このようにレクテンワルトによれば，ドイツ財政史において確かに第 2 次大戦までは中央国家（ライヒ）への財政支出の集中が起きていたが，第 2 次大戦後にはむしろ州および市町村の比重の拡大が確認できる．かくしてレクテンワルトは言う．「我々の実証的分析の結論はこの法則（ポーピッツ法則のこと—引用者）を全く明白に論駁している[44]」，と．

なおこれに関連してレクテンワルトは，「中央国家吸引力の法則」においてポーピッツがあげた論拠にも疑問を呈している．その一つは，下位団体（州）の税収力不足と格差の問題である．ポーピッツは，一方での国民経済における統一的な経済空間および生活空間の必要性と，他方での下位団体における税収力不足の状況から，中央国家依存傾向が強まるとした．しかしレクテンワルトによれば，下位団体の税収力不足という仮説は，発展プロセスによるものではなく外的原因によるものである．ポーピッツは弾力的収入に関してはそれぞれの憲法規定による財源配分が決定していることを見逃している，と．これは逆に言えば，憲法規定による財源配分方式が変化すれば，財政の中央集権化の物

質的基礎は容易に崩れるということになろう[45]．そして，いま一つは，ポーピッツの言う財政心理的論拠である．レクテンワルトによればこの論拠には著者の願望という形で規範的要素が混入されており，点検可能な仮説とは明白に区別すべきものである，としているのである[46]．

次にケスター（Thomas Köster）がその著作（1984年）[47]の中で検証した第2次大戦後におけるドイツ財政の分権化の実態について注目してみよう．ケスターは表10-5のようにイギリス，フランス，ドイツにおける1900年代以降の地方自治体の財政支出の推移を示している．同表によれば全財政支出に占める地方自治体の比重は3ヶ国とも1905年から1950年まではほぼ一貫して低下傾向にあった．ところが1950年から1975年にかけては3ヶ国とも上昇傾向にあり，ドイツでも15.7%から19.9%に4.2ポイントも上昇している．またGDPに対する地方自治体支出の割合でも1950年までは3ヶ国とも全体的に停滞傾向にあったが，1950年から1975年にかけては3ヶ国とも相当に上昇している．ドイツでは6.4%から9.7%へと3.3ポイントの上昇である．

「大量消費時代」には収入面・支出面でも際立った中央集権化傾向が起こるとする仮定からすれば[48]，1950年から1975年にかけての地方自治体支出の増加は疑いもなく驚くべきことである．ケスターはこうした現象を二つの要因から説明する．一つは，1910年から1950年にかけての戦争・危機時の中央集権化推進力が中央集権化需要を必要以上に達成したために，その後の分権化の余地が生まれたこと．いま一つは，中央集権化傾向は「大量消費時代」の初期（つ

表10-5 地方自治体支出の推移（%）

年　度	地方自治体支出／全政府支出			地方自治体支出／GDP		
	イギリス	フランス	ドイツ	イギリス	フランス	ドイツ
1905	51.1	31.1	32.9	6.3	4.6	5.4
1925	34.6	22.6	31.2	8.4	5.1	7.8
1936	38.8	26.0	20.6	9.6	7.9	6.9
1950	23.4	12.8	15.7	9.1	5.3	6.4
1975	32.2	18.0	19.9	9.6	9.1	9.7

（注）1905年については，フランスは1906年，ドイツは1907年の数値．
（出所）Köster (1984), S. 260, 262, 267.

まり1910～50年)にのみ妥当し，1950年以降の「大量消費時代」後期には地方自治体の役割が大きくなる．つまり後期には，行政の中でもいわゆる地域的な「生存配慮」(Daseinvorsorge)分野が強化されるが，これらは他の公共業務よりも優先されかつ第一義的には地方自治体によって充足されるからである[49]．なお後者の点についてはハンスマイヤーも，第2次大戦後ドイツ福祉社会における公共業務の「再自治体化」という現象としてとらえている[50]．

さて，社会福祉，教育，住宅など「生存配慮」分野を中心に地方自治体の行政課題が増加してくると，地方自治体財政には大きな変化が生じてきた．それはケスターによれば次のようなことである．その一つは，地方自治体収入に占める中央国家・州など上位政府からの交付金の比重の増加である．第2次大戦後に福祉国家を目指すようになったヨーロッパ諸国では，自治体の「生存配慮」行政の遂行を保障することは中央国家にとっても重要になったのである．債務収入を除いた自治体収入の中での中央交付金の比重は1950年から1975年にかけて，イギリスでは39%から55%へ，フランスでは20%から40%へ，ドイツでは20%から32%へ上昇している．いま一つは，上記の当然の帰結として，地方自治体収入における固有収入の比重の低下である．逆に言えば，地方自治体の古くさい租税が，今日地方税に一般に求められている諸要求(等価性，負担意識，影響の広範性，相応性，収入安定性，成長感応性)にほとんど対応できないために，支出需要増加にともなう財源不足を中央交付金の増加で充足せねばならなくなったのである[51]．

このように第2次大戦後から1970年代までのドイツ財政では，地方自治体支出の比重が上昇しており，その意味ではポーピッツの想定したような中央国家への財政集中による中央集権主義は進行したとは言えない．しかし他方，地方自治体財政は地方税による固有収入の比重を低下させ，中央交付金への依存を上昇させてきた．つまり，単純に分権化が進行したわけではなく，中央交付金に支えられた分権的財政というのが実態である．その意味ではこの中央からの交付金がいかなる内容と特徴をもつものであるかが重要になってくる．ちなみにケスターはこの中央交付金に関しては次の二つの点を指摘している．一つ

には，交付金を通じて中央機関が地方自治体への影響力を行使する側面である．つまり，交付金の増加によって自治体行政達成への中央機関の影響力は相当高められたのであり，行政課題達成のための中央・地方の絡み合いの増加も交付金増加が決定的な弾みになってきた，という．いま一つは，中央交付金であっても自治的ないし分権的側面を強める可能性があることである．つまり，交付金の中でも特定交付金ではなく一般交付金が主体になったり，交付金決定に際して地方団体代表が関与するようになれば，地方自治体の財政自治の観点からはより望ましいものになりうるのである[52]，と．

さて，ケスターの議論は1970年代までの3国の財政状況をもとに展開されており，1980年代以降の状況も当然解明されなければならない．しかし残念ながら本稿では1980年代以降のドイツ財政の状況を詳しく検討する余裕はない．そこでここでは，1990年の東西ドイツ統合から2000年代の今日にいたるまでの市町村財政の位置を簡単に概観しておこう．表10-6は1990年代以降のドイツの財政支出における連邦，州，市町村のシェア推移をみたものである．市町村のシェアは1990年代前半の20%前後から2000年前後には16%台へとやや低下している．この低下の要因の一つには，従来は市町村業務であった介護サービスが1995年より介護保険に移管されたことがあろう．いずれにせよここでは，1990年代以降においても市町村支出が政府財政支出全体の16～20%を占めているという事実を確認しておきたい．一方，表10-7は1990

表10-6 ドイツ財政支出の政府シェア (%)

年度	連邦	州	市町村
1991	45.3	31.1	18.8
1994	42.5	33.9	20.4
1999	46.5	35.7	16.4
2003	46.3	36.3	16.9

（注）市町村には市町村連合（郡など）も含む．
（出所）Bundesministerium der Finanzen (1998),

表10-7 ドイツ租税収入のシェア (%)

年度	連邦	州	市町村
1991	48.0	34.4	12.8
1994	48.2	34.2	12.4
1999	42.4	40.6	12.4
2003	43.4	40.1	11.7

（注）市町村には市町村連合（郡など）も含む．
（出所）Bundesministerium der Finanzen (1998),

252　第3部　諸外国の分権化財政

表10-8　ドイツ地方自治体の歳入構成比（2003年度）
(%)

	旧西独地域	旧東独地域
租税収入	36.5	16.6
うち営業税	11.8	5.7
うち所得税参与	16.0	4.4
うち売上税参与	1.9	1.6
料金収入	12.1	8.3
連邦・州からの経常交付金	23.1	44.8
連邦・州からの投資交付金	4.1	13.1
その他収入	24.2	17.1

（出所）Deutscher Städtetag (2005), S. 13, 15.

年代以降のドイツにおける租税収入の連邦，州，市町村のシェアの推移である．市町村の租税収入のシェアはこの間ほぼ12％前後の水準を保っていることがわかる．さらに表10-8は2003年度のドイツ地方自治体の歳入構成比を示している．旧西独地域の地方自治体では，租税収入が36％であるのに対して，連邦・州からの交付金も27％ある．また旧東独地域の地方自治体では，租税収入の16％に対して，連邦・州からの交付金が58％も占めている状況にある．以上，ごく簡単に概観しただけであるが，1990年代以降においても市町村はその財政支出と租税収入において一定程度の規模と比重を確保していること，また市町村歳入の中では連邦・州からの交付金が重要な役割を演じていること，が確認できよう．

6．おわりに

以上みてきたように，ドイツでは第1次大戦後から1950年代までは，市町村財政の比重低下ということからすれば，確かに財政の中央集権化が進んできていた．しかし1960年代以降になると市町村財政の比重も回復基調になり，分権化への方向に進んでいるようにみえる．少なくともポーピッツ法則のように中央集権化を「法則」視することはできないであろう．このような分権的傾向の背景として，第2次大戦後ドイツの経済社会において，地域的な「生存配慮」行政の重要性が増したこと（ケスター），また福祉社会において公共業務

の再自治体化が起きたこと（ハンスマイヤー），という指摘は興味深い．またこうした分権化傾向が中央交付金によって支えられているという事実も重大である．いずれにせよ本稿で扱ったのは，1970年代までのドイツ財政の実態と1980年代前半までのドイツでの議論の一部にすぎない．ドイツ財政が果たして本格的に分権化の方向に進んできているのか否か，またその分権化がいかなる形や実質をもっているのかについては，第2次大戦後から2000年代の今日にいたるまでの中長期的なドイツ財政のより詳しい実証的検討が必要になろう．そしてその場合，連邦と州の間での行政事務配分と税源（共通税）配分をめぐる議論，各州における市町村財政調整制度による州から市町村への財政交付金の内容と動向，市町村税での営業税縮小と共通税（所得税，売上税）への参与拡大などに留意する必要があろう．

1) Wagner (1893).
2) Ebenda, S. 893.
3) Ebenda, S. 895.
4) Ebenda, S. 899.
5) Ebenda, S. 900.
6) Ebenda, S. 905.
7) Ebenda, S. 906.
8) Wagner (1911).
9) Ebenda, S. 732–733.
10) Ebenda, S. 733.
11) Ebenda, S. 733.
12) Ebenda, S. 736.
13) Ebenda, S. 733.
14) ポーピッツ（1884〜1945年）は第1次大戦前にプロイセン邦官吏となり，1913年3月にライヒ財務省に移籍した．1921年ライヒ財務省局長，1925年から1929年までライヒ財務省事務次官として活躍した．また同時期にフリードリッヒ・ヴィルヘルム大学（ベルリン）で講義（法学部の税法）をする傍ら，財政調整論や租税に関する多くの著作活動を行なった．ポーピッツの経歴・業績については，Dieckmann (1960)，を参照．なおポーピッツの財政調整論については，伊東弘文（1981・1982）がある．
15) Popitz (1927). 同論文ではポーピッツは，「中央国家の吸引力」と並んで「最大予算の吸引力」や「最強財政団体の吸引力」という表現もほぼ同義に使用している．なお「中央国家吸引力の法則」に関しては，G・シュメルダース (1981)，183

-188 ページ，佐藤進（1985），30-35 ページ，も参照．
16) Popitz (1927), S. 346.
17) Ebenda, S. 347.
18) Ebenda, S. 347.
19) Ebenda, S. 348.
20) ポーピッツの論拠の整理については，Hansmeyer (1967) を参照した．なおハンスマイヤーはポーピッツの論拠を①一般政策上の論拠，②租税政策上の論拠，③財政心理上の論拠，の三つに整理している．(Ebenda, S. 201-204.)
21) Ebenda, S. 201.
22) Popitz (1927), S. 349.
23) Ebenda, S. 348.
24) Ebenda, S. 348.
25) Hansmeyer (1967), S. 203.
26) Popitz (1927), S. 349.
27) Ebenda, S. 348. 財政の中央集権化をめぐって中央国家と州のどちらが主導性を握っていたかは一つの興味深い問題ではある．ちなみにポーピッツのこの主張に対して，ハンスマイヤーは，ポーピッツがワイマール期ドイツの財政政策の当時者であり，いわば「内輪の認識」から述べているものであり，その評価は困難であるとしている．(Hansmeyer (1967), S 202.)
28) Popitz (1927), S. 347.
29) Ebenda, S. 350.
30) ドイツにおける第1次大戦前後の財政状況については，関野満夫 (2005)，第1章「第2次大戦前ドイツの市町村税」，を参照されたい．
31) Popitz (1932), S. 333.
32) Albers (1964).
33) Ebenda, S. 842.
34) Ebenda, S. 847.
35) Ebenda, S. 849.
36) Ebenda, S. 852-853.
37) Ebenda, S. 853.
38) Ebenda, S. 857.
39) Hansmeyer (1967).
40) Ebenda, S. 206-208.
41) Ebenda, S. 215.
42) Recktenwald (1976).
43) Ebenda, S. 745-747.
44) Ebenda, S. 748.
45) これに関してレクテンワルトは次のようにも述べている．「ついでに言えば，連邦共和国において成長感応的な租税（共通税）にすべての地域団体が参与することによって，収入弾力的な『財政力』の新規配分ができれば，支出配分の安定化に相当に寄与するであろうし，それとともに一面的な（根拠のはっきりしない）

ポーピッツ法則の根拠をより一層奪うことになるだろう.」(Ebenda, S. 748.)

46) Ebenda, S. 748.
47) Köster (1984).
48) Ebenda, S. 61-65.
49) Ebenda, S. 268.
50) Hansmeyer (1966), S. 167-168.
51) Köster, a. a. O., S. 269.
52) Ebenda, S. 269-270.

参考文献

伊東弘文 (1981・1982),「ヴァイマル期ドイツの財政調整制度と J. ポーピッツの財政調整論 (上・中・下)」『北九州大学商経論集』第 16 巻第 3・4 号, 第 17 巻第 1 号, 第 2・3 号.

佐藤進 (1985),『地方財政総論』税務経理協会.

シュメルダース, G. (1981),『財政政策 (第 3 版)』中央大学出版部.

関野満夫 (2005),『現代ドイツ地方税改革論』日本経済評論社.

Albers, Willi (1964), Das Popitzsche Gesetz der Anziehungskraft des übergeordneten Haushalts, *Schriften des Vereins für Socialpolitik*, NF. 30. II, 1964.

Dieckmann, Hildemarie (1960), *Johaness Popitz : Entwicklung und Wirksamkeit in der Zeit der Weimarer Republik,* Berlin-Dahlem.

Hansmeyer, Karl Heinrich (1966), Zur Theorie der kommunalen Finanzwirtschaft, in Wolfgang Haus hrsg., *Kommunalwissenschftliche Forschung,* Stuttgart.

Hansmeyer, Karl Heinrich (1967), Das Popitze Gesetz von der Anziehungskraft des zentralen Etates, *Schriften des Vereins für Socialpolitik,* NF. Band. 47.

Köster, Thomas (1984), *Die Entwicklung kommunaler Finanzsysteme am Beispiel Grossbritanniens, Frankreichs und Deutschlands 1790–1980,* Berlin.

Popitz, Johaness (1927), Der Finanzausgleich, *Handbuch der Finanzwissenschaft,* 1. Aufl. Bd. 2., Tübingen.

Popitz, Johaness (1932), *Der künftige Finanzausgleich zwischen Reich Ländern und Gemeinden,* Berlin.

Recktenwald, Horst Claus (1976), Umfang und Struktur der öffentlichen Ausgaben in säkularer Entwicklung, *Handbuch der Finanzwissenschaft,* 3. Aufl., Bd. 1, Tübingen.

Wagner, Adolph (1893), *Grundlegung der politischen Oekonomie,* Leipzig.

Wagner, Adolph (1911), Staat in nationalökonomischer Hinsicht, *Handwörterbuch der Staatswissenschaften,* 3. Aufl. Bd. 7, Jena.

Bundesministerium der Finanzen (1998), *Finanzbericht 1998.*

Bundesministerium der Finanzen (2007), *Finanzbericht 2007.*

Deutscher Städtetag (2005), *der Städtetag 5/2005.*

第 11 章

中国における政府間財政関係

1. はじめに

　中国経済は，1970年代末の改革・開放政策導入以降，長期の高度経済成長を記録し，2005年には，GDP規模では世界第4位，購買力平価ベースの所得では世界第2位の規模を持つまでになった．1人当たり所得では下位中所得経済に属し，上位中所得経済や高所得経済との差はまだ大きいとはいえ，上位国へのキャッチアップが急速に進んでいる[1]．13億の人口を抱える潜在的に巨大な経済が，大きな混乱もなく長期にわたって高度経済成長を続けているのは驚異である[2]．

　注目すべきは経済成長だけではない．高度成長に伴って大規模な貧困削減も実現した．World Bank（2003）によると，1日1ドル以下所得者と定義した場合の貧困者は，1981年の4億9,000万から1999年の9,800万，2002年の8,800万へと，実に4億人も減少した．1日1ドル以下消費者と定義した場合の貧困者でも，1990年の3億6,000万から1999年の2億2,300万，2002年の1億6,100万へと，2億人減少した（p. 9）[3]．ただし，貧困の大幅削減と同時に，地区間，都市・農村間，熟練・非熟練労働者間での格差が拡大した．World Bankの推定では，1999年における1日1ドル以下消費者2億2,300万のうちの99

％が農村地区の居住者であり，とりわけ西部・中部の省・市・自治区に集中している[4]．いまや不平等（ないし格差）の縮小を伴った持続的発展の実現が中国経済の課題となっている[5]．

　中国経済躍進の背景には，計画経済から市場経済への移行に伴う政府の役割の再定義があった[6]．特に，1978年12月に鄧小平主導のもとで採択された「改革・開放と現代化」路線，1992年10月に採択された「社会主義市場経済」路線，2001年12月のWTO加盟，そしてこれらに関連して導入・実施された制度改革や諸政策などの一連の動きは，中国が世界経済と一体化した市場経済を基盤としつつも，経済発展・成長，マクロ的調整・管理，資源配分や所得再分配など経済社会の方向づけにおいて政府が重要かつ積極的な役割を果たすことを内外に示すものであった．

　広大な面積を持ち，自然環境・地理的条件，民族・言語・習慣，社会経済発展状況が異なる地区を抱える中国の国内状況は，グローバル社会の縮図である．こうしたミニアチュア・グローバル社会では，中央政府はグローバル社会における国際機関に匹敵し，最上級の地方政府（省級政府）[7]は各国の中央政府に匹敵する存在である．事実，省級政府は，4級の地方政府（省，地，県，郷の各級）の頂点に立ち，中央政府と類似の機構と機能を持って下級政府・地区に臨む「ミニ中央」の役割を果たしている[8]．

　本章では，新中国誕生以降，特に1970年代末の「改革・開放と現代化」路線採択以降の中国における中央・地方の政府間財政関係を取り上げる．第2節では，中央政府と地方政府の財政動向について整理する．第3節と第4節では，改革・開放以降の政府間財政関係の基礎となった財政請負制と分税制改革を取り上げる．第5節では，地方政府が直面する政府間財政関係に関わる問題点を提起してむすびとする．

2. 中央政府と地方政府の財政動向

2-1 改革・開放前

　財政規模は，経済における政府の役割を考える上で最も重要な指標である．図11-1は，中央政府と地方政府による財政支出・財政収入の対国内総生産（GDP[9]）比を示したもので，支出・収入には政府間移転支出や公債関連収支を含まない．ここでは「改革・開放と現代化」（以下，改革・開放と略す）路線導入前の1953～78年と導入後の1978～2005年の2つに分けた．なお，中国では通常の予算のほかに，予算外資金，制度外資金，さらには隠れた債務（潜在的負債）が存在し，これら全体を含めて議論しないと適切な理解ができないと言われる．これらについては第5節で簡単に触れる．ここでは政府の予算金額（予算内資金）に基づいて財政動向をみる．

　改革・開放前，中央・地方を合計した政府全体の財政支出および財政収入の対GDP比は平均28％台であり，1959～60年の急上昇期と1967～68年の急下降期を除けば比較的安定している．これらの急上昇・急下降期には，図11-1の相対規模でみても図11-2の絶対規模でみても，中央・地方双方の数値が同じ動きをしている．

　1959～60年は工業生産の過度の増産を追求した「大躍進」期（1958-60年），1967～68年は「文化大革命」（1966-76年）の発生時期にあたる．大躍進期にはGDPの増大以上に財政支出が増大し[10]，中央と地方の相対的役割が大きく変化した．収入面では，多数の企業が中央政府から所在の地方政府に移管され，その企業収入や各種税収が地方の財政収入となったため，政府全体における中央政府の財政収入シェアが大きく低下した（図11-3）[11]．しかし，中央の権限や財政基盤が過度に地方政府や個別部門・組織に移管され，国家の財政基盤が分散した上に，初期の目的達成に失敗するなど，大躍進運動は失敗に終わったと言われる[12]．なお当時の財政収支をみると，1958年に突然，中央政府が大幅収入超過，地方政府が大幅支出超過となり，1959年には逆に中央財政が大幅支出超過，地方財政が大幅収入超過，さらに1958年から1960年にか

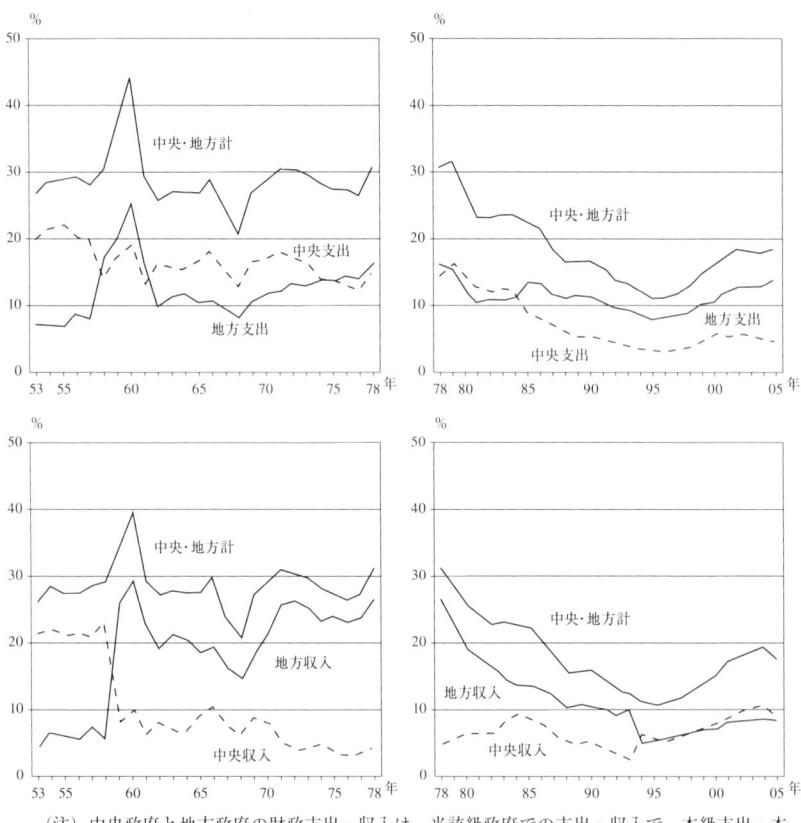

260　第3部　諸外国の分権化財政

図 11-1　財政支出・財政収入の対 GDP 比の推移（1953〜2005 年）

(注)　中央政府と地方政府の財政支出・収入は，当該級政府での支出・収入で，本級支出・本級収入と呼ばれる数値である．
(出所)　2003 年までの財政支出・収入は，中華人民共和国財政部「中央和地方財政支出及比重」「中央和地方財政収入及比重」（財政部のウェブサイト http://www.mof.gov.cn/ より入手可能）．2004 年以降の財政支出・収入と 1978 年以降の GDP（2006 年改訂）は，中華人民共和国国家統計局編『中国統計摘要 2006』中国統計出版社，2006 年．1978 年以前の GDP は，新華社ウェブサイト（新華網）に掲載のデータ（http://news.xinhuanet.com/ziliao/2003-01/25/content_707555.htm）による．

けて政府全体の支出超過が拡大するなど，大躍進期の財政動向はその前後と比べて特異な動きをしている（図 11-4）．

　一方，多数の政治家・知識人を失脚させ，多大な犠牲を招いた文化大革命の影響は，経済・財政面にも及んだ．大躍進の失敗以後，再び財政管理権限が地方から中央に集中し，財政収支の両面で中央政府のシェアが高まり，経済も回

図11-2 中央政府と地方政府の財政支出・収入の動向（1953〜2005年）

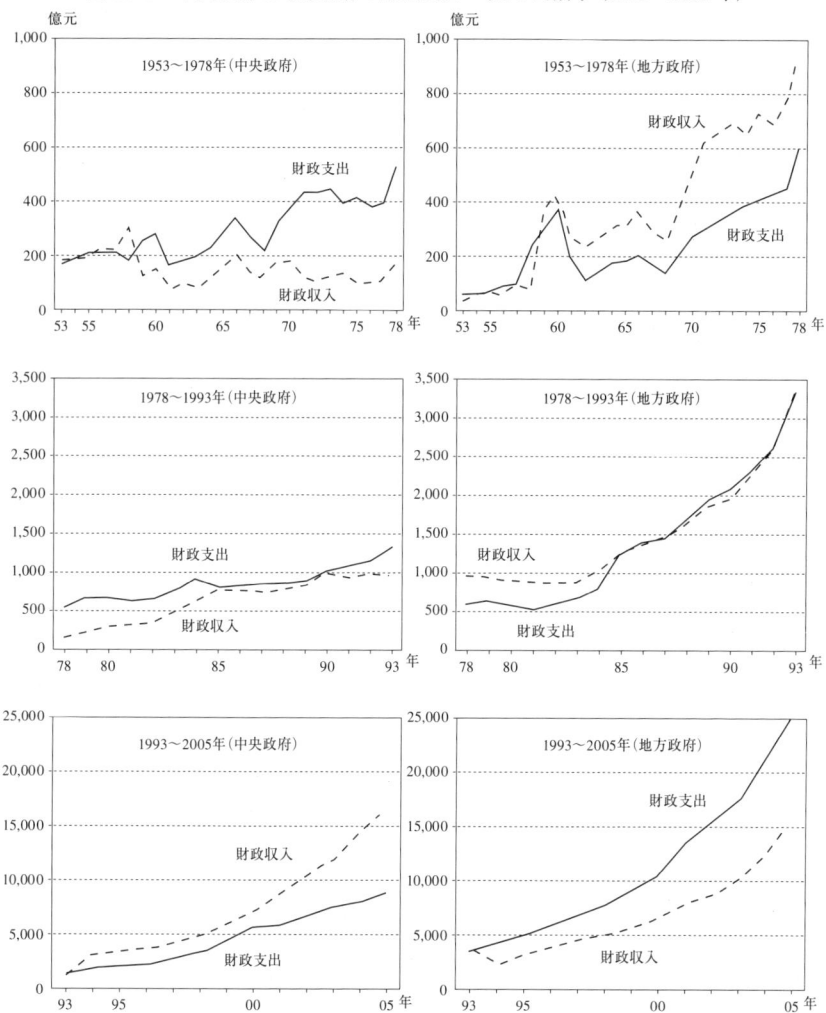

（注）財政支出と財政収入は，本級支出と本級収入（当該級政府の支出と収入）である．
（出所）財政支出は，中華人民共和国財政部「中央和地方財政支出及比重」（http://www.mof.gov.cn/news/uploadfile/zhongyang 0009.xls）．財政収入は，同「中央和地方財政収入及比重」（http://www.mof.gov.cn/news/uploadfile/zt_20060307_liniancaizhenshouzhi_21.HTM）．最新部分は，中華人民共和国国家統計局編『中国統計摘要2006』中国統計出版社，2006年による．

復したかにみえた[13]．しかし，文革の影響で1967〜68年，2年連続のマイナス成長が生じるとともに，財政収入が急減し，財政支出も激減した[14]．文化

262 第3部 諸外国の分権化財政

図 11-3 中央政府の財政支出シェアと財政収入シェアの動向（1953〜2005 年）

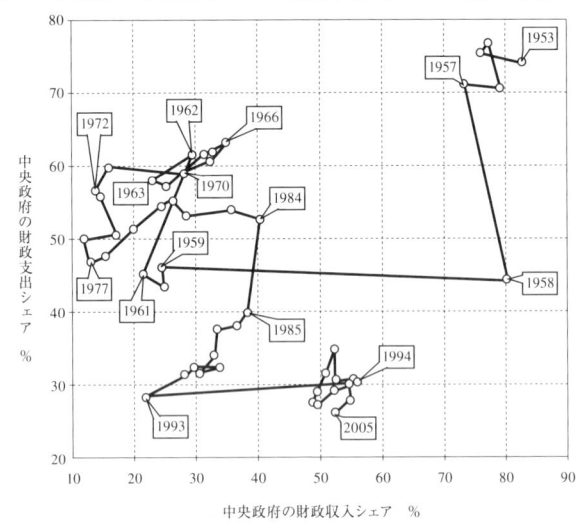

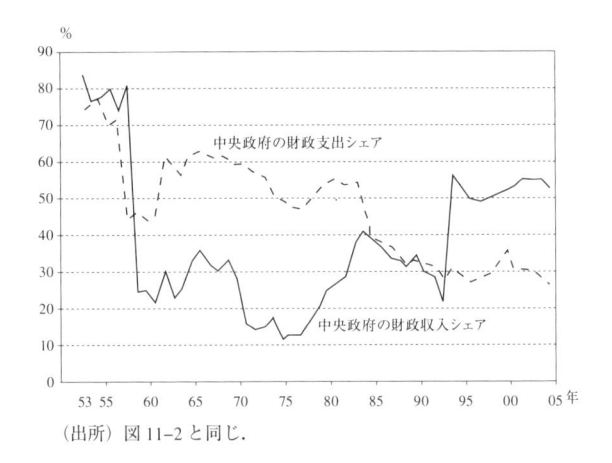

(出所) 図 11-2 と同じ．

大革命の「10 年動乱」期[15]に財政管理体制が頻繁に変わり[16]，財政収支両面での中央政府のシェアが徐々に低下していった（図 11-3）．

改革・開放前の財政収支の動向をみると（図 11-4），中央政府では支出超過が，地方政府では収入超過が，持続（1959 年以降）かつ拡大（特に 1969 年以降）している．しかし，このことは，中央財政が大幅赤字で，地方財政が大幅黒字であることを意味しない．それを理解するには，改革・開放以前の政府間財政

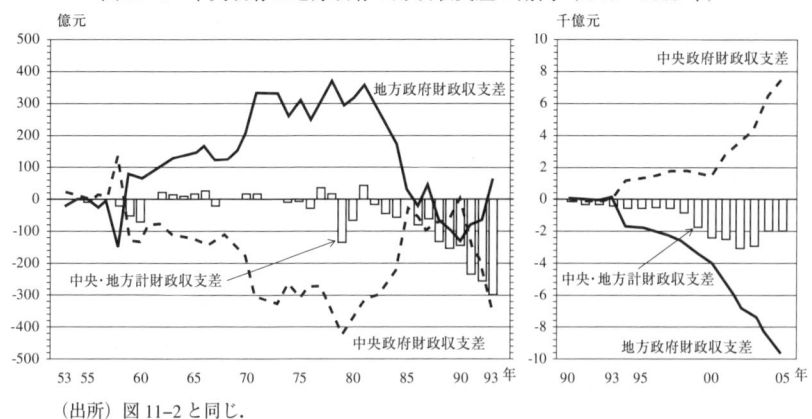

図11-4 中央政府と地方政府の財政収支差の動向（1953～2005年）

（出所）図11-2と同じ．

関係について整理しておく必要がある[17]．

(1) 計画経済の時代，中央政府が政策・計画・制度の統一を図る（統一領導）という前提のもと，地方政府の予算が幾つかのレベル（級）に分かれて管理（分級管理）されたものの，地方政府の財政管理権限は小さく，地方財政支出目標も中央政府が確定した．この一体化した中央財政と地方財政の関係については「一竈吃飯」と表現されるように，両者の支出・収入責任区分が必ずしも明確でなかった．

(2) 主要な税収立法権，税率調整権，減免税権は中央政府に集中し，地方財政収入目標も中央政府が確定した．ただし実際の徴税業務は地方政府が担当した．地方の徴税努力を促すため，ときには目標収入超過分の一部が地方政府に付与された．

(3) 地区間の財政力調整を図るため，中央政府は，収入超過の地方から上納（地方上解）を求め，支出超過の地方へは補助（中央補助）を行った．したがって，図11-2における中央財政の支出超過と地方財政の収入超過は，地方から中央への巨額の純移転（地方上納マイナス中央補助）が行われたことを意味する．

(4) 中央・地方の財政管理体制は3級体制を基本とした．中央政府と省政府の中間に大区が設置され，中央・大区・省の3級体制の期間もあった

が，最終的には，中央・省・県（市）の3級財政管理体制および3級予算制度が確立された．

2-2 改革・開放後

改革・開放以降の財政動向については，幾つかの特徴的な動きがみられる（図11-1～4）．

(1) 1990年代半ばを境に，その前半期は政府全体の財政支出および財政収入の対GDP比が長期的に下落し，後半期は逆に上昇している．財政支出対GDP比の前半期の下落は中央支出の下落に起因し，後半期の上昇は地方支出の上昇に起因する[18]．また，財政収入対GDP比の前半期の下落は地方収入の長期的な下落と1984～93年の中央収入の下落に起因し，後半期の上昇は中央・地方双方の上昇に起因する．

(2) 1970年代末から1980年代半ばにかけて中央政府の財政収入が増大する一方，地方政府の財政収入が伸び悩み，政府全体での中央政府の財政収入シェアが上昇した．

(3) 1980年代半ばから1990年代半ばにかけて中央政府の財政収入・支出が伸び悩む一方，地方政府の財政収入・支出が増大したため，財政財政収入・支出の両面で中央政府のシェアが低下した．この間，中央政府の財政支出シェアと財政収入シェアの差は前後の期間と比べて比較的小さい．

(4) 1990年代半ば以降，政府全体での中央政府の財政支出シェアが30％前後で比較的安定する一方，財政収入シェアが1994年に突然上昇したあと50～55％を維持している．

(5) 政府全体の財政収支では，1970年代末から支出超過基調が続き1985年に均衡を達成したものの，1986年以降再び支出超過基調となり，2002年までその拡大傾向が持続した．

(6) 中央・地方別の財政収支では，1970年代末から1980年代半ばにかけて中央の支出超過縮小と地方の収入超過縮小が持続した．その後，1990年代前半に中央の赤字拡大と地方の赤字縮小（1993年に黒字）が生じたあ

と，1994年に中央の収入超過と地方の支出超過が突然かつ大規模に発生し，それ以降，持続かつ拡大している．

以上のように，改革・開放以降の財政動向をみると，1990年代半ばに非常に大きな転換点があり，さらに1980年代半ばにも転換点があったと推察される．1990年代前半までの期間は財政請負制が全国展開された時代であり，1990年代後半以降現在までの期間は1994年の分税制改革（財政改革）施行に強く影響された時代である．そこで次節以降，改革・開放以降の政府間財政関係を特徴づける財政請負制と分税制改革について検討する．

3. 改革・開放以降の政府間財政関係1——財政請負制の時代

3-1 財政請負制の意味

財政請負制（財政包干制）とは，一定範囲の財政支出・収入について下級政府が上級政府から請け負う制度である．この場合，上級政府＝中央政府，下級政府＝省級政府の場合もあれば，上級政府＝省級政府，下級政府＝地級政府の場合もある．通常は，当該級政府が1つ上級の政府から請け負う．ここでは中央政府と省級地方政府（以下では，地方政府と略す）の関係を取り上げる．

財政請負制は，地方政府の費用削減・収入拡大努力を通して収支差額を拡大させ，それを中央政府には上納増大（ないし補助抑制），地方政府には留保増大という形で分配することで，双方に利益をもたらすと期待される契約制度である．特に中央にとっては，収入増大による財政収支改善が期待されるだけでなく，個別契約を通して，改革・開放を推進する中央に対する地方の政治的支持増大も期待できる．事実，中央政府および政府全体の財政収支は，1979年に巨額の赤字を記録し，1980年にも大規模な赤字が予想されていた（図11-4）．また，改革・開放政策の円滑な遂行のためには地方の協力が不可欠であった[19]．

3-2 3つの期間

財政請負制が多くの地区で導入された1980年から1994年の分税制実施まで

の期間は，財政請負制が支配的な時代であった．この時代は，通常3期間に分けられる[20]．

(1) 1980～84年

1980年2月に国務院[21]が公布した「『区分収支・分級請負』財政管理体制の実施に関する暫定規定」に基づき，北京・天津・上海の3直轄市を除く全国の地区で「区分収支・分級請負」体制が導入された[22]．「区分収支・分級請負」とは，①財政収入を固定収入・分割収入・調整収入に3区分し，②財政支出を企業・事業単位の従属関係により区分し，③地方財政の収支範囲区分に基づき収入の多寡に応じて支出を実施できる，とする体制である．この体制は，5年続くものとされた．

具体的には，地方の実情に配慮して数種類の具体的形式が採用された．例えば，四川省を代表とする15省・市では典型的な区分収支・分級請負体制が実施された．すなわち，収支範囲区分と1979年の財政収支見通し額に基づき，収入超過であれば超過分を一定比率で上納と留保に配分し，支出超過であれば収入不足分を中央が工商税の一定割合から補助するとした．民族自治区・省については，収支範囲区分に基づいて中央が補助額を決定し，これを毎年10%増額するとともに，収入増加分を全額地方帰属とした．

(2) 1985～87年

1980～84年の区分収支・分級請負体制は，中央政府・地方政府間での支出責任と収入責任を区分する第一歩となった（「分竈吃飯」と表現される）．5年の継続期間中に財政請負制度が再検討される一方，1983～84年には利改税改革が実施され，政府・国有企業間の分配関係が変更された．利改税とは，利潤を税金に改めるものである．建国以来，工業生産の大半を引き受けてきた国有企業[23]は，従来，利潤上納制もしくは利潤請負制のもとで利潤の全額ないし一定額を上納してきた．利改税改革はこうした取り決めを改め，国有企業所得税の納税制に変更するものである．国有企業所得税は，1983年に実験的に導入されたあと，1984年10月から完全実施された[24]．利改税改革は，政府と国有企業の機能的分離，国有企業の利潤動機改善[25]，流通税と所得税を中心とす

る近代的税制の整備，交渉による決定からルールによる決定への移行などを狙ったものであった．

利改税改革を踏まえ，国務院は 1985 年から「区分税種・確定収支・分級請負」と呼ばれる請負制の導入を決定した．「区分税種・確定収支・分級請負」とは，①利改税を含めた財政収入を中央収入・地方収入・共有収入に 3 区分し，②財政支出の金額を 1983 年の数値に基づいて確定し，③財政収入を 1983 年の決算収入に基づいて請け負う，とする体制である．そして地方の固定収入が支出を超過すれば一定額が中央に上納され，逆に支出超過であれば中央と地方の共有収入の一定割合が地方に留保される．地方の固定収入と共有収入の全額を地方に留保させても支出が賄えない場合には中央が定額補助を行う．この体制でも，地方は収入の多寡に応じた支出の実施ができるとともに，いったん確定した配分比率と上納・補助の金額は 5 年間維持するとされた．

1985 年体制は，一部地区を除く全国での一律導入が意図された．しかし，経済体制改革中の変化要因が多い[26]との理由で，中央政府は 1985～86 年については暫定的に「総額分成」方式を採用することを決めた．総額分成とは，地方の固定収入と共有収入の総額を財政支出と関連づけ，総額の一定割合を地方が請け負う，とする体制である．この暫定的な総額分成方式は，実際には 1987 年まで続いた．

なお国有企業に対しては，利改税導入による納税制が推進されていたにもかかわらず，1987 年に経営請負制が導入され，利潤上納時代への逆行の動きがみられた[27]．

（3） 1988～93 年

多様な形式の財政請負制が進行する中で，一部地区では，地方の収入留保率が低く，中央への上納額が相対的に大きいという不満が生じた[28]．この結果，一部上納地区の財政収入が伸び悩み，それが他地区に波及するという「地滑り現象」[29]が発生した．収入増停滞の背景には，地方管轄の企業に減免税を実施したり，予算資金を予算外資金に移したりすることで中央への上納金額を抑制するという地方政府の隠蔽行動があった[30]．

こうした状況のもと，国務院は，収入問題を解決し，中央・地方間の関係を改善するために[31]，1988年から新たな財政請負制の全国的実施を決定した．このときも地方の実情を考慮して，6種類の形式が採用された．このうち総額分成を除く他の5形式では，地方政府の増収「誘因」構造が組み込まれた．すなわち，地方の財政収入が増加した場合でも，上納額ないし補助額を不変としたり，目標収入超過分の全額もしくはより高い割合を地方に留保させたりと，地方政府が積極的に増収を図る誘因が組み込まれた．

総額分成については，過去2年間の収支状況をもとに確定した収支に対し，一定比率で上納と留保に配分された．対象となった3地区のうち，天津の留保率は引き上げられ，山西省と安徽省のそれは引き下げられた．1988年以前，天津は上海に次いで留保率が低く（上納率が高く），他の2地区は非常に高かった[32]．ここにも高額上納地区への配慮がみられる．

多くの地区では財政請負制が1993年まで継続される一方，天津など3省・6市（うち直轄市1つ）では分税制が1992年から試行された．この背景には，財政請負制が現代化路線に適合せず，また財政請負制の利益よりも弊害が大きいという認識があった．

3-3 財政請負制の政治経済学

財政請負制の導入は，中央政府と地方政府の双方に利益をもたらすプラスサム・ゲームとなるはずであった．しかし，財政請負制が地方政府の側での誘因に全面的に依存している以上，その結果は，地方政府の行動に影響を与える要因，特に請負内容と結びついた費用・便益構造の制度設計に決定的に依存している．つまり，制度設計に失敗すると，プラスサムがゼロサムに変わり，地方政府の側での抵抗・反発を招く．財政請負制の度重なる変更は，より完全な制度への移行という反面，中央・地方間で利害不一致があったことを示唆する．また，幾つかの異なる方式や配分比率の存在は，各地区の異なるニーズへの対応という反面，地区間の利害が必ずしも一致しないことを示唆する．こうした中央・地方間および地区間の緊張関係[33]は，1994年の分税制改革以降も続い

ている.

　財政管理の面では，改革・開放前と同じく，中央政府が税収立法権・税率調整権・減免税権を有し，地方政府が実際の徴税業務を行うという分業体制が続いた点で，意思決定の集権的構造は変わらない.ただ地方政府が徴税業務を通じて税額を確定できることから，減免税の実施が不可能ではなかった.また，財政請負制の導入は，地方財政の中央財政からの独立（分竈吃飯）という意義を有するものの，その度重なる変更は，中央・地方間の支出・収入責任区分が変動し，確定されていなかったことを教える.

　財政請負制は，硬直的な計画経済体制を打破し，経済建設における地方政府の重要な役割を示す上で大きな効果があった.しかしその反面，幾つかの弊害が現れた[34]．

　第1に，財政請負制では交渉による決定が中心で，その決定過程が透明でないことに加え，基本原則・政策の変更による不統一が生じ，地区間や企業間で不均等な取り扱いを招いた.

　第2に，地方政府が管轄内企業の減免税を通じて中央への上納金額を抑制したり，増収分の多くが地方に帰属する措置がとられたりしたことが，中央政府財政を圧迫した上に，中央のマクロ的調整能力を低下させた.そしてこのことが，1980年代半ばから1990年代半ばにかけて中央政府の財政収入・支出が伸び悩む要因の1つとなった.

　第3に，地方政府が中央への上納抑制・当該地区財源拡大策のため，高税収が期待できる製品の生産・建設を追求したり，当該地区製品の保護と他地区製品の流入排除を行ったりした.こうした当該地区だけの経済発展と利益を重視する地方政府の「地方主義（localism）」[35]行動の結果，地区間の分断を招き，全国統一市場の形成を妨げることとなった.

4．改革・開放以降の政府間財政関係2——分税制改革以降

4-1　分税制の意味

　分税制とは，中央政府・地方政府間での税収区分制度の総称[36]，あるいは

中央・地方政府の権限を基礎として税種によって各級政府財政収入を区分する予算管理体制[37]のことである．この定義によれば，ほとんどの国が分税制を採用し，また，近代の多くの時代において分税制の要素や萌芽がみられると予想される[38]．陸（2005）が指摘するように，税種区分（分税）をみただけでは分税制の理解が十分でなく，権限区分（分権），徴税区分（分征），税金管理・使用区分（分管）にも注目する必要がある[39]．実際，中国における分税制改革では，各面に関わる重要な決定ないし制度変更が行われた．したがって，分税制改革は，税収区分を含む一連の決定ないし制度改革を指すものとして理解する必要がある．

4-2 分税制改革の思想・原則

図11-2～4に示されるように，1980年代半ばから中央政府の財政支出・財政収入の対GDP比が下落し，政府全体での中央政府シェアも下落する一方，中央政府および政府全体の支出超過・収入不足が持続・拡大していく傾向は，マクロ的調整機能と再分配機能を通しての中央政府の権限と影響力が低下し，中央の権力維持にも影響することを意味した．財政機関だけでなく中央全体がこれに危機感を持ったのは当然である．しかも，1989年6月には天安門事件が発生した上に，1989年の実質GDP成長率は前年の11.3％から4.1％，1990年には3.8％と，改革・開放以来，最低の伸び率を記録した．1989年から1991年にかけては，東欧・ソ連の体制崩壊という国際情勢の変化もあった．

改革・開放以降，市場経済化を進めていたとはいえ，中央の政治的経済的影響力低下は無視できない内政問題であり，中央の影響力回復は最重要の政治的経済的課題であった．こうした背景のもと，1992年には一部地域での分税制試行，中国南方視察での鄧小平による改革・開放加速化発言，中国共産党大会での「社会主義市場経済」路線の採択など，一連の重要な動きがあった．これらは，改革・開放の「市場経済」化を進めつつも，「社会主義」として中央の政治的経済的影響力を回復するという含意を持っていた．

しかし，財政機関を中心に中央政府が推進しようとした分税制改革は，税収

を地方から中央に再分配するという内容を持つために，経済発展地域であるゆえに財源を取られる可能性の高い沿海地方の省・市による反対があった[40]．反対派を説得するためには，彼らの既得利益に配慮するだけでなく，現在の利益を保証する必要があった．こうした妥協を図りつつ，1993年における一連の決定を経て，分税制導入を含む大規模な財政改革を実施することが決定された．同年12月，国務院は，税制改革として一連の租税暫定施行条例を公布するとともに，1994年1月から省級政府と計画単列市で分税制財政管理体制を実施することを内容とする決定を公布した[41]．こうして1994年1月に分税制財政管理体制が施行されるとともに，多くの租税暫定施行条例も施行された．

国務院の公布で示された分税制改革の指導思想・原則は，以下の4点であった[42]．

(1) 中央と地方の分配関係を正しく処理し，中央と地方の積極性を結集し，国家財政収入の合理的増加を促進する．地方の経済発展と増収・支出節減努力を促す一方，財政収入における中央政府シェアを高め，中央政府のマクロ的調整能力を強化する．

(2) 地区間の財政力分配を合理的に調整する．経済発展地区の持続的発展を阻害せず，税収返還・移転支出制度を通じて経済未発展地区の発展と旧工業基地の改造を支援するとともに，地方の財政支出への制約を強化する．

(3) 統一政策と分級管理を結合するという原則．税種区分では中央・地方間の収入分配を考慮し，また，経済発展と社会分配に対する税収の影響を考慮する．中央税・共有税・地方税の立法権はすべて中央に集中し，中央の政令統一を保証し，全国統一市場と企業の平等な競争を維持する．徴税については，中央税と共有税は中央税務機関が責任を負い，地方税は地方税務機関が責任を負う[43]．

(4) 全体設計と逐次進歩推進を結合するという原則．分税制改革では外国の経験を参考にしつつ，中国の実際から出発する．改革目標を明確にした上でできるだけ規範化を行うが，重点をしっかりとつかみ，段階に分けて

実施し，一歩一歩完全なものにする．

4-3　分税制改革の内容とその変化

1994年1月からの分税制改革施行を受け，「予算法」が1994年3月に制定され，1995年1月に施行された．分税制が社会主義市場経済体制の基盤となる財政管理体制であることを示すべく，同法第8条には「国家は中央と地方の分税制を実行する」と記載されている．また，第2条では，予算の体系が，中央1級と地方計4級の「5級予算」となることも明記された．以下では中央政府と最上級地方政府（省級政府）の関係を中心に論じる．

ところで，分税制改革の全体的内容は，「分税制改革の指導思想・原則」で触れたものだけにとどまらず，関連する一連の改革を含んでいる．ここでは，分税制改革を含む一連の改革で何が実施され，どのように変化したかを財政面から整理する．

（1）　財政支出面

分税制改革では，中央政府と地方政府の権限区分に従って，それぞれの財政支出範囲が区分された[44]．中央政府の事務権限に基づく財政支出は，国家安全・外交・中央国家機関運営にかかる経費，国民経済構造の調整・地区の協調的発展・マクロ的調整実施にかかる経費および中央の直接管理事業発展にかかる経費，である．一方，地方政府の事務権限に基づく財政支出は，当該地区政府機関運営にかかる経費および当該地区経済・事業発展にかかる経費，である[45]．中央政府と地方政府に割り当てられた支出責任（支出割当）が分税制改革前後でどのように変化したかを表11-1で確認しておきたい．

表11-1は，分税制改革前後と最近における中央政府と地方政府の財政支出の内容をみたものである．すなわち，1991～93年，1994～96年，2001～03年の各3カ年の平均（したがって中間年の3カ年移動平均）支出・構成比・変化を示す．主要な経費についてみると，中央政府では，分税制改革前後で目立つのは，構成比が9.1ポイント下落した基本建設支出ぐらいである．金額の大きな国防支出や文教・科学・衛生支出については，大きな変化がみられない．地方

第 11 章　中国における政府間財政関係　273

表 11-1　分税制改革前後および現在の中央政府・地方政府財政支出

	摘要	中央政府 金額(億元) A 91-93	B 94-96	C '01-03	構成比(%) D 91-93	E 94-96	F '01-03	差(%ポイント) G E-D	H F-E	I F-D	地方政府 金額(億元) A 91-93	B 94-96	C '01-03	構成比(%) D 91-93	E 94-96	F '01-03	差(%ポイント) G E-D	H F-E	I F-D
0	合計	1,191	1,967	5,842	100.0	100.0	100.0	0.0	0.0	0.0	2,73	4,884	15,215	100.0	100.0	100.0	0.0	0.0	0.0
1	基本建設支出	336	375	1,213	28.2	19.0	20.8	-9.1	1.7	-7.4	233	404	1,815	8.5	8.3	11.9	-0.3	3.7	3.4
2	企業技術革新改造資金	12	31	30	1.0	1.6	0.5	0.6	-1.1	-0.5	174	313	596	6.4	6.4	3.9	0.1	-2.5	-2.4
3	科学技術費	67	95	222	5.6	4.8	3.8	-0.7	-1.0	-1.8	23	38	170	0.8	0.8	1.1	-0.1	0.3	0.3
4	企業流動資金補足額	10	24	14	0.9	1.2	0.2	0.4	-1.0	-0.6	4	8	4	0.1	0.2	0.0	0.0	-0.1	-0.1
5	地質探査費	44	66	28	3.7	3.3	0.5	-0.3	-2.8	-3.2	0	1	75	0.0	0.0	0.5	0.0	0.5	0.5
6	工業・交通・流通部門事業費	20	36	71	1.7	1.8	1.2	0.2	-0.6	-0.4	45	72	168	1.6	1.5	1.1	-0.2	-0.4	-0.5
7	農村生産支援・農業事業費	28	49	118	2.3	2.5	2.0	0.2	-0.5	-0.3	251	398	934	9.2	8.1	6.1	-1.0	-2.0	-3.1
8	文教・科学・衛生支出	93	149	439	7.8	7.6	7.5	-0.2	-0.1	-0.3	727	1,334	3,510	26.6	27.3	23.1	0.7	-4.2	-3.5
9	援護・社会救済費	1	1	3	0.1	0.1	0.1	0.0	0.0	0.0	69	112	376	2.5	2.3	2.5	-0.2	0.2	-0.1
10	行政管理費	37	67	392	3.1	3.4	6.7	0.3	3.3	3.6	398	814	2,480	14.6	16.7	16.3	2.1	-0.4	1.7
11	政策性補助支出	61	106	269	5.1	5.4	4.6	0.3	-0.8	-0.5	271	272	399	9.9	5.6	2.6	-4.3	-2.9	-7.3
12	その他支出	70	263	713	5.9	13.3	12.2	7.5	-1.1	6.3	354	792	3,804	12.9	16.2	25.0	3.3	8.8	12.1
13	社会保障補助支出			80			1.4		1.4	1.4									
14	国防支出	375	632	1,669	31.5	32.1	28.6	0.6	-3.5	-2.9									
15	武装警察部隊経費	40	75	223	3.4	3.8	3.8	0.4	0.0	0.4									
16	車両購入税収入処理支出			360			6.2		6.2	6.2									
17	国内外債務利払費	-	-	811	0.0	0.0	0.0												
18	都市維持建設支出										159	285	741	5.8	5.8	4.9	0.0	-1.0	-0.9
19	経済未発達地区発展資金支援										16	32	144	0.6	0.7	0.9	0.1	0.3	0.3
20	商業部門簡易建築支出										9	9	40	0.3	0.2	0.0	-0.2	-0.2	-0.3

(注) 1) A, B, C はそれぞれ 1991～93 年, 1994～96 年, 2001～03 年の平均。D, E, F はそれぞれ A, B, C の構成比。G は E と D の差, H は F と E の差, I は F と D の差。名称が変更されてもなお大きな内容の変化がないとみられる項目の名称は，古い方の名称を用いた。
2) 17 の国内外債務利払費は 2000 年から計上されたので，全体の合計金額に合めずに筆者計算。
(出所) 中国財政年鑑編集委員会編『中国財政年鑑』中国財政雑誌社 (各年版) の財政データをもとに筆者計算。

政府についても同様であり，穀物・綿・食用油等への価格補助金である政策性補助支出が分税制改革前後で4.3ポイント下落したことと，行政管理費が2.1ポイント上昇したのが目立つ程度である．したがって分税制改革前後では，中央政府によるインフラ建設責任が低下し，地方政府による価格補助責任が低下したことを除けば，中央政府と地方政府の支出割当および両者の事務権限に大きな変化があったとは言えない[46]．

分税制改革後と最近とを比較すると，中央政府では，国防支出・地質探査費の相対的下落と行政管理費の相対的増大，車両購入税収入処理支出という新規経費の発生といった変化が目立つ．車両購入税は，交通事業建設支出に充てる中央税として2001年に導入されたものであり，その目的税としての支出が車両購入税収処理支出である[47]．地方政府では，基本建設支出の相対的上昇（3.7ポイント）と，文教・科学・衛生支出および政策性補助支出の相対的下落（それぞれ4.2と2.9）が目立つ．以下，中央政府と地方政府の支出割当の内容とその変化を中心に整理する．

① 分税制改革以降，政府全体の財政支出の対GDP比が上昇した．政府全体における中央政府財政支出シェアは，分税制改革以前から30％前後が続いており，中央政府と地方政府の相対的な支出責任には大きな変化がない（図11-1, 11-3）．

② 中央政府の支出責任は，インフラ建設と国防において相対的に低下し，行政管理において増大した．ただし交通事業建設目的税である車両購入税の新設は，インフラ整備の支出減をかなり補っている．なお，OECD（2006）は，行政管理費の相対的増大の背景には，公務員給与の寛大な引き上げに加え，過剰人員や非効率が存在すると指摘している（p. 58）．

③ 地方政府の支出責任は，農産物等の価格補助や農業関連，さらには文教・教育・衛生において相対的に低下し，インフラ建設において増大した．価格補助や農業補助の相対的低下は，2001年12月のWTO加盟が深く関与している[48]．また，②と併せると，インフラ建設の支出責任の一部が中央政府から地方政府に移行したと考えられる．

④　地方政府における文教・教育・衛生の相対的低下は，表11–1 だけからは十分な判断ができない．これらの経費は，地方財政において最も重要な経費であり，政府全体における地方のシェアは 9 割近い[49]．World Bank（2002）や OECD（2005，2006）は，これらのサービス提供および経費負担において，地方政府，とりわけ県級・郷級といった最下級政府の負担が過重であり，収入不足を補うために，予算外資金や制度外資金といった中央政府の制約を受けにくい資金収支に依存しようとする動きがあることを指摘している．

⑤　表11–1 をみると，中央政府と地方政府の両方に共通の経費が存在し，国防を除けば，中央政府と地方政府の支出責任が重複している可能性が示唆される．それに加えて，④の下級地方政府の過重負担問題は，支出責任をどのように区分するかという問題が省級・地級・県級・郷級といった地方政府各級相互間でも存在することを示唆する．

(2)　財政収入面

分税制の直接的意味は，政府間で税収を分けることである．分税制改革の中心となった税収区分ないし収入区分では，政府の財政収入が，中央税（または中央固定収入），地方税（または地方固定収入）および中央・地方共有税（以下，共有税という）に 3 区分された．その区分の基礎にある考えは，税制改革によって税体系を現代化した上で，国家権益の保全とマクロ的調整の実施にかかる税種は中央税，地方による徴税管理が適する税種は地方税，経済発展と直接関連する主要税種は共有税とする，というものである[50]．税区分に対応して，国家税務総局が新たに設置された．従来，関税を除き，徴税は地方政府に委任していた．分税制改革以降は，中央税と共有税の徴収を国家税務総局が担当し，地方税を地方税務局が担当する分業体制に変わった（分征）．地方税務局・税務分局は地方政府の各級（省級・地級・県級・郷級）に設置されている[51]．

税収区分の基礎となる租税体系については，1994 年から以下のような大規模な改革が実施された[52]．

①　流通税の改革．増値税を中核とし，消費税と営業税を補完的とするとと

もに，国内企業・外国企業に対して納税義務を統一した．製品課税の産品税を廃止し，増値税の課税ベースを拡大して生産型付加価値税とした．

② 企業所得税の改革．従来の所有制別企業所得税を改革・統合し，国内企業統一の企業所得税とした．これは，利改税が目的とした国有企業に対する利潤上納制から納税制への完全移行を含意するものであり，これに併せて各種の経営請負方式が廃止された[53]．なお外国企業には，分税制改革以前から外商投資企業・外国企業所得税が適用されている．

③ 個人所得税の改革．従来の外国人対象の個人所得税，中国人対象の個人収入調節税・個人工商業者所得税を改革・統合し，統一の個人所得税とした．

④ その他の調整．資源税の調整，土地増値税・遺産税・証券取引税の新設，塩税・奨金税・市場取引税の廃止（塩税は資源税に吸収），屠殺税・宴席税の地方への移管など．ただし，遺産税と証券取引税は法制化されず，結局導入されなかった．

1994年の税制改革は，規模において最大であり，範囲において最も包括的であり，新制中国誕生以来50年以上で最も徹底的なものと評価されている[54]．そこで，分税制改革前後で租税構造がどのように変化したかを表11-2によって確認する．

表11-2は，分税制改革前後と最近における中央政府と地方政府の財政収入の内容をみたものである．すなわち，1991～93年，1994～96年，2001～03年の各3カ年の平均収入・構成比・変化を示す．項目の1～7は共有税（ただし個人所得税は2002年に地方税から共有税へ移行．資源税の中央政府分は停止状態），8～13は中央税（12の車両購入税は2001年施行），14～17は地方税（14と15は分税制改革以降，地方固定収入），18～21は分税制改革で廃止された税金である．なお，輸入品消費税・増値税は，消費税および増値税のうち輸入品にかかる税金であり，税法上は消費税・増値税に含まれる．これらの徴税業務は税関が代理で行っている．また，外国貿易企業輸出税払戻は，輸出品に対する消費税・増値税の免税措置であり，これも税法上は消費税・増値税に含まれる．

第11章 中国における政府間財政関係 277

表11-2 分税制改革前後および現在の中央政府・地方政府財政収入

		中央政府											地方政府							
	摘要	A	B	C	D	E	F	G−D	H F−E	I F−D	A	B	C	D	E	F	G E−D	H F−E	I F−D
		金額（億元）			構成比（%）			差（%ポイント）			金額（億元）			構成比（%）			差（%ポイント）		
		91−93	94−96	'01−03	91−93	94−96	'01−03				91−93	94−96	'01−03	91−93	94−96	'01−03			
0	合計	847	3,158	10,058	100.0	100.0	100.0	0.0	0.0	0.0	2,675	2,859	7,594	100.0	100.0	100.0	0.0	0.0	0.0
1	増値税	131	1,965	4,691	15.4	62.2	46.6	46.8	−15.6	31.2	685	659	1,567	25.6	23.1	20.6	−2.6	−2.4	−5.0
2	営業税	51	35	149	6.0	1.1	1.5	−4.9	0.4	−4.5	679	827	2,304	25.4	28.9	30.3	3.6	1.4	5.0
3	資源税	3	0	0	0.3	0.0	0.0	−0.3	0.0	−0.3	21	53	75	0.8	1.8	1.0	1.1	−0.8	0.2
4	企業所得税	467	503	1,523	55.1	15.9	15.1	−39.1	−0.8	−39.9	238	348	1,355	8.9	12.2	17.8	3.3	5.7	8.9
5	証券取引印紙税	8	20	166	0.9	0.6	1.7	−0.2	1.0	0.8	20	28	8	0.7	1.0	0.1	0.2	−0.9	−0.6
6	都市維持建設税	2	2	4	0.2	0.1	0.0	−0.2	0.0	−0.2	118	209	465	4.4	7.3	6.1	2.9	−1.2	1.7
7	個人所得税	0	0	579	0.0	0.0	5.8	0.0	5.8	5.8	0	0	630	0.0	0.0	8.3	0.0	8.3	8.3
8	消費税		550	1,053		17.4	10.5	17.4	−6.9	10.5									
9	輸入品消費税・増値税		385	2,109		12.2	21.0	12.2	8.8	21.0									
10	外国貿易企業輸出税払戻	−273	−609	−1,406	−32.3	−19.3	−14.0	13.0	5.3	18.3									
11	関税	219	289	823	25.8	9.1	8.2	−16.7	−1.0	−17.7									
12	車両購入税			361			3.6		3.6	3.6									
13	船舶重量税			8			0.1		0.1	0.1									
14	耕地占用税	7			0.8			−0.8		−0.8	19	34	62	0.7	1.2	0.8	0.5	−0.4	0.1
15	城鎮土地使用税	15			1.8			−1.8		−1.8	15	35	78	0.6	1.2	1.0	0.7	−0.2	0.5
16	農業税										86	259	377	3.2	9.1	5.0	5.8	−4.1	1.7
17	固定資産投資方向調節税										34	53	8	1.3	1.9	0.1	0.6	−1.8	−1.2
18	産品税	178			21.0			−21.0		−21.0	537			20.1			−20.1		−20.1
19	燃料油特別税	6			0.7			−0.7		−0.7									
20	特別消費税	13			1.6			−1.6		−1.6									
21	塩税										8			0.3			−0.3		−0.3
22	その他税収	22	17	0	2.6	0.5	0.0	−2.0	−0.5	−2.6	214	354	666	8.0	12.4	8.8	4.4	−3.6	0.8

（注）A、B、Cはそれぞれ1991〜93年、1994〜96年、2001〜03年の平均。D、E、Fはそれぞれ A、B、Cの構成比。GはEとDの差。HはFとEの差。IはFとDの差。整理統合されて名称が変更されたものは新しい名称を用い、整理前の数値は新しい名称のもとで合計した。企業所得税は、分税制改革当時は、中央政府所属と地方政府所属としてそれぞれの固定収入となっていたが、個人所得税とともに2002年から共有税となった。
（出所）中国財政年鑑編集委員会編『中国財政年鑑』中国財政雑誌社（各年版）の財政データをもとに筆者計算。

分税制改革前後に生じた変化は，以下のように要約できる．

① 中央政府の期待通りに，分税制改革直後に中央政府の財政収入が急増し，中央政府と地方政府の相対的シェアが逆転するとともに，分税制改革以降，政府全体の財政収入の対 GDP 比が上昇している．地方政府の財政収入については，分税制導入時に減少するものの，分税制改革以降は増加し，その対 GDP 比も上昇している（図 11-1～4）．

② 中央政府の収入構造は，分税制改革前は企業所得税を中心に，関税と産品税がそれを補完する体制であったのに対し，分税制改革後は増値税を中心に，消費税と企業所得税がそれを補完する体制に変わった．また，関税の比重は，自由貿易体制を原則とするグローバル社会への参加に伴って低下した．

③ 中央政府の収入構造は，分税制改革以降も増値税・消費税を中心とする体制を維持しており，2000 年以降は車両購入税導入と個人所得税の共有税化（中央帰属分は 2002 年 50％，2003 年 60％）が中央政府の財政収入増に寄与している．

④ 地方政府の収入構造は，分税制改革前は増値税・営業税・産品税の 3 本柱を中心とする体制であった．分税制改革後は産品税廃止によって減収となった分を農業税，営業税，企業所得税が補う体制となったほかは，大きな変化が生じていない．地方政府の財政収入は若干増加した程度である．また，地方帰属分が 25％ とされた増値税も若干減少した程度で，分税制改革前の水準がかなり維持されている．

⑤ 地方政府の収入構造は，2000 年以降，営業税・増値税・企業所得税の 3 本柱を中心とする体制であることがより明確となった．ただし増値税の比重が低下し，企業所得税の比重が上昇している（なお農業税は 2006 年から廃止された）．

以上から，1994 年改革以降の財政収入における中央・地方の相対的シェアの変化は，2 つの要因によって生じたことが理解される．1 つは，国有企業所得税の比重を下げ，増値税・消費税・営業税の流通税の比重を上げるという税

制改革が中央政府を中心に実施されたこと．これは，計画経済・国有企業中心の時代に対応した税制から，非国有企業やサービスの拡大を前提とする税制に変わったことを意味する．ただし地方政府については，産品税の廃止による減収の埋め合わせを除けば，極端な変化はみられない．

もう1つは，中央政府が増値税・消費税という課税ベースの大きな税目を掌握するという分税制が実施されたこと．分税制改革前，中央政府は流通税3税（増値税・営業税・産品税）収入全体の19％しか確保していなかった．しかし改革後，中央政府は，増値税（共有税）の75％，消費税（中央税）の100％を確保した．固定収入としての中央税と地方税の区分だけでなく，共有税の配分率が政府間の財政収入シェアに大きな影響を与えた[55]．

（3）政府間財政移転

1994年の分税制改革前後の状況をみると，中央政府と地方政府の相対的な支出割当には極端な変化がなく，全体の7割を地方政府が負担する一方，中央政府の財政収入シェアを増大させる税制改革と分税制が実施され，地方政府への収入割当が全体の5割以下となった．支出割当と収入割当の間での不均衡によって，中央政府財政では収入超過が発生し，地方政府財政では支出超過が発生した．分税制改革は，中央・地方間の垂直的不均衡だけでなく，支出割当と収入割当の不一致による地区間での水平的不均衡の発生をも含意していた．そこで不均衡を調整する装置として，政府間の財政移転支出制度が検討された．

当初の財政移転支出制度の仕組みは，以下の4つから構成された．

① 税 収 返 還

税収返還とは，中央政府の税収の一部を地方政府に返還することである．地方政府が，分税制の導入によって課税ベースを中央政府に奪われることに対して，地方の既得利益を確保することを目的とする．1993年における既得利益を保証することを前提に税収返還額（1994年以降のベースとなる「基数」）を計算し，1994年以降は一定の基準により増額することが認められた．1993年の基数については，分税制実施によって中央政府に配分される増値税収（中央・地方合計税収の75％分）と消費税収の両税収合計から，1993年の中央から地方

への配分額を控除した金額を保証することとした[56]．それ以降は,

$$当年の税収返還 = 前年の税収返還 \times (1 + 0.3 \times 中央政府両税収増加率)$$

とされた．両税収増加率は，当初，全国平均とされていたが，実際には各地区での増加率となった．また，各地区について「両税収増加目標」が設定され，超過目標を達成した地区には税収返還を増額するという増収「誘因」が盛り込まれた[57]．

上記の公式は，中央政府が考案した実に巧妙なものであった．当初は，両税収の大部分が返還されるとして地方を喜ばせる一方，中長期的には，両税収増加分の3割が地方に留保されるだけで，残りの7割は中央に残る[58]．こうした増収分に対する地方側に不利な決め方に加え，税収返還の公式をめぐって当初，中央政府と地方政府の間で解釈の相違があったこともあり，地方政府の側には不満が残る決着となった[59]．

② 体制上納および体制補助

税収返還は，分税制改革前の分配構造を当面維持するものであり，再分配を目指すものではなかった．そこで，再分配を目的とする財政移転支出制度導入の検討を進める一方，財政請負制時代の上納・補助の制度が維持され，それぞれ体制上納（実際の名称は体制上解）および体制補助として，現在に至るまで存続している．こうした新制度と旧制度を併存させる二重構造の「双軌」制度は中国独特の手法であり，一部地区・部門での大胆な改革を可能にする一方，旧制度を安楽死させることで漸進的改革を進めることに寄与する．実際，体制上納と体制補助の総額は抑制されており，特に体制上納については1995年以降，逓増制を廃止して定額上納制に移行している．

③ 決算移転支出

決算移転支出は，財政年度中に企業や事業単位の所属が変化したり，予算執行過程で政策の影響が生じたりした場合に，年度末に中央政府が地方政府に対して行う補助である[60]．

④ 専項移転支出

専項移転支出は，中央政府が地方政府に対して交付する使途明記の特定補助金である．専項移転支出には，委託事務や共同事務の経費補填のほか，特定のマクロ政策目標の実現を目的とした補助金がある．専項移転支出は多数の項目から構成される．2005年度中央予算執行に関する監査報告によれば，中央財政から交付された239項目の専項移転支出のうち，内容が交差ないし重複するものが41項・156億元，管理方法なしまたは未公開が65項・706億元ある．また，少額支出が多数に分散するなど，分配制度が不完全だとしている[61]．OECD（2006）も，専項移転支出は，財政力均等化に貢献する面があったものの，中央政府がその有効利用を保証する監視機構がないことを問題視している（p.77）．

⑤ 一般性移転支出（当初名，過渡期移転支出）

以上の4種は，既得利益の維持（税収返還）や旧体制との調整（体制上納，体制補助），あるいは特定の経済効果（専項移転支出）を狙ったものであり，地区間の財政力格差是正を直接目的とするものでない．この財政力格差是正問題は分税制改革当時から検討され，1995年に国務院が過渡期移転支出方法を制定して，同年から財政困難地区を対象とする過渡期移転支出制度が実施されることとなった．過渡期移転支出は，専項移転支出と違って，交渉でなく客観的基準に基づいて財源不足を補填するものである．

2002年から，中央政府の固定収入であった企業所得税（中央帰属の国内企業）と外商投資企業・外国企業所得税（外国企業），地方政府の固定収入であった企業所得税（地方所属の国内企業）と個人所得税が共有税化された（所得税共有税改革）．所得税収全体の中央政府への配分比率は，2002年50％，2003年以降60％となっている．これらの中央政府帰属分は地区間の財政力格差是正に支出され，これに伴って過渡期移転支出が一般性移転支出と改称されることとなった．また，共有税化に伴って地方政府の所得税収が減収することから，減収分を補填する税収返還が2002年から始まった．

一般性移転支出は，使途が特定されない一般補助金であり，財政力の弱い地区の財源不足を補うだけでなく，地区間の財政力均等化と地区間公共サービス

提供能力の均等化を図ることを目的とする[62]．日本の地方交付税交付金に近い．一般性移転支出は，中西部地区を中心に，革命労区（古くからの解放区），少数民族地区，辺境地区の要素を加味して支出される[63]．交付額の基本的公式は，以下の通りである．

当該地区一般性移転交付額
=（当該地区標準財政支出－当該地区標準財政収入）×当該地区移転支出係数

さて以上の項目のうち体制上納以外は「中央から地方への移転」であり，体制上納のみ「地方から中央への移転」である．したがって，「中央から地方への移転」から「地方から中央への移転」を控除した「中央から地方への純移転」が，地方の支出超過を補填することになる．表11-3が示すように，支出超過分のほとんどが純移転によって補填されており，地方政府の財政収支はマクロ的に均衡している．

図11-5および表11-4は，現行の財政移転支出制度の概要および支出動向を示したものである．図11-5のCとDの部分が現行制度を表している．現行の財政移転支出制度では「地方から中央政府への移転（体制上納）」が除外されている[64]．しかし，財政移転支出全体を理解するには，体制上納を控除した「中央政府から地方政府への純移転」をみる必要がある．また，新制度と旧制度が併存する「双軌」の特徴を持つことにも注意が必要である．

図11-5において，財力性移転支出とあるのは，財政力不足を補填するために交付される移転支出であり，これには一般性移転支出，民族地区移転支出，調整給与移転支出（1999年から実施），農村税費改革移転支出（2001年から実施），決算移転支出，県郷財政補助などがある．このうち，民族地区移転支出は，民族省区と非民族省区自治州を対象とする一般補助金であり，国務院により，2000年に導入された．財源は，中央政府の財政資金と対象地区の増値税増収分の80％から構成される．増収の半分が対象地区に直接返還され，残り半分は中央政府財政資金と併せて配分される[65]．

財政移転支出制度の各項目は，使途の有無によって一般目的移転支出と特定目的移転支出に分類されることがある．ただし，馬（2004）は，移転支出の目

第 11 章　中国における政府間財政関係　283

表 11-3　地方政府の財政収支（1990～2004 年）

	摘　要	年	1990	1991	1992	1993	1994	1995	1996	1997	1998	1999	2000	2001	2002	2003	2004
A	財政収入	億元	1,945	2,211	2,504	3,391	2,312	2,986	3,747	4,424	4,984	5,595	6,406	7,803	8,515	9,850	11,893
B	財政支出	億元	2,079	2,296	2,572	3,330	4,038	4,828	5,786	6,701	7,673	9,035	10,367	13,135	15,281	17,230	20,593
C	収支差 (A−B)	億元	−134	−85	−68	61	−1,727	−1,843	−2,039	−2,277	−2,689	−3,440	−3,961	−5,331	−6,766	−7,380	−8,699
D	中央からの移転	億元	585	555	597	545	2,389	2,534	2,723	2,857	3,322	4,087	4,665	6,002	7,352	8,261	10,408
E	中央への移転	億元	482	490	559	600	570	610	604	604	597	598	599	591	638	619	607
F	純移転 (D−E)	億元	103	64	38	−56	1,819	1,924	2,119	2,253	2,724	3,488	4,066	5,411	6,714	7,643	9,801
G	余剰 (C+F)	億元	−31	−20	−30	6	92	81	79	−24	36	48	106	80	−53	263	1,101
H	(G/B) ×100	%	−1.51	−0.88	−1.17	0.17	2.29	1.68	1.37	−0.36	0.47	0.53	1.02	0.61	−0.34	1.53	5.35

（注）財政収入と財政支出は、当該級での本級収入と本級支出である。「中央から（地方へ）の移転」は現行移転支出制度による支出額に等しく、「（地方から）中央への移転」は体制上納額に等しい。両者の差額が「中央から地方への純移転」である。以下の図 11-5 と表 11-4 をも参照。

（出所）1990～2003 年までは「補助地方（地方上解）」(http://www.mof.gov.cn/news/uploadfile/zt_2006 yusuan_2004 difanyushanbao_1.htm) 後の中央財政収入」(http://www.mof.gov.cn/news/uploadfile/butie 002 i.xls)、2004 年は「2004 年地方財政予算、決算収支」データ。いずれも中華人民共和国財政部ウェブサイト上での公表データ。

284 第3部 諸外国の分権化財政

図 11-5 中国の政府間財政移転支出制度

A	B	C	D	E	F
中央から地方への移転	新制度	財政移転支出制度	財力性移転支出：一般性	一般目的	一般目的
			民族地区	政策性	一般目的
			調整給与	一般目的	特定目的
			農村改革		一般目的
			その他		
			専項移転支出	特定目的	特定目的
			税収返還	一般目的	税収返還
			体制補助		一般目的
地方から中央への移転	旧制度		体制上納		

(注) Cおよびそれに対応したD（体制上納以外の全部）は現行の財政移転支出制度，Eは馬(2004) 208-217頁における記述に基づく．FはOECD (2006)に基づく．

的の違いから，財政力均等化を目的とする一般目的移転支出，外部性の調整を目的とする特定目的移転支出，国内の凝集力増進を目的とする政策性移転支出に3区分し，民族地区移転支出を政策性移転支出の代表例としている[66]．

表11-4によれば，1994年当初から税収返還が財政移転支出の大部分を占めている．この表から，中央政府の増値税・消費税収入のほとんどが当初，税収返還に充当されたものの，両税収総額に対する税収返還の比率が徐々に低下していることが判明する．特定目的の専項移転支出は，批判の対象となることが多いものの，徐々に金額が増加し，最近は税収返還に次いで大きな比重を占めている．財力性移転支出は2000年以降，徐々に増加しているものの，その大部分が公務員給与引き上げに対する財政補助であり，財政力均等化を直接目的とする一般性移転支出は非常に少ない．体制上納と体制補助は不拡大の方針のもと，その金額がほぼ固定されており，全体における比重が徐々に低下している．

こうした財政移転支出の動向から，特に財政力均等化を目的とする一般性移転支出の規模が税収返還に比べると小さく，再分配機能を十分に発揮できていないとして内外から批判されることが多い．しかし，既得利益に配慮しての，あるいは双軌制を利用しての漸進的改革の思想と比較的短期間での劇的変化を考慮するならば，違った評価や見方ができるかもしれない．既得利益や旧制度との調整を図りつつ，1995年に最初の本格的な財政移転支出を開始し，徐々

第 11 章　中国における政府間財政関係　285

表 11-4　政府間財政移転支出の動向（1994～2004 年）

摘　要		1994	1995	1996	1997	1998	1999	2000	2001	2002	2003	2004
W中央から地方への移転	A	2,389	2,534	2,723	2,857	3,322	4,087	4,665	6,002	7,352	8,261	10,408
財力性移転支出	C	n.a.	21	35	50	n.a.	n.a.	832	n.a.	1,622	1,912	2,238
一般性移転支出	B	0	21	35	50	61	75	111	161	279	157	365
民族地区移転支出	B	0	0	0	0	0	0	26	33	39	55	76
調整給与移転支出	B	0	0	0	0	0	343	451	892	1180	1755	1873
農村税費改革移転支出	B	0	0	0	0	0	0	17	80	245	305	396
決算移転支出	E	n.a.	n.a.	90	111	151	n.a.	n.a.	n.a.	n.a.	n.a.	n.a.
専項移転支出	C	361	375	489	516	878	n.a.	1,440	2,560	2,402	2,577	2,895
税収返還	D	1,799	1,867	1,949	2,012	2,083	2,121	2,268	2,335	3,611	n.a.	n.a.
X　増値税・消費税税返還	B	1,799	1,867	1,949	2,012	2,083	2,121	2,268	2,335	3,014	3,631	4,157
所得税税補助	B	0	0	0	0	0	0	0	0	597	n.a.	n.a.
体制補助（旧制度）	D	114	115	111	112	113	114	125	120	323	120	120
Y体制上納（旧制度）	A	570	610	604	604	597	598	599	591	638	619	607
Z中央政府増値税・消費税収入	A	1,965	2,156	2,080	3,043	3,773	4,506	5,155	6,089	7,149	8,208	9,644
(X／Z)×100	%	91.5	86.6	93.7	66.1	55.2	47.1	44.0	38.3	42.2	44.2	43.1
(X／W)×100	%	75.3	73.7	71.6	70.4	62.7	51.9	48.6	38.9	41.0	44.0	39.9
(X／(W−Y))×100	%	98.9	97.0	92.0	89.3	76.4	60.8	55.8	43.2	44.9	47.5	42.4

（注）データの出所が異なるため、財力性移転支出の合計と構成項目の合計が一致しない。増値税・消費税収入については、輸入品消費税・増値税（輸入品課税分）を加算し、輸出品免税分（外国貿易企業輸出税払戻）を控除している。なお、中国社会科学院財政・貿易経済研究所 (2004) によれば、2002 年の一般性移転支出は上記と同額であるが、税収返還 2,410 億元、調整給与移転支出 817 億元、体制補助 130 億元としており、上記と大きな開きがある (169 頁)。

（出所）A は中華人民共和国財政部ウェブサイト掲載資料 (http://www.mof.gov.cn/index.htm) および 1998 年以降の D は OECD (2006), p. 74. C と 1994～97 年の D は大西『中国統計摘要 2006』中国統計出版社, 2006 年. B と 1998 年以降の D は OECD (2006), p. 74. C と 1994～97 年の D は大西 (2004), 59 ページ. E は World Bank (2002), p. 19.

にその内容を拡大し，2002年からは所得税共有税改革によってさらに財源を強化している．その過程で既得利益や旧制度の比重を徐々に下げることに成功している．その意味で，中国の財政移転支出制度の評価は今後の動向に依存する．中央政府と省級政府との間での財政移転支出制度の規範化の完成，さらには，対応が遅れている省級以下の地方政府内での財政移転支出制度の規範化・標準化が今後の課題となっている[67]．

5. むすび

第4節でみたように，政府全体における地方政府の支出割当が非常に大きい反面，収入割当が小さく，地方政府は構造的な「収支ギャップ」問題を抱えている．全体の不足額は，税収返還，専項移転支出，財力性移転支出などにより還付ないし再分配され，地方政府全体ではマクロ的に均衡している（表11-3）が，下級地方政府では収支ギャップ問題を抱えている地区が多い[68]．そこで，地方政府の側では合法・非合法の様々な手段によって収入を確保しようとする動きが生じる一方，中央政府の側でも新しい手法や政策の導入によって再分配機能とマクロ的調整機能を発揮しようと地方政府に干渉する．そこで最後に，政府間財政関係との関連で特に地方政府が直面している若干の問題を取り上げてむすびとしたい．

OECD（2006）の報告書によると，中国における政府予算の数値は財政活動の一部を示すだけであり，以下の重要な財政活動が公式予算外で実施されている[69]．

第1は，予算外資金（extra-budget）と社会保障基金である．予算外資金は，「国家機関・事業部門・社会団体が政府機能を履行ないし代行し，国の法律，法規，法的効力を有する規則に基づいて徴収・配分・処理する各種財政資金」[70]であり，おもに地方政府が管理する．2003年，予算外資金の規模はGDPの3.3％，社会保障基金のそれは3.4％に達する．

第2は，制度外資金（off-budget），租税経費（tax expenditure）および偶発債務である．制度外資金は，法的根拠なしにおもに地方政府が管理する手数料・

料金である．公式統計が整備されていないものの，研究者の推定によればGDPの2～4%に達するという．租税経費は，おもに外資企業を誘致するために導入された各種の減免税措置で失われた収入であり，その規模はGDPの1.5%に達している可能性がある．

偶発債務は，過去の政策によって蓄積されてきたもので，大規模な公的債務として将来に表面化する可能性を持った債務である．典型的な偶発債務は，困難に陥った国有企業を救済するために国有銀行が融資して蓄積することとなった不良債権，社会保障基金の赤字補填に将来必要となる政府負担，国有企業の再建ないし閉鎖に要する潜在的債務である．このうち，不良債権の規模だけでも2004年GDPの30%に達するという．

上記の予算外ないし非公式の財政活動のほとんどに地方政府が絡んでいる．例えば国有企業が集中している地区では国有企業再建ないし従業員再雇用問題への対応が必要となるだけでなく，過去に国有企業が従業員とその家族を対象に提供してきた住宅・教育・医療などのサービス提供が地方政府の負担となる[71]．

地方政府が制度外資金に依存しようとするのは，徴税業務を除いて課税権限が中央に集中し，必要な財源の調達を自分たちで解決できないための一種の「防衛」策である．また，地方政府が財源不足を補うために，直接借入や債券発行の法的禁止にもかかわらず，自らの所有・関連企業を利用して銀行融資や債券発行を利用しようとする抜け道も，地方政府の収入調達能力に対する制限が存在するためである[72]．これらの問題は，財源配分の見直しだけでなく，権限配分の見直しをも示唆する．

ところで，予算外資金や社会保障基金は予算内資金に準じて管理されており，最近は予算外資金の予算内資金への転換が進行している．しかし，制度外資金やその他の経費については，国有企業・国有銀行改革，社会保障制度改革，税制改革などが絡んでおり，解決が容易でない[73]．政府間財政関係の観点から無視できない問題は，地方政府，特に最下級の県級・郷級政府が収支ギャップに直面して資金調達に困難をきたし，制度外資金の徴収に依存した

り、あるいは教育・医療などの基礎的公共サービスの水準を下げたりするなどの「防衛」策に訴えざるをえないことである。特に困難に直面しているのは県級政府であり、当該級政府は70％以上の農村人口に70％以上の地方公共サービスを提供しているにもかかわらず、中国の財政貧困の90％以上が当該管区に分布している[74]。

こうした問題は、中央政府・地方政府間での支出割当・収入割当だけでなく、地方政府内での支出割当・収入割当の問題を提起する。つまり、どの級の政府がどの公共サービスを提供すべきか、そしてその財源をどのように確保するか、という問題である。

また、最下級政府が直面する困難の原因の一部は、5級の政府体制と無関係ではない。中国における政府間財政関係とは、例えば省級政府であれば、1つ上級の中央政府との財政関係であると同時に、1つ下級の区級政府との財政関係である。同様に、県級政府にとっては、1つ上級の区級政府との財政関係と、1つ下級の郷級政府との財政関係を意味する。こうした5級政府体制については、権限や活動の重複問題や、上級政府による下級政府への押しつけ、特に財源を伴わない支出割当（マンデート）の問題が指摘されている[75]。

政府間財政移転が上級政府からの下級政府への移転である限り、上級政府は財源を確保したまま移転支出を抑制し、支出責任だけを下級政府に任せることで、収支ギャップ問題を回避できる。しかし、最下級政府には支出責任を任せるべき「下級」政府が存在せず、上からの支出割当のもとで構造的な収支ギャップ問題を抱えざるをえない。この意味で、政府間財政関係の見直しには、地方政府内での財政移転支出制度の規範化（ルール化）だけでなく、政府間関係あるいは政府体制の見直しという厄介な問題も関わってくる。

1) 低所得経済，下位中所得経済，上位中所得経済，高所得経済という表現は，世界銀行の分類に基づく．2005年では，1人当たり国民総所得が875ドル以下であれば低所得経済，876ドル以上10,725ドル以下であれば中所得経済，10,726ドル以上であれば高所得経済である．また，中所得経済のうち，876ドル以上3,465ドル以下が下位中所得経済，3,466ドル以上10,725ドル以下が上位中所得経済で

ある．World Bank (2006) 参照．なお中国の集計数値では，一般に香港，澳門，台湾の数値が除外されている．GDP や国民総所得についても同様であり，これら高所得経済に属する 3 地区を含めると，全体の GDP や 1 人当たり所得水準が 3 割前後増加する．
2) もちろん，景気変動の波はあった．例えば，中国の対前年比 GDP 成長率は 1989 年と 1990 年において 2 桁成長から 4% 前後へと低下した．また，1997〜98 年のアジア経済・通貨危機後も成長率が相対的に低下したが，それでも 1990 年代後半の成長率は年 7% 以上を維持した．景気下支えの背景には，中央政府が採用した拡張的な財政金融政策と固定相場維持政策による経済安定政策があった．
3) ただし，中国政府による貧困の定義は世界銀行と異なり，貧困者の数も世界銀行の数値より低い．中国政府の貧困定義・測定に関する問題点については，Khan (2005) を参照．
4) World Bank (2003), p. 12. この世界銀行の文献を含むほとんどの文献は，西部地区の相対的立ち後れや貧困の存在を強調し，それらからの脱却のため，この地区に資源を集中的に配分すべきことを提言している．これに対し，OECD の文献は，最も貧しい西部地区に注目が集まり，資源が集中することはやむをえないとしても，このことが財政資金難や諸困難に直面する中部地区の相対的無視につながっていることを問題視している．OECD (2005, 2006) を参照．
5) 世界銀行，IMF，OECD などの国際機関だけでなく，中国政府内部でも，不平等の削減を伴った持続的発展が重要課題であるという認識では一致している．World Bank (2003) はこの問題に正面から取り組んでいる．中国当局においても，2001 〜2005 年の第 10 次五カ年計画では，西部大開発あるいは中西部地区発展を重点目標の 1 つとしている．ただし，五カ年計画では不平等縮小という形では表現されていない．西部大開発の概要については，大西 (2001) を参照．また，中国の貧困削減戦略の動きについては，World Bank (2005), pp. 17–23 および Khan (2005) を参照．
6) この点の詳細な分析については，OECD (2005) を参照．
7) 中国では，地方政府は，省級，地級，県級，郷級の 4 級に分けられる．このうち最上位に位置するのが省級政府であり，香港・澳門・台湾を除くと，22 の省，4 の直轄市，5 の自治区の計 31 省・市・自治区がこれに該当する．これら 31 地区の 2005 年末人口は，最小が西蔵自治区の 277 万，最大が河南省の 9,380 万，平均が 4,218 万である．人口 8,000 万超が 4 省，6,000 万超が 8 省ある．ドイツの人口が 8,000 万強，英・仏・伊のそれが約 6,000 万であるから，ドイツ級が 4，ほかに英・仏・伊級が 4 存在することになる．なお，中国の地方行財政制度の解説については，財団法人自治体国際化協会 (2000) を参照．
8) 三宅 (2006)，13 ページ．
9) この節で取り上げる数値はすべて名目である．
10) 1958 年と 1960 年を比較すると，GDP が 150 億元増加したのに対し，中央支出が 101 億元，地方支出が 142 億元，合計で 243 億元増加した．また，1957 年と 1958 年を比較すると，GDP が 239 億元増加したのに対し，中央支出は 33 億元の減少，地方支出は 137 億元の増加（支出規模は前年の 2.6 倍に膨らんだ），合計で

104 億元増加した．したがって，図 11-3 にも示されるように，異常な動きは 1958 ～1960 年に生じており，この期間は大躍進の時期と完全に一致する．大躍進運動や自然災害の影響で 1961～1962 年に GDP は大きく落ち込んだ．1960 年と 1962 年を比較すると GDP は 300 億元減少した．これは 1960 年 GDP の 21% 減に相当する．

11) 趙（2005），179 頁および張（2001），62-63 ページを参照．
12) 中華人民共和国財政部・中共中央紀委駐財政部（2004），174 頁，馬（2004），164 頁，鐘（2006），87-88 頁．
13) 1961～1965 年の期間は「調整時期」と呼ばれている．馬（2002），165 頁，中華人民共和国財政部・中共中央紀委駐財政部（2004），175 頁．
14) 1966 年と 1968 年を比較すると，GDP が 145 億元減少したのに対し，財政収入が 197 億元（中央 89 億元，地方 108 億元）減少し，財政支出が 180 億元（中央 120 億元，地方 60 億元）減少した．
15) どの中国語文献もこのように表現している．例えば，馬（2002），165 頁，鐘（2006），90 頁．
16) この期間を含めた財政管理体制ないし政府間財政関係の変遷については，張（2001），第 3 章，鐘（2006），第 5 章，中華人民共和国財政部・中共中央紀委駐財政部（2004），第 5 章第 2 節，馬（2004），第 10 章第 1 節，孫・彭（2004），第 6・7 章を参照．
17) 鐘（2006），86 頁．
18) 1979 年から 1996 年までの間に，財政支出の対 GDP 比は，中央政府では 13.1% ポイント下落，地方政府では 7.3% ポイント下落，合計 20.4% ポイント下落した．他方，1996 年から 2005 年までの間に，中央政府では 1.8% ポイント上昇，地方政府では 5.5% ポイント上昇，合計 7.3% ポイント上昇した．
19) 当時の状況については，三宅（2006），第 4 章第 3 節，が詳細に検討している．
20) 以下の財政請負制に関する (1)～(3) の説明については，孫・彭（2004），第 6 章，鐘（2006），第 5 章に全面的に依拠している．なお文献では，3 期間に分類している点はほぼ共通するものの，各期間に採用された請負方式の数と特徴については多少異なる説明がある．例えば (1) の期間については，3 直轄市のケースを除き，張（2001），孫・彭（2004），鐘（2006）は 4 種類，内藤（2004）は 5 種類，何（1998）は 6 種類に分けている．
21) 中国政府のウェブサイト（http://www.gov.cn/gjjg/2005-08/28/content_27083.htm）の説明によれば，国務院は中央人民政府であり，最高の国家権力機関の執行機関であり，最高の国家行政機関である．
22) 1980 年からの財政請負制の本格的導入に先立ち，1977～79 年にかけて幾つかの試験的導入が実施されている．なお，三宅（2006）によれば，1980 年改革で北京・天津・上海の 3 直轄市に対して「区分収支・分級請負」を適用せず，従来からの「総額分成」方式を継続したのは「中央財政の根幹を担う中央直轄市に対する統制」を維持するためであった（161 頁）．総額分成については，以下の (2) での説明を参照．
23) 工業総生産額に占める国有企業（持株企業含む）の比重は長期的に低下してい

るものの，1970年87.6%，1975年81.1%，1980年76.0%，1985年64.9%，1990年54.6%と非常に高い．中華人民共和国国家統計局編『中国統計年鑑2000』中国統計出版社，2000年，表13-3を参照．
24) 利改税改革の詳細については，例えば，内藤（2004），123-127ページを参照．
25) 利潤動機の点では，1970年代末に導入された企業の経営自主権拡大もこれに寄与した．
26) すでに触れたように，財政動向をみても，1980年代半ばは転換期にあった．
27) 内藤（2004），p.125．財政当局からみれば逆行でも，企業統治からみれば経営管理の改善による企業活動の活性化である．なお，この利改税問題が解決されるのは，1994年改革においてであった．
28) Ma & Norregaard (1998) によると，1980年代前半の財政請負制の結果，地方政府は徴税に熱心になったものの，財政力の豊かな地区と貧しい地区が生まれた．そこで1985年の制度再設計では，過去の地方財政収支に基づく個別契約に変更したのだという．しかしAhmad, Li, Richardson & Singh (2002) によると，1980年代前半，地方政府は徴税に熱心でなく，それが税収の対GDP比低下を招いたと論じている．
29) 三宅（2006），180ページ，辛（2005），53頁，孫・彭（2004），113頁．
30) 多数の論者が指摘している．例えば，三宅（2006），Ma & Norregaard (1998)，Ahmad, Li, Richardson & Singh (2002)，Dabla-Norris (2005)．管轄内企業に対する減免税実施は，企業自身の利益になるので共謀しやすいことに加え，地方政府が主要な所有者であったことも関係している．Ma & Norregaard (1998) によると，請負内容のアドホック（場当たり的）な変更，地方の支出責任の恣意的変更，市場金利以下での国債強制購入，地方企業の中央移管など，中央政府によるアドホックな手段の採用が地方政府の反発を招いたという．つまり，地方政府の収入増加を罰する方向で中央政府がゲームのルールを修正する傾向があり，これが地方政府の収入隠蔽行動を招いたと論じている．
31) 孫・彭（2004），113頁．
32) 地方留保率は，天津市が39.5%から46.5%へ，山西省は97.5%から87.6%へ，安徽省は80.1%から77.5%へと変更された．張（2001），154-155頁の表5-10を参照．
33) この意味でも，中国はミニアチュア・グローバル社会としての特徴を持っている．
34) 以下の説明は，鐘（2006），97-99頁に負う．こうした弊害については多くの文献が指摘しており，いわば「標準」的理解となっているが，異論もある．例えば，政府間関係での誘因構造の役割を強調する第2世代の財政連邦主義論を展開するJin, Qian & Weingast (2005) は，実証分析をもとに，財政請負制によって資源配分の歪み，所得格差の拡大，マクロ的調整の能力の喪失が生じたとする「通説」に疑問を呈している．
35) OECD (2005) は，様々な分野で地方主義が存在し，市場志向経済の発展を阻害していると論じている．地方主義は，地方政府が企業にキャプチャーされるという一面を持つ．Blanchard & Shleifer (2000) は，移行経済におけるレント追求と

キャプチャーの可能性を取り上げ，ロシアでは強力な中央政府がなかったためにレント追求とキャプチャーを阻止できず，これが停滞を招いたのに対し，中国では強力な共産党の存在がレント追求とキャプチャーを阻止し，これが成長をもたらしたとし，移行経済における政治的集権化の重要性と必要性を論じている．しかし，彼らの仮定や議論は多くの点で中国の実情にそぐわず，集権・分権の理解も表面的であり，したがって政治的集権化が正当化されたとはいえない．

36) 鐘（2006），99頁．
37) 陸（2005），217頁．
38) 趙（2005）は封建社会の唐（618～907年）の時代にすでに分税制の萌芽がみられると論じている．三宅（2006）は，現行の分税制と共通の枠組みがすでに1950年代にあったとしている（162ページ）．分税制の問題は，伝統的な（第1世代の）財政連邦主義論が取り組んできた「租税割当」の問題そのものである．財政連邦主義論の展望については，Oates (1999, 2005) を参照．
39) 陸（2005），217-218頁．
40) 当時の政治的状況については，三宅（2006）による詳細な分析がある．
41) 孫（2004），2頁．
42) どの文献にも説明がある．何（1998），31-32頁，孫（2004），3頁，孫・彭（2004），119頁，陸（2006），216頁，張（2001），163-165ページ．
43) (3)では，税種を中央税・共有税・地方税に区分（つまり分税）した上で，統一政策の観点から課税権限は中央政府が独占（集権，つまり分権しない）する一方，分級管理の観点から徴税業務は中央担当と地方担当に区分（分徴）することを述べている．また，(2)の再分配の側面は，税金を他者のために管理・使用するという意味で，陸（2005）のいう「分管」にあたる（218頁）．したがって，分税制改革では，分税，分徴，分管が実施されたものの，分権は導入されなかった，ということになる．もちろん，分権を別の意味で理解すれば，分権も導入されたという議論も成り立つ．国際機関や経済学者の議論では分権が多様な意味で用いられている．本稿では，あえて分権という表現の使用を避けている．
44) 事務権限と経費区分の体系は1993年12月25日の「分税制財政管理体制の実行に関する決定」で規定された．張（2001），165ページを参照．
45) どの中国語文献でも同じ説明をしている．ここでの説明は，鐘（2006），100-101頁に依拠した．
46) これは，分税制改革によって中央・地方の収入割当が変更されただけで支出割当は変更されなかったというIMFエコノミストの主張を裏付ける．Ahmad, Singh & Fortuna (2004), Dabla-Norris (2005) を参照．
47) 車両購入税の詳細については，劉（2004, 2006）を参照．
48) 実際，中央・地方政府全体の政策性補助支出（価格補助）は，2001年以降，絶対額でも徐々に減少している．その総額は，1993年299億元から2000年の1,042億元へと増大したあと，2001年に741億元へと激減し，2003年617億元と，さらに減少している．
49) 2001～03年の3カ年平均でみると，地方政府が政府全体の文教・教育・衛生経費の88%を負担している．

50) ここでの説明は，鍾（2006），101頁に依拠した．どの文献でも同じような説明がある．
51) OECD (2005), p. 214.
52) 劉（2004, 2006）を参照．
53) 高（2005）によると，1994年改革は，全面的税制改革，分税制財政体制改革，国有企業利潤分配制度改革の3本柱からなり，国有企業に対する33％の企業所得税率適用や各種請負方式の廃止は，この3番目の制度改革に相当する（19頁，21）．
54) 劉（2004），29頁，劉（2006），9頁．
55) しかし，税制改革と分税制実施によって生じた中央・地方の財政収入シェアの「逆転」は，中央政府が獲得した増値税・消費税収入分が地方政府に「税収返還」されることで「再逆転」される．ところが，両税収の増収分については中央政府に7割残すことで長期的に中央政府のシェアを高める「再再逆転」の仕組みが盛り込まれた．
56) 通常，消費税収＋増値税収×75％－1993年における中央から地方への配分額，という公式として示されるが，実際にはもっと複雑な形で示された．この点については，張（2001），198-199ページの注12および趙（2005），232-233頁を参照．ただ，当初計算された「基数」が，増値税・消費税の中央政府受取分に限りなく近いので，概算を知る上では問題ない．なお，上記の公式における配分額も，単純な補助額ではない．
57) 張（2001），181ページおよび趙（2005），234頁を参照．
58) この結果，短期的には地方側の利益が維持される一方，長期的には両税収全体における中央政府のシェアが徐々に高まっていく．注55）も参照．
59) 当時の状況については，World Bank（2002），pp. 13-15を参照．
60) ここでの説明は，鍾（2006），104頁に基づく．
61) http://www.gov.cn/gzdt/2006-06/28/content_321646.htm．
62) 中華人民共和国財政部のウェブサイト情報（http://www.mof.gov.cn/news/20060306_2268_13032.htm）．
63) 馬（2004），169頁．
64) 例えば，楊（2006），242頁を参照．
65) 中華人民共和国財政部のウェブサイト情報（http://www.mof.gov.cn/news/20060306_2268_13028.htm）．その他の財力性移転支出の性格については，大西（2004），51-69, 72-73ページを参照．
66) 馬（2004），208-216頁．また，政策性移転支出という表現は，楊（2006），241頁のほか，国務院自身も「民族区域自治」に関連して用いている．
67) 中国の地方政府財政に言及する文献のほとんどが収支ギャップ問題に触れている．例えば，Ahmad, Singh & Fortuna (2004), Ahmad, Singh & Lockwood (2004), Dabla-Norris (2005), Prasad (2004), Tseng & Rodlauer (2003), World Bank (2002, 2003), OECD (2005, 2006) を参照．
68) 中国社会科学院財政・貿易経済研究所（2004），171頁参照．なお，制度全体の現状と問題点については，倪（2005）が論点整理を行っている．

69) こうした問題の存在は，以前から指摘されてきた．例えば，Ma & Norregaard (1998)，張 (2001)，World Bank (2002)，OECD (2005) など．中国内での研究については，張 (2001)，124–125 ページの注 34) を参照．
70) 中華人民共和国財政部ウェブサイト「主要統計指標説明」(http://www.mof.gov.cn/news/uploadfile/zt_20060307_liniancaizhenshouzhi_38.HTM) より．
71) Prasad (2004), pp. 31–32, Tseng & Rodlauer (2003), p. 73.
72) Prasad (2004), p. 33, OECD (2006), p. 10 などを参照．『予算法』第 28 条では，各級地方政府の予算は均衡予算原則に従い，法律または国務院の規定を除いては地方債発行ができないと規定されている．しかし，地方政府のインフラ投資資金需要と債券発行禁止とを両立させるために，1990 年代後半から中央政府が地方政府のために国債を肩代わり発行している．OECD (2006), p. 33.
73) これらの問題の多くに，国有企業問題が絡んでいる．改革・開放前，国有企業の損失は国家によって補助されていた．しかし改革・開放以降，国家補助が国有銀行からの借入に転換されたため，国有企業の負債増大がそのまま国有銀行の不良債権の蓄積につながった．そして，国有企業と国有銀行のこうした長年の相互依存関係が，企業統治の改善を遅らせてきた．国有企業と国有銀行の改革問題については，Tseng & Rodlauer (2003), pp. 124–172, OECD (2005), pp. 301–322, 369–401 を参照．
74) 馬 (2004)，213 頁．
75) 例えば，World Bank (2002)，Prasad (2004)，OECD (2005, 2006) など．

参 考 文 献

大西康雄編 (2001)，『中国の西部大開発―内陸発展戦略の行方―』アジ研トピックリポート，日本貿易振興会アジア経済研究所．

大西靖 (2004)，「中国財政・税制の現状と展望」PRI Discussion Paper Series, No. 04A–26.

倪紅日 (2005)，「中国における政府間財政移転支出制度の現状，問題点とその整備」財務省財務総合政策研究所・中国国務院発展研究中心『地方財政（地方交付税）に関する共同研究最終報告書』．

財団法人自治体国際化協会 (2000)，『中国の地方行財政制度』CLAIR REPORT, No. 209.

張忠任 (2001)，『現代中国の政府間財政関係』御茶ノ水書房．

張忠任 (2005)，「中国 WTO 加盟後の財政制度改革に関する分析―政府間財政関係における再集権化傾向を中心に―」島根県立大学総合政策学会『総合政策論叢』第 9 号，17–28 ページ．

津上俊哉 (2004)，「中国地方財政制度の現状と問題点―近時の変化を中心に－」RIETI Discussion Paper Series, 04–J–020.

内藤二郎 (2004)，『中国の政府間財政関係の実態と対応―1980～90 年代の総括―』日本図書センター．

三宅康之 (2006)，『中国・改革開放の政治経済学』ミネルヴァ書房．

Ahmad, Ehtisham, Li Keping, Thomas Richardson & Raju Singh (2002), Recentralization

in China?, IMF Working Paper, October.
Ahmad, Ehtisham, Raju Singh & Mario Fortuna (2004), Toward More Effective Redistribution : Reform Options for Intergovernmental Transfers in China, IMF Working Paper, June.
Ahmad, Ehtisham, Raju Singh & Benjamin Lockwood (2004), Taxation Reforms and Changes in Revenue Assignments in China, IMF Working Paper, July.
Blanchard, Olivier & Andrei Shleifer (2000), Federalism with and without Political Centralization : China versus Russia, Working Paper 7616, National Bureau of Economic Research, March.
Dabla-Norris, Era (2005), Issues in Intergovernmental Fiscal Relations in China, IMF Working Paper, February.
Jin, Hehui, Yingyi Qian & Barry Weingast (2005), Regional Decentralization and Fiscal Incentives : Federalism, Chinese Style, *Journal of Public Economics,* Vol. 89, Issues 9-10, September, pp. 1719-1742.
Khan, A. R. (2005), *An Evaluation of World Bank Assistance to China For Poverty Reduction in the 1990 s,* World Bank.
Ma, Jun & John Norregaard (1998), China's Fiscal Decentralization, IMF Working Paper, October.
Oates, Wallace E. (1999), An Essay on Fiscal Federalism, *Journal of Economic Literature,* No. 37, September, pp. 1120-1149.
Oates, Wallace E. (2005), Towards a Second-Generation Theory of Fiscal Federalism, *International Tax and Public Finance,* Vol. 12, No. 4, August, pp. 349-373.
OECD (2005), *Governance in China,* OECD, 2005.
OECD (2006), *Challenges for China's Public Spending : Toward Greater Effectiveness and Equity,* OECD.
Prasad, Eswar, ed. (2004), *China's Growth and Integration into the World Economy : Prospects and Challenges,* Occasional Paper 232, IMF.
Tseng, Wanda & Markus Rodlauer, eds. (2003), *China : Competing in the Global Economy,* IMF.
World Bank (2002), *China-National Development and Sub-National Finance : A Review of Provincial Expenditures,* World Bank.
World Bank (2003), *China-Country Economic Memorandum : Promoting Growth with Equity,* World Bank.
World Bank (2005), *China : An Evaluation of World Bank Assistance,* World Bank.
World Bank (2006), *World Development Report 2007 : Development and the Next Generation,* World Bank.
高培勇他（2005），『財政体制改革攻堅』中国水利水電出版社。
何盛明編（1998），『中国財政改革20年』中州古籍出版社。
劉佐（2004），『中国税制2004（中英文対照）』知識産権出版社。
劉佐（2006），『中国税制概覧（2006年版）』経済科学出版社。
陸建華編（2005），『財政与税収』復旦大学出版社。

馬海涛編（2004），『財政移転支出制度』中国財政経済出版社.
孫開編（2004），『財政体制改革問題研究』経済科学出版社.
孫開・彭健（2004），『財政管理体制創新研究』中国社会科学出版社.
辛波（2005），『政府間財政能力配置問題研究』中国経済出版社.
楊之剛他（2006），『財政分権理論与基層公共財政改革』経済科学出版社.
趙雲旗（2005），『分税制財政体制研究』経済科学出版社.
鍾暁敏編（2006），『地方財政学』中国人民大学出版社，第2版.
中国社会科学院財政・貿易経済研究所（2004），『中国財政政策報告2004／2005』中国財政経済出版社.
中華人民共和国財政部・中共中央紀委駐財政部（2004），『財政管理体制改革』中国方正出版社.

第12章

日本・韓国の地方財政調整制度の比較と韓国の地方財政調整制度の効果

1. はじめに

　韓国では，経済成長の過程において地域の財政格差を拡大させることになり，それが政治的・社会的葛藤の原因となっている．この問題は地方分権推進につながり，1991年から地方自治制度が導入され，1995年から地方自治体の長を選挙によって選ぶ地方自治制度を本格化[1])させた．地方自治を本格化させた後の財政移転制度の構造的変化としては，地方譲与金制度の導入（1991年）と廃止（2004年），国家均衡発展特別会計の新設（2005年），地方交付税制度の改正，国庫補助事業の整備がある．地方交付税の改正においては，普通交付税（特別交付税）の比重の拡大（縮小），交付率の引き上げが行われた．また，地方税目の新設が行われ，タバコ消費税（1988年），総合土地税（1989年），走行税（1999年），地方教育税（2000年），統合財産税（2005年）が導入された．

　地方自治には，分権化された意思決定を通じて資源配分の効率性を向上させ住民の福祉水準を高めることができる長所がある．そのためには，自主財源の確保が重要な課題である．地方財政は，高度経済成長による財政収入の増大と地方分権の政策によって90年代以後に大きく拡大した．その規模は，1990年の22兆ウォンから2005年の107兆ウォンに4.8倍も急増している．

韓国の地方自治体には，16 の「広域自治体」と 232 の基礎自治体[2]がある．それぞれ財政規模と財政自立度の面で格差が存在する．全ての自治体は，法令により義務とされている一定水準の行政サービスを，財政力に関係なく提供することが要求されている．地方自治体の行政サービスの提供に望ましい財源は言うまでもなく地方税である．しかし中央政府に税財源が集中されてしまっているので，自治体に必要な財源を全て地方税で充たすのは困難である．そこで，標準的な行政サービス提供の財源確保ができない団体には中央政府から財源を補填する制度が必要になる．これは，地域間の税源偏在と財政力の格差を解消し，自治体が一定の行政水準を確保できるような財源を保障する財政調整制度である．この機能の中心となるのが地方交付税である．

本章は韓国の地方財政と日本の地方財政を比較した上で，韓国の財政調整制度の効果を検証することを目的としている．日本と比較する理由は，財政制度が似通っているところが多いからである．財政調整の効果については，財源配分後の歳入格差の是正にどの程度の効果があったのかを検証するため，地方譲与金と国庫補助金を合わせて検証を行う．そして移転財源の平準化係数を求め，財政調整効果を明らかにしたい．

2. 日韓の地方財政調整制度の比較

2-1 歳入構造の日韓比較

地方財政運営は，地方財政会計として，一般会計，公企業特別会計及びその特別会計になっているのに対し，日本の場合，一般政府会計に含まれる地方政府会計が普通会計，事業会計及びその他に分類されている[3]．

地方財政の歳入構造から比較してみよう．それを示したのが表 12-1 である．表 12-1 から分かるように，歳入構造の特徴として，地方税と国庫支出金がほぼ同じ構成比であるが，地方交付税と地方債では日本の方が高い割合を占めている．とくに地方債は，韓国の 0.6% より高く 15.6% を占めている．

次に，日韓の地方税の構成比を比較してみると，大きな違いがみられる．表 12-2 はそれを示したものである．表 12-2 は韓国の地方税区分を日本に合わせ

表12-1 2003年の日韓地方自治体の普通（一般）会計歳入内訳（純計）

単位：10億（円，ウォン），％

	日本		韓国	
	財政収入	構成比	財政収入	構成比
地　方　税	32,668	36.9	33,061	37.9
地方譲与税	694	0.8	4,280	4.9
地方交付税	18,069	20.4	13,370	15.3
国庫支出金	13,061	14.8	11,715	13.4
地　方　債	13,789	15.6	555	0.6
そ　の　他	10,195	11.5	24,252	27.8
合　　　計	88,476	100.0	87,233	100.0

（注）韓国の国庫支出金は国庫補助金であり，その他は負担金，使用料，手数料，財産賃貸，財産売却，転入金，繰越金，利子収入，融資元金収入，雑収入である．
（出所）総務省統計局（2005）『日本の統計年鑑』，行政自治部（2005）『地方財政年鑑』より作成．

て，道税と市郡税に区分したものである．特別市及び広域市においては，一般市とは異なって市郡税だけでなく道税も徴収する．日本では，所得課税（道府県民税，市町村民税，事業税）が地方税収の44.6％を占めているのに対して，韓国では，道税の中に所得課税がなく，所得課税（住民税，農業所得税）は地方税収の14.45％に過ぎない．その反面，韓国では財産課税や消費課税への依存度が高いのが特徴的である．

2-2　地方交付税の日韓比較

　地方交付税は，使途が特定されていない一般財源として地方に配分される．日本の交付税は，所得税及び酒税の32％，法人税35.8％，消費税29.5％，タバコ税25％が財源になっている．これに対し，韓国の交付税財源は2000年から国税の15％であったのが，2005年から19.13％に引き上げられている．共通点としては国税収入が原資となっている点であり，2004年の地方歳入に占める地方交付税の比重は，日本が約20％，韓国が約15％である．ちなみに，

表12-2 2002年の日韓の地方税目比較

単位：10億（円，ウォン），％

	日本の道府県税	収入額	構成比		韓国の道税	収入額	構成比
普通税	都府県民税	3,453	25.02	普通税	取得税	5,278	36.28
	事業税	3,675	26.62		登録税	7,504	52.14
	地方消費税	2,425	17.57		馬券税	63	0.44
	不動産取得税	524	3.80		免許税	1,077	7.48
	道府県タバコ税	271	1.96				
	ゴルフ場利用税	74	0.54				
	特別地方消費税	0.4	0.00				
	自動車税	1,774	12.85				
	鉱区税	0.4	0.00				
	狩猟者登録税	1.6	0.01				
	固定資産税	9.5	0.07				
	法定外普通税	23	0.17				
目的税	自動車取得税	419	3.04	目的税	共同施設税	95	0.66
	軽油取引税	1,152	8.35		地域開発税	374	2.60
	入猟税	1.2	0.01				
	合計	13,803.1	100.00		合計	14,361	100.00
	日本の市町村税	収入額	構成比		韓国の市郡税	収入	構成比
普通税	市町村民税	7,771	39.70	普通税	住民税	3,897	30.97
	固定資産税	9,155	46.77		財産税	817	6.49
	軽自動車税	135	0.69		自動車税	1,750	13.91
	市町村タバコ税	831	4.25		農業所得税	2	0.02
	鉱産税	1.4	0.01		屠畜税	48	0.38
	特別土地保有税	26	0.13		タバコ消費税	2,237	17.78
	法定外普通税	0.6	0.00		総合土地税	1,405	11.16
目的税	各種目的税合計	1,654	8.45	目的税	走行税	1,063	8.45
					都市計画税	893	7.10
					事業所税	473	3.76
	合計	19,574	100.00		合計	12,585	100.00

(出所) 日本のデータは，総務省統計局（2005）より，韓国のデータは，行政自治部（2005）『地方税政年鑑』よりそれぞれ作成．

両国の税体系の特徴を説明すると，日本は所得税の割合が高く，韓国では付加価値税（消費税）や目的税の割合が高い．2004年度の国税に占める割合をみると，所得税が30.3％，法人税が23.6％，消費税が20.8％を占めている．これに対し，韓国の国税に占める割合は，所得税が24.6％，法人税が25.9％，消費税（付加価値税）が36.3％を占めている．

表12-1の歳入に占める地方交付税の構成比をみると，日本20.4％，韓国15.3％と日本の方が高くなっている．両国の地方交付税は，地域間財政力の格差を埋めるという目的を同じくし，基本的な算出方式も同じだが，後で触れるように基準財政収入額の計算方式に違いが多くみられる．また，2004年現在韓国では交付税総額の約90.9％が普通交付税として，約9.1％が特別交付税として交付されており，日本（普通交付税94％，特別交付税6％）と構成が異なる．

表12-3で地方交付額に占める団体種別構成比の日韓比較を行うと，日本は市町村より道府県に対する交付額が多いのに比べて，韓国では道・広域市より市郡に対しての交付額が多い．

表12-3　2005年の地方交付額に占める団体種別構成比

単位：％

日本		韓国	
団体種別	構成比	団体種別	構成比
道府県	57.0％	道・特別・広域市	19.7％
市町村	43.0％	市・郡	80.3％

（注）1）日本の政令指定都市の分は，市町村に含まれる．
2）韓国の道では16.1％，広域市（特別市を含む）3.6％，市38.1％，郡42.2％であった．
（出所）日本のデータは，総務省統計局（2005）より，韓国のデータは，行政自治部（2005）『地方交付税算定解説』よりそれぞれ作成．

普通交付税は日韓ともに，普通交付税額＝基準財政需要額－基準財政収入額の計算式で算出される．基準財政需要額の算定も日韓ともに，測定項目・単位費用・測定単位・補正係数による．韓国の基準財政収入額の算定には，原則として当該年の地方税と税外収入を使用すべきであるが，資料がないため推計額

を用いている．そのとき，各税目別に回帰式が適用されるが，そこに実際の歳入との格差が出てくる．この差を埋めるために前前年の決算額と推計額との差額に対して50％を加算している．基準財政収入は，2000年まで自治体の財政自立度により決定され，地方税収入の80％が基準財政収入額であったが，2001年から税外収入のうち，使用料・手数料，財産の賃貸料及び利子収入の80％も含まれる．基礎収入は地方税のうち，普通税の80％，補正収入は目的税の80％となっている．また，基準財政収入の構成には，基礎収入，補正収入，収入インセンティブがある．

　基準財政収入の特徴を比較してみると，日本では2003年度から市町村・都道府県を問わず普通税収入額の75％で計算されているが，韓国では80％で計算されている．また，すでに述べたように，韓国では前々年度地方税決算精算額の50％を追加している点や，全ての目的税税収の80％に相当する額が加算されている点が特徴的である．そして，交付税財源が不足した場合は，調整率を掛けて普通交付税額と地方財源不足額の帳尻を合わせるという作業は日韓とも同じである．

　ここで，基準財政需要と基準財政収入にはインセンティブがあることを述べたが，その効果を表しているのが表12-4である．基準財政需要のインセン

表12-4　2005年の基準財政需要と基準財政収入のインセンティブ効果

単位：100万ウォン

	合計	特別市	広域市	道	市	郡
基準財政需要	540,606	139,562	88,257	77,506	163,783	71,498
	△488,378	△40,989	△107,430	△58,052	△180,485	△99,422
基準財政収入	△87,171	△11,831	△17,915	△7,905	△39,930	△9,590
	689,053	233,253	166,504	48,644	205,437	35,215

(注) 1) 基準財政需要の項目には，地方公務員定員，非正規常勤人力，経常経費節減，上水道料金適正化，邑・面・洞の統合誘導，地方庁舎（面積）管理の6項目である．
　　 2) 基準財政収入の項目には，地方税徴収率，住民税個人均等割引き上げ，弾力税率適用，経常税外収入拡充，地方税滞納縮小，地方税源発掘の項目である．△で表していないものが収入額に反映されるため逆インセンティブになる．

(出所) 行政自治部（2005）『地方交付税算定解説』，135，197頁．

ティブ効果をみると，努力評価が5,406億ウォンに，逆インセンティブが4,884億ウォンに反映されている．次に基準財政収入についてみると，インセンティブが872億ウォンに，逆インセンティブが6,891億ウォンに反映されている．その差額から資源配分に及ぼす効果は6,019億の逆インセンティブである．

韓国においても普通交付税の交付を受けない団体を不交付団体という．2005年度の日本の不交付団体は，都道府県においては東京都1団体となっており，市町村においては138団体となっている．これに対して，韓国の不交付団体は，広域自治団体においてはソウル市・仁川市・京畿道の3団体となっており，基礎自治団体においては水原市・城南市・安養市・富川市・安山市・高陽市・果川市・龍仁市の8団体全て京畿道内（首都圏）の自治体であり，郡に不交付団体はない．

次に特別交付税について比較してみる．特別交付税は両国とも，普通交付税における基準財政需要額の算定方法によっては捕捉されなかった特別の財政需要がある場合や普通交付税の算定期日後に生じた災害等のため特別の財政需要増加がある場合等，予測できない特別な財政需要に備えたものであり，算定方法については普通交付税に比べてある程度の弾力性をもたせてある．日本と違うのは，韓国の特別交付税は地方行政の財政運用実績が優秀な自治団体に対して財政的に支援するものである点である．2005年の特別交付税の需要別配分基準は地域懸案需要が50％（3,588億ウォン），災害対策需要50％（3,558億ウォン）となっている．

増額交付金は地方交付税の枠とは別に，国から地方自治団体に対して交付する財源である．しかし，制度運用の非効率性と不透明性が指摘され，2005年から廃止となった．

2-3 地方譲与税の日韓比較

表12-1の歳入に占める地方譲与税の構成比をみると，日本が0.8％であるのに対して，韓国は4.9％と高くなっている．日本の地方譲与税は一般財源として分類され，地方道路税，石油ガス税，航空機燃料税，自動車重量税がその

対象となっているが，韓国では，特定財源として分類され，特定税収の一定率が移転される．この移転財源は，地域間の均衡開発と自治体間の税源の不均衡を是正し地方財源の均等化を図るために，1991年に導入されたものである．しかし地方譲与税制度は国庫補助金と地方交付税の性格をあわせ持つものであり，それがアイデンティティーに対する疑問を惹き起こすこととなり，遂に2004年に廃止されてしまった．そして廃止による財源不足を地方交付税の法定交付率の引き上げで賄うことになった．

それに伴い対象事業は再編され，道路整備・地域開発事業が地方交付税で，水質汚染防止・青少年育成事業が国庫補助金で，農漁村地域開発事業が国家均衡発展特別会計で手当てされるようになった．

2-4 国庫支出（補助）金の日韓比較

表12-1の歳入に占める国庫支出金の構成比をみると，日本14.8％，韓国13.4％とほぼ同じ水準である．国庫支出金の根拠法令の比較を行うと，日本の地方財政法の第10条の3の国庫負担金，同法第10条の4の国庫委託金，同法16条の補助金である．これに対し，韓国の地方財政法の第21条の1の負担金[4]，同法21条の2の交付金[5]，同法第23条の補助金[6]になっている．法律的には似通っているところが多い．

国庫支出金収入額に占める団体種別構成比の日韓比較を表12-5で示している．日本は都道府県の構成比が60.2％，市区町村が39.8％と都道府県に占める割合がかなり大きいのに対して，韓国は道の構成比が35.3％，市郡区が51.3％とバランスがとれている．さらに，広域市・道補助金が市郡区へ交付される

表12-5 2003年の国庫支出金収入額に占める団体別構成比(％)

日　本		韓　国	
都道府県	60.18	道	35.28
市町村	39.82	特別・広域市	13.51
		市郡区	51.25

(出所) 総務省統計局（2006）『日本統計年鑑』；行政自治部（2005）；『地方税政年鑑』より作成．

ことを考えると，韓国の市郡区は日本の市町村に比べて，補助事業のウェイトが相当高いことが分かる．

2-5 地方債の日韓比較

表 12-1 の歳入に占める地方債の構成比をみると，日本が 15.6%，韓国が 0.6% で格差が大きい．地方債を法的に規定している日本の地方財政法の 5 条と韓国の地方自治法 113 条（健全財政運用）を比較してみよう．日本の地方財政法に「地方公共団体の歳出は，地方債以外の歳入をもって，その財源としなければならない．」という規定があり，韓国の地方自治法には「地方自治体は財政収支の原則により健全に運用しなければならない」という規定がある．しかし，日本はその続きが「ただし，地方債をもってその財源とすることができる」と記され，起債可能な事業が列記されているのに対し，韓国の地方財政法の 11 条（地方債発行）には「地方自治体の長は，その地方自治体の恒久的利益となり，又は非常災害復旧等の必要があるときには，地方債を発行することができる」と規定している．両国とも，起債に対する例外を設けている．

特徴として，日韓ともに地方債発行は許可制であるが，韓国では広域自治団体の起債も基礎自治団体の起債も許可権者は行政自治部長官であり，基本的に 1 件ずつ審査を行うため審査が厳しいことがあげられる．

もう一つの日韓の相違点として，韓国では地方自治体の一般会計から独立して地方教育財政が運営されている点をあげることができる．それは，地方教育財政交付金，地方教育譲与金（2004 年 12 月 30 日付廃止），国庫支援金で運営されている．なお地方譲与金の廃止に伴って，譲与金の財源であった該当年度の教育税（国税）全額を交付金の財源にし（2006 年から施行），地方教育財政交付金の法定交付率が引き上げられている．

以上のことから，両国ともに地方財政は移転財源に大きく依存していることが分かる．そこで，韓国の移転財源の現状と財政調整効果について詳しく検証することにしたい．

3. 韓国の地方財政の現状と財政調整の効果

3-1 財源配分の現状

2004年までの中央と地方自治体の財源配分の推移をみてみよう．表12-6はそれを示している．表12-6から分かるように，2004年の移転財源は一般財政と教育財政を合わせて53兆ウォンの規模である．内訳をみると一般財政の地方交付金が13兆ウォン，地方譲与金が4.9兆ウォン，国庫補助金が12.5兆ウォンとなっている．地方教育財政の地方交付金が18.2兆ウォン，地方教育譲与金は4.2兆ウォン，国庫補助金は0.2兆ウォンで全体的に増加していることが分かる．このような規模は，地方政府の歳出を中央政府より大きくする結果をもたらし，表12-6からわかるように，2004年の中央政府と地方政府の歳出の

表12-6 中央政府と自治体の財源配分の推移　　単位：兆ウォン

年	1990	1995	2000	2001	2002	2003	2004
租　　税	33.2	72.1	98.2	119.4	135.4	138	144.5
国　　税	26.8	56.8	79.7	95.9	103.9	104.9	111.2
地　方　税	6.4	15.3	18.5	23.5	31.5	33.1	33.3
（地方移転財源）	9.7	22.1	36.5	42.0	46.3	50.3	53.0
交付金	7.3	13.3	18.1	23.52	7.5	29.9	31.2
一般交付税	2.8	5.7	8.4	10.5	12.3	13.3	13.0
教育交付金	4.5	7.6	9.7	13.0	15.2	16.6	18.2
譲与金	−	4.9	8.9	8.4	7.9	8.3	9.1
一般譲与金	−	1.9	3.7	4.8	4.3	4.2	4.9
教育譲与金	−	3.0	5.2	3.6	3.6	4.1	4.2
補助金	2.4	3.9	9.5	10.1	10.9	11.9	12.7
一般補助金	2.0	3.7	8.6	9.9	10.7	11.7	12.5
教育補助金	0.4	0.2	0.9	0.2	0.2	0.2	0.2
中央政府財源	17.1	34.7	43.2	53.9	57.6	54.6	58.2
地方政府財源	16.1	37.4	55.0	65.5	77.8	83.4	86.3
実質的財源配分比率	52：48	48：52	44：56	45：55	43：57	40：60	40：60

（出所）行政自治部『地方税政年鑑』，各年版より作成．

比率は40：60で，90年以降一貫して増加しているのである．

移転財源の規模は，2004年に53兆ウォンであり，国税の45%である．移転財源のうち，国庫補助金の増加が著しい．国税に占める国庫補助金の比重が1995年に7.1%から2004年に10%に増加している．この増加の理由は，90年代後半における経済危機の影響を最小限に留めるための拡大であったと考えられる．このような依存財源の増加は，地方自治体の財政自立度の指標から確認できる．表12-7はそれを示している．

表12-7　地方団体の財政自立度　単位：%

年	広域市	道	市	郡	自治区
1991	98.3	45.1	71.5	27.3	50.0
1993	98.6	51.7	70.3	27.5	53.7
1995	97.3	46.7	53.7	23.8	54.3
1997	98.1	42.5	53.3	21.2	51.6
1999	88.1	38.3	52.0	23.4	52.3
2000	84.8	37.9	50.6	22.0	46.9
2001	84.8	35.2	49.6	21.0	45.0
2002	79.8	34.6	47.5	19.1	46.0
2003	82.2	39.4	38.0	16.3	42.3
2004	81.4	41.3	38.8	16.6	42.6

（注）自主財源比率＝地方税＋税外収入（地方債と融資金を除き）／歳入総額×100．
（出所）行政自治部（2005）『地方自治体財政自立度』．

表12-7から分かるように，財政自立度はどのレベルの自治体においてもトレンドとして低下している．とくに，基礎自治団体「市」の財政自立度の低下が大きい．1991年に71.5%であった財政自立度が，95年に53.7%に低下し，2001年以降においては50%を割っている．また，税源が乏しい「郡」の場合は財政自立度が低く，歳入の80%を移転財源に依存する構造になっている．財政自立度の低下は，必然的に移転財源の上昇につながる．そこで，財政調整制度の中で最も大きなウェイトを占めている地方交付税についてみてみよう．

3-2　地方交付税の現状と規模

各地方団体の財政自立度の強さは経済力に依存するものであり，地域の経済

力に基づいて地方財政の運営を行えば，行政サービスに差が生じるのは当然の結果である．そこで，政府は全国的な規模で一定水準の行政サービスを確保するために，地域間で発生する財政自立度の格差の是正を目的として地方交付税制度を使って国税の一定割合を地方団体に配分するものである．

　図 12-1 は，2004 年の地方団体別の歳入構成である．全国平均でみた地方税の比重は 48% であり，その次に大きな比重を占めているのが地方交付税である．したがって，地方財政における地方交付税の役割が大きいことが分かる．地方交付税を受けていないソウル特別市が 86% であり，ソウル一極集中の進展とともに，地域間の経済力格差が財政の地域間格差拡大をもたらしたのである．図 12-1 からわかるように，ソウルのような地方交付税を受けていない団体があれば，41% の地方交付税を受ける「郡」の団体もある．地方交付税以外の移転財源についてもソウルを除き他の団体で多い[7]．

　地方交付税のうち，任意性の高い特別交付税は 2001 年以降に 1 兆ウォンを

図 12-1　2004 年の地方財政歳入の構造（一般会計純計）

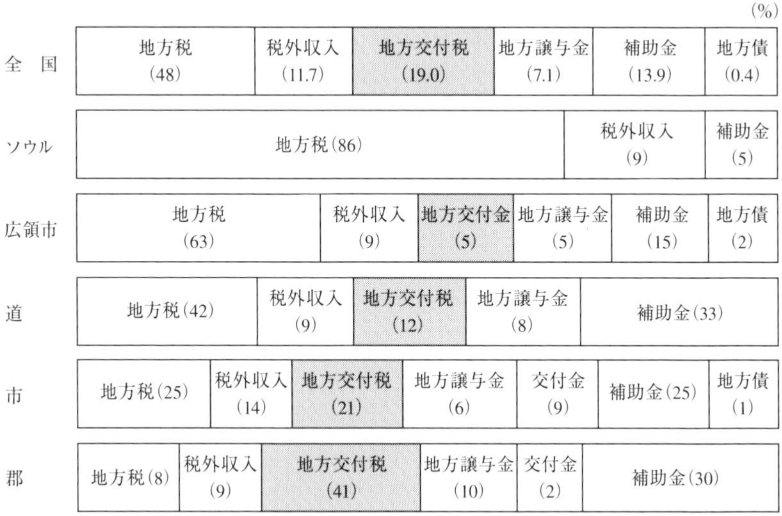

(%)

全　国	地方税 (48)	税外収入 (11.7)	地方交付税 (19.0)	地方譲与金 (7.1)	補助金 (13.9)	地方債 (0.4)

ソウル	地方税 (86)	税外収入 (9)	補助金 (5)

広領市	地方税 (63)	税外収入 (9)	地方交付金 (5)	地方譲与金 (5)	補助金 (15)	地方債 (2)

道	地方税 (42)	税外収入 (9)	地方交付税 (12)	地方譲与金 (8)	補助金 (33)

市	地方税 (25)	税外収入 (14)	地方交付税 (21)	地方譲与金 (6)	交付金 (9)	補助金 (25)	地方債 (1)

郡	地方税 (8)	税外収入 (9)	地方交付税 (41)	地方譲与金 (10)	交付金 (2)	補助金 (30)

（注）1）地方譲与金は 2004 年末に廃止されている．
　　　2）市・郡の交付金は財政補填金を指す．財政補填金は地方財政法 29 条に定められている．それによれば，特別市長（ソウル市長）を除き，広領市・道知事は市・郡に対する財政補填が義務とされている．
（出所）行政自治部（2005）『地方交付税算定解説』，32 頁．

超えている．増額交付税も任意性が高く，毎年の変動はあるが，2003年に1兆ウォンを超えている．増加しつづける地方交付税は，1995年の5兆4,000億ウォンから2004年に14兆4,000億ウォンに増加し，実に2.6倍もの増加である．

ここで，大きな割合を占めている普通交付税の団体別の構成を表12-8でみてみよう．各年とも普通交付税は「郡」においては40％，「市」では35％，「道」では17％を超えている．広域市では，地方交付税の国税比率が13.27％から15％に増加したことで，2000年に1.5％程度の比重を占めていた普通交付税が2004年には3.5％に上昇している．普通交付税の交付額には団体別に格差があり，財源不足の団体ほど交付額は増加している．したがって，地方交付税は相対的に低開発地域である「郡」に集中的に交付されていることから，交付額の増加は全ての地方自治体への一律の財政的支援ではなく，非都市圏に対する財政的支援（財源移転）であるといえよう．

表12-8　普通交付税の自治体別分布の推移　単位：億ウォン，％

年	2000		2001		2002		2003		2004	
	規模	比率	規模	比率	規模	比率	規模	比率	規模	比率
合　計	74,687	100	111,195	100	108,849	100	118,320	100	130,129	100
広域市	1,099	1.5	3,731	3.4	4,097	3.8	4,311	3.6	4,579	3.5
道	12,954	17.3	19,540	17.6	19,579	18.0	21,434	18.1	22,604	17.4
市	27,083	36.3	39,164	35.2	38,229	35.1	41,704	35.3	47,405	36.4
郡	33,551	44.9	48,760	43.8	46,944	43.1	50,871	43.0	55,540	42.7

（出所）行政自治部（2005）『地方交付税算定解説』，68頁．

次に地方交付税の算定基準となっている基準財政需要の推移をみてみる．表12-9は，それを示し，1999年から2004年までは92.2％増加している．この増加は地方税と国税の増加率を上回っている．基礎財政需要額は地方自治体によって大きな差がみられる．たとえば，2000年の基準でみれば，広域自治体では前年の2倍に増加しているが，「道」の場合27％減少している．郡の場合は2000年に5.2％増加しているが，2001年には41.5％増加している．2004年には広域自治体で2％減少しているが，「道」・「市」では11％増加している．

表 12-9　基礎需要額の増加　　　　単位：億ウォン

年	1999	2000	2001	2002	2003	2004
合計	14,4717	162,754	203,555	240,674	262,042	278,187
広域市	15,801	32,884	37,985	45,077	47,835	46,691
道	34,735	25,370	30,744	39,734	39,425	43,696
市	51,075	59,128	70,645	84,692	94,510	104,590
郡	43,097	45,369	64,180	71,259	80,271	83,208

(出所) 行政自治部（2005）『地方交付税算定解説』，132頁．

　以上，地方交付税の現状をみてきた．そこで，地方財政調整制度効果をジニ係数を用いて検証した上で，財政調整効果を平準化係数で検証することにする．

3-3　財政調整の効果

　地方財政調整制度の効果分析[8]においては，団体別に地方税と移転財源のジニ係数を求め，さらに地方税と移転財源を合わせたジニ係数を求める．求められたジニ係数により，団体別の歳入格差が明らかになる．求められたジニ係数を基に，平準化係数を求める．この平準化係数により，財政調整の効果が明らかになる．

　平準化係数は，地方団体の地方税収入を T，地方交付税を S，ジニ係数を G とし，平準化係数 H は，

$$H = \frac{G_T - G_{T+S}}{G_T} = 1 - \frac{G_{T+S}}{G_T}$$

となる．そこで，値が1であれば地方交付税の配分後に地域間の歳入格差がなくなったことを，0（ゼロ）であれば，地方交付税による歳入格差の縮小がなかったことを，0より小さかったら（マイナス）G_{T+S} が G_T より大きく，歳入格差が拡大したことを意味する．

　表12-10は，広域自治団体のジニ係数の推移であり，地方交付税を他の地方財政調整制度と比較するために地方譲与税，補助金の推移も計算してある．表12-10から分かるように，ソウルを除くと値はかなり低くなり，ソウル特

別市団体と他の広域団体との格差が大きい．2002年に比べ2004年では，地方税や交付税の格差は拡大し，それ以外の譲与税や補助金の格差は縮小している．地方税と合わせた地方交付税，地方譲与税，補助金の歳入格差のジニ係数の推移においても格差は2000年に比べ2004年に拡大していることが確認できる．したがって，財政調整の効果は，2002年に比べ2004年には弱まっている．

表12-10 広域市の歳入項目のジニ係数

年	地方税	交付税	譲与税	補助金	歳入項目(1)	歳入項目(2)	歳入項目(3)	歳入項目(4)
1998	0.562 (0.264)	0.427 (0.247)	—	0.445 (0.418)	0.495 (0.245)	—	0.48 (0.325)	0.373 (0.309)
2000	0.524 (0.247)	0.405 (0.375)	0.263 (0.141)	0.279 (0.251)	0.508 (0.228)	0.502 (0.236)	0.46 (0.237)	0.436 (0.223)
2002	0.495 (0.259)	0.309 (0.223)	0.298 (0.181)	0.242 (0.238)	0.469 (0.233)	0.476 (0.237)	0.438 (0.234)	0.407 (0.213)
2004	0.515 (0.244)	0.364 (0.248)	0.253 (0.128)	0.231 (0.199)	0.49 (0.221)	0.502 (0.236)	0.455 (0.223)	0.428 (0.206)

（注）（ ）は，ソウルを除いたものである．なお，1998年の（4）は地方税，交付税，補助金の値である．
　　　歳入項目（1）は，地方税＋交付税，（2）は，地方税＋地方譲与税，（3）は，地方税＋国庫補助金，（4）は，地方税＋地方交付税＋地方譲与税＋国庫補助金である．
（出所）行政自治部『地方財政年鑑』，各年度版より作成．

表12-11 道の歳入項目のジニ係数

年	地方税	交付税	譲与税	補助金	歳入項目(1)	歳入項目(2)	歳入項目(3)	歳入項目(4)
1998	0.500	0.217	0.180	0.196	0.364	0.430	0.304	0.249
2000	0.509	0.348	0.194	0.238	0.488	0.432	0.332	0.314
2002	0.568	0.218	0.209	0.277	0.442	0.512	0.343	0.302
2004	0.557	0.233	0.171	0.196	0.427	0.504	0.350	0.299

（注）歳入項目は表12-10と同じである．
（出所）行政自治部『地方財政年鑑』，各年度版より作成．

表12-11は，広域団体である「道」のジニ係数の推移である．2002年と2004年を比較してみると，地方交付税以外の項目ではジニ係数は低下している．表

312 第3部 諸外国の分権化財政

表 12-12 市の歳入項目のジニ係数

年	地方税	交付税	譲与税	補助金	歳入項目(1)	歳入項目(2)	歳入項目(3)	歳入項目(4)
1998	0.412	0.374	0.275	0.311	0.232	0.324	0.309	0.211
2000	0.426	0.364	0.263	0.838	0.235	0.336	0.425	0.217
2002	0.390	0.319	0.336	0.857	0.212	0.322	0.422	0.201
2004	0.443	0.334	0.247	0.919	0.235	0.379	0.443	0.224

(注) 1) 行政区域の変更により, 1998年71団体, 2000年に72団体, 2002年に74団体, 2004年に77団体であった.
2) 歳入項目は表12-10と同じである.
(出所) 行政自治部『地方財政年鑑』, 各年度版より作成.

表 12-13 郡の歳入項目のジニ係数

年	地方税	交付税	譲与税	補助金	歳入項目(1)	歳入項目(2)	歳入項目(3)	歳入項目(4)
1998	0.349	0.151	0.164	0.159	0.109	0.186	0.342	0.109
2000	0.381	0.147	0.180	0.865	0.113	0.209	0.395	0.112
2002	0.379	0.102	0.161	0.884	0.093	0.206	0.379	0.097
2004	0.391	0.178	0.171	0.952	0.176	0.246	0.400	0.171

(注) 1) 郡の団体は, 1998年に94団体, 2000年に91団体, 2002年に89団体, 2004年に88団体であった.
2) 歳入項目は表12-10と同じである.
(出所) 行政自治部『地方財政年鑑』, 各年度版より作成.

12-10の広域市と比較すると, 2004年では地方税のジニ係数は「道」の方が高く, それ以外の項目のジニ係数では「道」の方が低いのである. これは, 広域市に比べ道団体間の格差が縮小していることを意味している. 地方税と合わせた歳入項目 (1) から (4) までにおいても, 同じことがいえる.

表12-12は, 「市」の歳入項目別のジニ係数の推移を示したものである. とくに2000年以降は, 補助金を受けている団体と受けていない団体が存在し, かなりの地域間の格差が生じている. しかし総体的な歳入格差 (4) について広域市や道と比較した場合, それらの団体に比べ「市」のジニ係数は低く, 基礎団体である「市」の方が効果があったといえよう.

表12-13は, 「郡」の歳入項目のジニ係数の推移を示したものである. 他の

表12-14 平準化係数の推移

年	広域市			市		
	交付税	譲与税	補助金	交付税	譲与税	補助金
1998	0.119	−	0.135	0.436	0.213	0.250
2000	0.030	0.041	0.122	0.448	0.211	0.002
2002	0.052	0.038	0.115	0.456	0.174	−0.082
2004	0.048	0.025	0.116	0.469	0.144	0.000

年	道			郡		
	交付税	譲与税	補助金	交付税	譲与税	補助金
1998	0.272	0.140	0.392	0.687	0.467	0.020
2000	0.041	0.151	0.347	0.703	0.451	−0.036
2002	0.221	0.098	0.396	0.754	0.456	0.000
2004	0.233	0.095	0.371	0.549	0.371	−0.023

(出所) 表12-10〜12-13をもとに作成.

団体に比べ地方税と譲与税の格差が小さい．すでに述べた日韓の財政調整制度比較の表12-3「市・郡」の交付割合の大きさから分かるように，郡に対する地方交付税の歳入格差是正効果は大きい．しかし，「市」団体と同じく補助金の格差が大きい．全体的に歳入項目（1）から（4）までを他の団体に比べれば「郡」のジニ係数はかなり低く，移転財源による歳入格差是正の効果があったといえる．

以上のジニ係数を用いて，移転財源の効果を明らかにするため平準化係数を求めた．表12-14がその結果を示している．

まず，広域自治団体である「広域市団体」と「道」団体についてみてみる．広域市団体の平準化係数の特徴は，地方譲与税が低下する一方であり，地方交付税は2000年に大きく低下したが，その後上昇したものの低下の傾向を示している．また，補助金も低下の傾向である．全体として，0（ゼロ）に向かい，団体間の歳入格差の是正効果が弱いのである．「道」団体の平準化係数をみてみる．平準化係数の補助金は上昇と低下を繰り返しているが，譲与税は2002年に低下した後，変化がみられない．

次に基礎自治団体である「市」団体と「郡」団体の平準化係数をみてみる.「市」団体の財政調整効果は,地方交付税でみられる.それに対し,地方譲与税は低下する一方であり,財政調整の効果が弱くなっていることを意味する.補助金においては,2002年に負(マイナス)の値で格差が拡大したが,2004年に改善に向かっている.「郡」団体では,2004年地方交付税と地方譲与税が低下している.とくに補助金が0(ゼロ)に近くその財源による歳入格差の是正効果がなかった.

4.むすびにかえて

本章では日韓の地方財政の財政調整制度の比較と韓国における財政調整の地方交付税を含め,地方譲与税,(国庫)補助金の歳入格差について検証した.日韓における財政調整制度は似通っているところが多く,両国とも地方財政改革が進行している.韓国においては,基準財政需要と基準財政収入にインセンティブ制度を実施していることや地方譲与税の廃止など地方財政の改革が進んでいる.

このような状況で,韓国の地方財政調整制度の現状を検討した上で,歳入格差の是正の観点から地域団体別の移転財源のジニ係数と平準化係数を用いて地方交付税の財政調整効果と歳入項目の格差を検証した.ジニ係数でみると,移転財源による歳入格差是正効果が基礎自治団体でみられた.しかし,平準化係数を用いて検証した結果,その効果が十分ではなかったという結論を得た.平準化係数の変化は,経済的な環境の変化を反映している面もある.このことが基準財政需要を変化させ,交付税の効果を弱めている可能性もある.その解明のためには基準財政需要と基準財政収入の効果を測る必要があり,それを含めた日本と韓国の地方財政調整効果分析は,今後の課題としたい.

1) 韓国では地方分権を通して,国家均衡発展を追求しようとしている.とくに,低開発地域を中心にした企業都市選定,地方交付税率の引き上げ,地方譲与金の廃止,均衡発展特別会計の導入等の地方財政調整制度及び地方税の改正に関連した変化が進行中である.

2) 行政区域はソウル特別市（1）があり，その下の自治区が（25）がある．広域市（6）があり，その下に自治区（44）と郡（5）がある．道（9）があり，その下に市（74）と郡（84）かある．一般的に広域自治体は，ソウル特別市・広域市・道を指し，それ以外は基礎自治団体という．
3) 鞠重鎬（2004）846頁．
4) 地方自治体又はその機関が法令によって処理しなければ事務で，国家と自治体相互間に利害関係がある場合，国家が全部又はその一部を負担すると規定している．
5) 国家の事務を自治体またはその機関に委任して遂行する場合，必要経費は国家が全部を該当自治体に交付しなければならないと規定している．
6) 国家は施策上必要と認定したときまたは地方自治団体の財政事情上，とくに必要と認定したときは，予算の範囲内で地方団体に交付することができると規定している．
7) 2004年現在，地方交付税を受けている団体は，広域市で5団体，道で8団体，市で69団体，郡で88団体である．一方，地方交付税を受けていない団体は，ソウル特別市，広域団体においては市1団体，道1団体，基礎団体の市で8団体である．なお，受けていない団体は，全て首都圏の地域である．
8) ここで，計算されたのは地方教育財政を除いたものである．

参考文献

佐藤進・林健久編（1994），「財政調整制度の仕組みと機能」『地方財政読本〔4版〕』．
（財）自治体国際化協会（2000），「決算で見る日韓地方財政」『CLAIR REPORT』．
総務省統計局（2006），『日本統計年鑑』．
林　宏昭（1996），「地方交付税の地域間再分配効果」『フィナンシャル・レビュー』第40号，大蔵省財政金融研究所，20-36ページ．
鞠重鎬（2004），「日韓の地方財政比較」『フィナンシャル・レビュー』第71号．
金正勲（1999），『地方交付税の構造分析及び改善方向』韓国租税研究院．
金正勲（2000），『国庫補助金の改善方策』韓国租税研究院．
金正勲（2001），『地方交付税の衡平性に関する研究』韓国租税研究院．
金相京（2002），『現代地方財政論』博英社．
金泰一（1999），「地方交付税の水平的財政衡平性の効果分析」『韓国行政学報』第33号，403-417ページ．
行政自治部（2002），『地方交付税・地方譲与金関連法令集』．
行政自治部『地方交付税算定解説』2004-2006年版．
行政自治部『地方財政年鑑』1999-2005年版．
行政自治部『地方税政年間』1990-2004年版．
財務省財務総合政策研究所，79-104頁．
財政経済部（2004），『租税概要』．

執筆者紹介（執筆順）

横山　彰（よこやま あきら）	研究員	（中央大学総合政策学部教授）
田中　廣滋（たなか ひろしげ）	研究員	（中央大学経済学部教授）
西川　雅史（にしかわ まさし）	客員研究員	（埼玉大学経済学部准教授）
田代　昌孝（たしろ まさゆき）	客員研究員	（実践女子大学非常勤講師）
藪田　雅弘（やぶた まさひろ）	研究員	（中央大学経済学部教授）
伊勢　公人（いせ きみひと）	準研究員	（中央大学大学院経済学研究科博士後期課程）
御船　洋（みふね ひろし）	研究員	（中央大学商学部教授）
武智　秀之（たけち ひでゆき）	研究員	（中央大学法学部教授）
綱　辰幸（つな たつゆき）	客員研究員	（長崎県立大学経済学部准教授）
片桐　正俊（かたぎり まさとし）	研究員	（中央大学経済学部教授）
関野　満夫（せきの みつお）	研究員	（中央大学経済学部教授）
谷口　洋志（たにぐち ようじ）	研究員	（中央大学経済学部教授）
金　龍珉（キム ヨンミン）	客員研究員	（韓国国立昌原大学非常勤講師）

分権化財政の新展開　　　　　中央大学経済研究所研究叢書　44

2007 年 5 月 31 日　発行

編　者　　片桐　正俊
　　　　　御船　洋
　　　　　横山　彰

発行者　　中央大学出版部
　　　　　代表者　福田　孝志

東京都八王子市東中野 742-1
発行所　中央大学出版部
電話 042(674)2351　FAX 042(674)2354

© 2007　　　　　　　　　　　　　　電算印刷

ISBN 978-4-8057-2238-1

中央大学経済研究所研究叢書

6. 歴史研究と国際的契機 　　中央大学経済研究所編　A5判　定価1470円

7. 戦後の日本経済——高度成長とその評価—— 　　中央大学経済研究所編　A5判　定価3150円

8. 中小企業の階層構造
——日立製作所下請企業構造の実態分析—— 　　中央大学経済研究所編　A5判　定価3360円

9. 農業の構造変化と労働市場 　　中央大学経済研究所編　A5判　定価3360円

10. 歴史研究と階級的契機 　　中央大学経済研究所編　A5判　定価2100円

11. 構造変動下の日本経済
——産業構造の実態と政策—— 　　中央大学経済研究所編　A5判　定価2520円

12. 兼業農家の労働と生活・社会保障
——伊那地域の農業と電子機器工業実態分析—— 　　中央大学経済研究所編　A5判　定価4725円　〈品切〉

13. アジアの経済成長と構造変動 　　中央大学経済研究所編　A5判　定価3150円

14. 日本経済と福祉の計量的分析 　　中央大学経済研究所編　A5判　定価2730円

15. 社会主義経済の現状分析 　　中央大学経済研究所編　A5判　定価3150円

16. 低成長・構造変動下の日本経済 　　中央大学経済研究所編　A5判　定価3150円

17. ME技術革新下の下請工業と農村変貌 　　中央大学経済研究所編　A5判　定価3675円

18. 日本資本主義の歴史と現状 　　中央大学経済研究所編　A5判　定価2940円

19. 歴史における文化と社会 　　中央大学経済研究所編　A5判　定価2100円

20. 地方中核都市の産業活性化——八戸 　　中央大学経済研究所編　A5判　定価3150円

━━━━━━━━ 中央大学経済研究所研究叢書 ━━━━━━━━

21. 自動車産業の国際化と生産システム　中央大学経済研究所編　A5判　定価2625円
22. ケインズ経済学の再検討　中央大学経済研究所編　A5判　定価2730円
23. AGING of THE JAPANESE ECONOMY　中央大学経済研究所編　菊判　定価2940円
24. 日本の国際経済政策　中央大学経済研究所編　A5判　定価2625円
25. 体制転換──市場経済への道──　中央大学経済研究所編　A5判　定価2625円
26. 「地域労働市場」の変容と農家生活保障
　　──伊那農家10年の軌跡から──　中央大学経済研究所編　A5判　定価3780円
27. 構造転換下のフランス自動車産業
　　──管理方式の「ジャパナイゼーション」──　中央大学経済研究所編　A5判　定価3045円
28. 環境の変化と会計情報
　　──ミクロ会計とマクロ会計の連環──　中央大学経済研究所編　A5判　定価2940円
29. アジアの台頭と日本の役割　中央大学経済研究所編　A5判　定価2835円
30. 社会保障と生活最低限
　　──国際動向を踏まえて──　中央大学経済研究所編　A5判　定価3045円　〈品切〉
31. 市場経済移行政策と経済発展
　　──現状と課題──　中央大学経済研究所編　A5判　定価2940円
32. 戦後日本資本主義
　　──展開過程と現況──　中央大学経済研究所編　A5判　定価4725円
33. 現代財政危機と公信用　中央大学経済研究所編　A5判　定価3675円
34. 現代資本主義と労働価値論　中央大学経済研究所編　A5判　定価2730円
35. APEC地域主義と世界経済　今川・坂本・長谷川編著　A5判　定価3255円

― 中央大学経済研究所研究叢書 ―

36. ミクロ環境会計とマクロ環境会計　A5判　小口好昭編著　定価3360円

37. 現代経営戦略の潮流と課題　A5判　林昇一・高橋宏幸編著　定価3675円

38. 環境激変に立ち向かう日本自動車産業　A5判　池田正孝・中川洋一郎編著　定価3360円
　　――グローバリゼーションさなかのカスタマー・サプライヤー関係――

39. フランス―経済・社会・文化の位相　A5判　佐藤　清編著　定価3675円

40. アジア経済のゆくえ　A5判　井村・深町・田村編　定価3570円

41. 現代経済システムと公共政策　A5判　中野　守編　定価4725円

42. 現代日本資本主義　A5判　一井・鳥居編著　定価4200円

43. 功利主義と社会改革の諸思想　A5判　音無通宏編著　定価6825円

＊定価は消費税5％を含みます。